# 乡村教师

## 专业发展政策执行机制研究

陈子丽◎著

西南财经大学出版社
中国·成都

**图书在版编目(CIP)数据**

乡村教师专业发展政策执行机制研究/陈子丽著.
成都:西南财经大学出版社,2025.6.--ISBN 978-7-5504-6728-6
Ⅰ.G451.2
中国国家版本馆 CIP 数据核字第 2025SN6896 号

**乡村教师专业发展政策执行机制研究**
XIANGCUN JIAOSHI ZHUANYE FAZHAN ZHENGCE ZHIXING JIZHI YANJIU
陈子丽 著

责任编辑:孙 婧
助理编辑:马安妮
责任校对:王 利
封面设计:墨创文化
责任印制:朱曼丽

| | |
|---|---|
| 出版发行 | 西南财经大学出版社(四川省成都市光华村街 55 号) |
| 网 址 | http://cbs.swufe.edu.cn |
| 电子邮件 | bookcj@swufe.edu.cn |
| 邮政编码 | 610074 |
| 电 话 | 028-87353785 |
| 照 排 | 四川胜翔数码印务设计有限公司 |
| 印 刷 | 成都金龙印务有限责任公司 |
| 成品尺寸 | 170 mm×240 mm |
| 印 张 | 17.5 |
| 字 数 | 313 千字 |
| 版 次 | 2025 年 6 月第 1 版 |
| 印 次 | 2025 年 6 月第 1 次印刷 |
| 书 号 | ISBN 978-7-5504-6728-6 |
| 定 价 | 88.00 元 |

# 前言

教育兴，则国家兴。百年大计，教育为本。党的十九大报告提出了乡村振兴这一宏大战略。实施乡村振兴战略，关键在于振兴乡村教育，尤其是要通过教育来提高广大乡民的能力和素质。换句话说，乡村要振兴必先振兴乡村教育。但就我国现阶段而言，乡村教育发展还存在诸多掣肘。相关研究显示，乡村教育质量问题是制约我国教育均衡发展的短板。补足这块短板需要外部支撑与内部因子相互发生作用从而形成强大合力。就外部支撑而言，提升乡村教育质量，需要国家及政府切实行使主体责任，为其提供制度保障，并号召社会各级各类部门不仅从舆论上重视与关心乡村教育，而且从行动上形成持久的强大合力来支援与扶持乡村教育；就内部因子而言，提升乡村教育质量，关键群体在于乡村教师，因为他们不仅是乡村教育的第一资源，而且是“乡村振兴之源”。

党中央、国务院以及教育主管部门非常关心乡村教师这一特殊而庞大的群体。习近平总书记在全国教育大会上强调，“教师是办好乡村教育的关键，要在政策和待遇上给他们更多倾斜”。《乡村教师支持计划（2015—2020年）》等一系列促进乡村教师队伍建设的教育方针与政策的出台和实施表明，乡村教师的生活待遇、职称福利及社会地位在现阶段已得到了质的提升。但乡村教师整体素质有待提高、乡村教师专业队伍亟待建设也是一个不争的事实，尤其是那些身处偏远地区的乡村教师，其专业发展较为受限。政府决策部门已经意识到问题的症结所在，故而，相关责任主体以问题为导向，及时对乡村教师政策的工作重心进行了调整。因此，当前我国的乡村教师政策工作呈现出由外部保障转向内生驱动的趋势。

构建乡村教育高质量发展体系的落脚点必须落在乡村教师队伍建设上。乡村教师专业发展是教师队伍建设的动力引擎。如何激发乡村教师专业发展这个动力源？梳理国内外相关文献可以发现，乡村教师专业发展研究已经成为教育领域的关注重点。对乡村教师专业发展政策执行的相关议题进行深度探究，可以为乡村教育治理体系与治理能力现代化以及依法治教贡献力量，这也正是本书的研究意义所在。

本书以乡村教师专业发展政策执行的现象描述及相关规律阐释作为主要研究内容，以富兰（Fullan）与哈格里夫斯（Hargreaves）共同创立的“专业资本”理论作为理论基础，以维安内特（Viennet）和庞特（Pont）建构的教育政策执行可视化框架作为工具，分析我国现阶段乡村教师专业发展政策执行现实图景的原型，并将其作为乡村教师专业发展政策执行的行动指南。本书综合运用了文献研究法、历史研究法、文本分析法、比较研究等多元方法，将理论模型作为框架分析乡村教师专业发展政策执行实然，以期创建相对理想且符合现实需要的政策执行机制及可操作的实践执行路径。

本书内容为笔者博士论文的核心部分，笔者从政策执行科学以及教育政策执行的视角分析乡村教师专业发展政策执行的理论逻辑与实践逻辑，以期对乡村教师专业发展的理论研究及实践探寻贡献一定的力量。然而囿于自身理论水平与写作水平，不免失之偏颇，恳请各位专家、学者、同仁不吝赐教，为笔者后续的研究提供帮助。

本书即将付梓，感谢导师罗生全教授在思想上给予我的引领，感谢贵州工程应用技术学院一直以来对笔者的关心、支持与栽培，感谢西南财经大学出版社编辑孙婧老师对本书提出的宝贵意见及在出版过程中给予的热心帮助。

**陈子丽**

2025 年 1 月

# 目录

# 第一章　乡村教师专业发展政策执行的本体阐释

本章主要围绕乡村教师专业发展政策执行这一核心问题展开探究，分步骤厘清其本质属性、根本性价值与潜在价值。基于此，本章对乡村教师专业发展政策执行涉及的政策文本界定、分类及选择展开论述，为下一章援用专业资本理论与OECD可视化框架检视乡村教师专业发展政策及其执行可视化体系的建构提供知识准备。

## 第一节　乡村教师专业发展政策执行的价值厘定

本书从政策执行视角省视现阶段乡村教师专业发展政策的实际情况，旨在对既有政策进行探索性效果检验。鉴于此，本书的首要前提是厘定核心问题，即确认乡村教师专业发展政策执行是本书的核心观测点。在明确核心议题后，本章将围绕乡村教师专业发展政策执行的本质属性、根本性价值与潜在价值进行论述与阐释。

### 一、乡村教师专业发展政策执行的本质属性

随着学界对乡村教师专业发展政策研究的不断深入，相关人士越来越意识到省视乡村教师专业发展政策议题既是一个理论问题，从一定程度上说，又是一个实践问题。客观而言，该问题的实践属性甚至超越其理论属性。从Viennet与Pont对教育政策执行的定义——“有目的、多方向的变化过程”——可以推断，教育政策执行具有目的性、方向性、生成性等多重属性。乡村教师专业发展政策执行作为一类专门性政策的具体行动，也必然具有上述属性。不仅如此，乡村这一特殊场域为乡村教师专业发展政

策执行附加了特殊属性。这意味着乡村教师专业发展政策执行兼有一般属性与特殊属性。

就一般属性而言，乡村教师专业发展政策执行具有明确的目的性与方向性。一方面，乡村教师专业发展政策执行必须以实现既定政策目标为宗旨。一般来说，一部教育政策的目标层次通常包括愿景（理念）、总体目标及具体目标，三者虽然在层次上有所区分，但具有内在一致性；其目标按期限分，有短期目标、中期目标与长期目标，三者在效果显现上有快慢之分，但其整体方向趋同。另一方面，乡村教师专业发展政策执行不能超出普通教师专业发展政策范畴，须以一般教师适用的专业发展政策执行为方向引领。以现有政策为例，在 2018 年中共中央、国务院印发的《关于全面深化新时代教师队伍建设改革的意见》中，针对乡村教师所面临的特殊境遇，该政策明确提出“提升待遇”“深入实施支持计划”“关心生活”以及“县管校聘”等措施。

同年，以上述政策为教师队伍建设的方向性引领，教育部牵头颁布了多项与之呼应的教师政策，如《教师教育振兴行动计划（2018—2022 年）》《关于实施卓越教师培养计划 2.0 的意见》《关于做好 2018 年度中小学教师职称评审工作的通知》等，在所列的教师政策中，针对乡村教师群体的相关内容主要聚焦在统筹城乡师资配置方面。至于乡村教师队伍建设由注重外部保障向内涵式发展的转向问题，其显著标志是 2020 年由教育部等六部委联合颁布的《关于加强新时代乡村教师队伍建设的意见》。自乡村教师支持计划实施以来，针对乡村教师“教不好”的问题，国家采用多维政策工具从顶层设计层面推出了多部典型性政策，旨在促进乡村教师专业发展。

就特殊属性而言，乡村教师专业发展政策执行具有较强的实践性。因为它必须以解决现实问题为标的。以客观事实来评判，乡村教师专业发展政策有效执行是促进乡村教师专业发展的强有力杠杆。从其功能上来说，由于该类政策是专门为乡村教师“量身定制”的，所以其必然具有特殊性。而它们的特殊属性是由乡村教师专业发展的特殊内涵决定的。在本书中，乡村教师专业发展的内涵既指向乡村教师个体的专业发展，又指向乡村教师队伍整体的专业化发展。

于个体而言，专业发展指乡村教师作为专业人员在其职业生涯中通过独立或协作的方式参与诸如自我专业意识提升、专业知识学习与专业实践研修等专业活动，旨在获得专业知识并持续增强专业素养与专业信念。从这一界定可知，本书中的乡村教师专业发展概念具有丰富的内涵：其一，它强调乡村教师专业发展兼具“手段”“过程”及“目的”的多重属性；其二，它同时强调乡村教师专业发展主体的内外影响因素；其三，专业发展于乡村教师而言既是专业权利又是专业义务。因此，从内而言，乡村教师有义务加强培养自我驱动下的专业发展意识；从外而言，政府与教育主管部门应切实履行保障主体责任，将制度化保障乡村教师专业发展纳入公共物品供给清单。于群体而言，专业发展指乡村教师队伍专业化，在本书中特指以乡村教师个体的职业化及其专业素养持续提升为前提，整体提升乡村教师队伍专业化。

综上所述，在本书中，乡村教师专业发展政策泛指一切有助于促进乡村教师个体、集体以及乡村教师队伍整体专业发展的政策总合，包括国家以法律、标准、文件等权威形式颁布的官方正式文件以及国家历任领导人的相关重要讲话。

## 二、乡村教师专业发展政策执行的根本性价值

由前文可知，乡村教师专业发展政策执行的特殊属性必然决定其在现实中的根本性价值。这一概念范畴并非价值无涉。若欲准确判断其根本性价值，就必须跳出教育场域并将其与共时的广阔背景结合起来。显然，现阶段，全面实施乡村振兴战略构成了乡村教师专业发展政策执行重要的时代背景。诚如有研究者提出新时代需要培养卓越乡村教师。在其看来，培养卓越乡村教师必须立足于“服务乡村教育文化发展”与“培养乡村振兴人才”[①] 两个基点，并以“四有”好老师标准作为乡村教师队伍建设的根本遵循。卓越乡村教师如何培养？实践证明，实现这一目标不能仅凭乡村教师个体的努力，也不能光靠乡村学校的有限力量，而是需要政府整合社会力量为乡村教师打造全过程支持的专业发展平台。这也正是“集中力量办大事”的中国式实践智慧的典型表现。

研究表明，我国教育已然转向“精细型治理”模式。以此为基调，在政府整合社会力量的过程中，教育政策工具是强有力的杠杆，将发挥较大的优势。尽管如此，政策工具是否有效归根结底必须借助政策执行来落地

① 戴斌荣，等. 乡村卓越教师的培养［M］. 北京：北京师范大学出版社，2018：185.

落实。同理可得，从教育治理的视角来评判，既有政策对乡村教师专业发展的杠杆作用是否发挥以及政策效果究竟如何，其核心观测点必须落到乡村教师专业发展政策执行上。就这个意义而言，乡村教师专业发展与其相关政策执行在方向上具有内在一致性。也就是说，乡村教师专业发展政策执行的根本性价值必须通过乡村教师专业发展的实际效果来揭示。概言之，评判乡村教师专业发展政策执行效果的标尺在于其是否真正促进乡村教师的专业发展。同时，关于执行效果的检验要细化到更具体的维度以及下一级指标，如政策设计、利益攸关方、执行环境以及执行策略等维度。

乡村教师专业发展水平是乡村教师专业发展政策效果的客观表征，而其政策效果必须由政策执行来保证。足见，乡村教师专业发展政策执行的根本性价值体现与乡村教师专业发展价值休戚相关。鉴于此，在对特定区间内的乡村教师专业发展政策进行甄别之前，需要对乡村教师专业发展政策的潜在价值展开必要梳理。

## 三、乡村教师专业发展政策执行的潜在价值

从价值论的角度，聚焦乡村教师专业发展政策执行具有巨大的潜在价值，大体可从理论价值、社会价值及实践价值三方面来概括。

### （一）乡村教师专业发展政策执行的理论价值表征

就理论价值而言，其客观表征主要包括：深化与拓展乡村教师专业发展政策执行理论的本体研究、方法论研究与价值研究；提升相关人士关于乡村教师专业发展政策执行相关理论的认知水平；丰富与拓展乡村教师专业发展政策的理论范畴。

第一，聚焦乡村教师专业发展政策执行有利于深化与拓展乡村教师专业发展政策执行理论。由于社会、经济、历史等复杂原因，乡村教师长期处于不利地位，其专业地位得不到足够的认可，专业发展被忽视。加之，在乡村教师的教育教学对象中，留守儿童占一定比例，这类学生与其他学生相比，在学习习惯培养、学习方法指导、课外知识补充以及亲子情感关切等方面处于劣势。面对如此情境，乡村教师不仅要承担一般性的教育教学职责，而且必须投入额外的精力到家访、控辍保学等非教学事务之中。因此，这一群体具有典型性。由于乡村儿童在客观层面上处于比较劣势的地位，故而对乡村教师在专业发展方面的要求更加复杂，要求乡村教师在具备更加灵活的应变处理能力的同时还需要更富有责任心。乡村教师需要

在理论上获得更加全面的知识储备方可满足上述要求。例如，怎样才能在不利的环境与条件下借助专业发展政策执行契机提高乡村教育教学质量？如何充分利用专业发展政策执行致力于拓宽乡村儿童视野并增强其学习兴趣？最核心的是，如何体认教师专业发展政策执行与自身专业发展的关系？从现实情况来看，充分认识乡村教师专业发展政策执行显得尤为急迫。这意味着，乡村教师专业发展政策执行的相关理论取得实效性的突破将必然增加乡村教师专业发展政策执行理论的知识体量。

第二，探究乡村教师专业发展政策执行有助于提升相关人士的理论认知水平。从心理学视角出发，认知是非常重要的一步。判断一种理论对实践是否具有指导意义，其前提必须是主体对该理论已经具备了一定的认知。总结经验表明，致力于探索乡村教师专业发展政策执行议题能够为加深乡村教师专业发展理论认知提供的有益补充。乡村教师专业发展政策执行与教育系统的教师政策执行是局部与整体的关系，换言之，乡村教师专业发展政策执行是教师队伍整体专业发展政策执行大系统中的一个子系统。通过对理论的追问，相关政策决策者、执行主体、目标群体等教育攸关方可以获得关于乡村教师专业发展政策执行的更多有用信息，如，对乡村教师专业发展政策执行主体的确认，对执行内容、执行路径及执行价值的确认，等等。又如，乡村教师专业发展政策执行从本质上指向政府、教育主管部门、教师教育机构、乡村学校等利益攸关方合力保障乡村教师在其职业生涯中不断地学习专业知识、提升专业技能以及铸造专业信念的行为、行动及努力。这表面看似是内在的行为，属于个体范畴，但究其根本，无法脱离其外在的牵引，在更深层次上属于团体的范畴。再如，乡村教师专业发展政策执行不是一个封闭的问题，而是一个开放的问题，它不会自动发生也不会自动完成，它事实上是一个不断生成的过程，需要内外部多方合力促成。对以上关于乡村教师专业发展政策执行相关信息的获取、解码及加工等一系列认知活动，可以提升作为整体的乡村教师的专业发展政策执行理论认知。从这个意义上来说，加深对局部子系统的认知必然提升对整体的认知。

第三，省视乡村教师专业发展政策执行有益于丰富乡村教师专业发展政策的理论范畴。尽管乡村学校以为乡村社区传播现代文明为使命，但出于历史原因，乡村形成了有别于城市的特定场域并与现代都市文明形成了较为明显的区隔。身在乡村场域的乡村教师是怎样的一种存在？有学者指出，现阶段部分乡村教师正面临“双边缘人”的困境，即为其“非城非乡”身份而倍感尴尬。一方面，与城市教师相比，乡村教师在教育资源分配、信息获取、知识更新等方面处于相对劣势；另一方面，与乡村原住民相比，乡村教师仿佛是“外来客”，对乡土文化“水土不服”，无法融入费孝通笔下以“差序格局”运行的乡村社交网络。事实上，乡村教师所面临的发展政策执行难题绝非仅限于此。这不仅是一个学术问题，更是一个社会现实问题。从客观实际来看，不论是物质环境还是心理环境，乡村教师专业发展政策执行都具有挑战性。显然，其挑战性是由乡村教师专业发展的本质内涵决定的。

论及乡村教师专业发展的本质内涵，有两种代表性观点：专业发展模式与自我发展模式。前者是由我国台湾学者饶见维提出的①，他将影响教师专业发展的因素归纳为六个——已备、准备、经验、省思 、建构、协同，他认为这六个因素之间的相互作用及关系揭示了教师专业发展的基本原理，并将其命名为“知行思交融原理”；后者是由金美福提出的②，他认为影响教师专业发展的主要因素有三个——人生追求和目标、知识资本及教育研究，并将其命名为“教学研同期互动原理”。

以上两位学者所提出的发展模式对理解教师专业发展本质内涵有其独到之处，故而对乡村教师专业发展政策执行理论有一定的参考价值。鉴于乡村教师基础较差、底子较薄等客观原因，加上其所处乡村场域的特殊需求，乡村教师应该走“专业发展模式”与“自我发展模式”耦合的专业发展之路。历史经验表明，尝试转换角度看问题，也许就能透过现象看本质。事实证明，越是面对富有挑战性的任务，越能激发主体的主观能动性和创造力。总而言之，积极探索乡村教师专业发展政策执行的有效路径必然会丰富与拓展乡村教师专业发展政策的理论范畴。

### （二）乡村教师专业发展政策执行的社会价值表征

显然，基于学术立场探讨与深度挖掘乡村教师专业发展政策执行的相关议题不仅可以为其理论发展贡献知识力量，而且从社会立场出发，聚焦该议题同样有较大的社会价值。将乡村教师专业发展政策执行确认为核心问题的社会价值主要表现在三个方面。

① 饶见维. 教师专业发展［M］. 台北：五南图书出版公司，1996.

② 金美福. 两种教师发展模式论比较：兼与台湾学者饶见维先生商榷［J］. 东北师范大学学报，2004（210）：137-143.

其一，优化乡村教师专业发展政策执行能够增加乡村教师个体的人力资本之和。上文中提到，乡村教师专业发展包括两层基本内涵，第一层指的是乡村教师个体的专业发展，第二层则指乡村教师队伍专业化。其中，第一层含义所指的专业发展内涵是优化乡村教师专业发展政策执行的关键。作为专业人士的乡村教师个体经过不断地学习专业知识、提升专业技能、增强专业信念，使自身处于持续螺旋上升的发展进程中。乡村教育的特殊性要求乡村教师应具备担当多重角色的能力：既要做一名坚持不懈的研究者与探索者，又要成为一名终身学习者。此外，就其肩负的乡村教育者使命而言，乡村教师需要比城市教师更有自我专业发展的坚强决心。因为，他们对于乡村儿童来说是带来现代文明之光的使者，是跨越城市与乡村的桥梁，是引领其走向未来的希望。与城市儿童相比，乡村儿童能享受的教育资源较为有限，其中最关键的就是教师资源的配置。由于地理区位、社会经济以及历史等复杂因素的影响，乡村教师，不论是其专业地位还是生活境遇，都处于相对劣势地位。虽然乡村教师整体素质不太高、知识更新速度较迟滞、结构性不太平衡，但以上问题在一定程度上并不是乡村教师主观造成的。事实上，其深层次原因在于诸多客观社会因素。因此，乡村教师专业发展政策执行主体、研究者还有整个社会，都应该对乡村教师给予更多的尊重、信任、理解、关怀与支持。

值得高兴的是，党和政府已经把对乡村教师的关注与扶持上升到国家顶层设计层面。以 2015 年颁布的《乡村教师支持计划（2015—2020 年）》为显著标志，近十年来多部委、多部门联动，多次颁布与乡村教师有关的政策与规定不胜枚举。迄今为止，乡村教师的物质生活待遇已经有了较大的改善，从前“下不去”“留不住”的问题得到了根本性的解决。这从某种程度上很好地印证了马斯洛的“需求层次理论”。根据该理论，一个人的需求可划分为“生理需求”“安全需求”“社交需求”“尊重需求”及“自我实现需求”五种，它们有层次高低之分，呈金字塔形。

政府对乡村教师采用的前期政策工具主要体现出“补偿性”，旨在通过提高待遇、保障生活、职称倾斜等措施先满足乡村教师的基本生活需求。这些强有力的措施消除了乡村教师的后顾之忧，使其愿意从教、安心从教。只有当乡村教师的生存需求得到满足，他们才会有进一步追求发展的意愿。理想状态下，乡村教师的终极发展就是将自我实现与职业生涯融为一体，即终生追求卓越的专业发展。然而，对照现实，他们当下最紧迫的任务是解决“教不好”的问题。针对这一问题，有学者给出的方案是培养卓越乡村教师。对此笔者十分赞同。依据专业资本理论，教师专业发展最根本就是要发展其专业资本。同理，乡村教师专业发展意味着不断开发乡村教师的专业资本。于乡村学校和乡村教育事业而言，乡村教师是最珍贵的资源，是其创新发展的动力所在。于乡村教师个体而言，专业发展的实质就是不断地提升专业能力、增强责任心以及根据所处的生涯阶段做贴切的职业规划。这意味着乡村教师需要不断提高自身人力资本的质量。因此，本书以一种新的教师专业发展观为遵循，即在内外力相互作用的前提下，乡村教师终身不懈地追求专业发展既是其享有的权利，也是其应尽的义务。当前，乡村教师专业发展之路尚面临严峻考验，就内因而言，乡村教师专业发展内生动力不足；就外力而言，教育政策执行的杠杆作用尚未充分发挥出来。

其二，以政策执行推动乡村教师专业发展支持体系构建将促进乡村教师队伍社会资本的整体流通。振兴乡村教育需要庞大的乡村教师力量。这一力量的源泉绝不可能仅仅依靠分散的、孤立的乡村教师个体，而必须依靠乡村教师整体凝聚的力量。这涉及尽最大可能整合所有乡村教师的人力资本。事实上，所谓资本就必须进行自由的流通与交换才能产生价值。乡村教师个体的人力资本如何实现效用最大化？最优路径就是个体乡村教师的人力资本通过与组织内部成员的互动、沟通和交换而产生规模效应。应然状态下，资本可以自由流通，具有开放属性。因此，乡村教师的人力资本流通与交换不应局限于同质的群组，还应该扩展到异质范畴。乡村教师专业发展政策执行的充分性不仅需要学校内部的扶持与协同，而且需要来自学校外部如政府、教育主管部门及教师教育机构的保障力与引领力。当乡村教师个体的人力资本在群体内自由地流通与转化，就能形成集体的社会交流网络。乡村教师之间的交流不仅包括作为“专业人”的专业知识、专业技能与专业体验的分享，而且包括作为“社会人”的普通社交诉求。不论是专注于专业层面的交流，还是仅仅是日常人际关系的交往，在此过程中，乡村教师的社会资本得以形成并能够自由地流通与转化。值得强调的是，乡村教师通过群体关系网络所生成的社会资本能使个体的人力资本在数量与质量方面形成强大的规模效应。因此，专业资本理论关照下的乡村教师专业发展政策执行于教师个体与整体而言具有双赢的属性。

其三，以发展乡村教师专业资本为目的的乡村教师专业发展政策执行对振兴乡村教育具有重大意义。上文论及，政策执行着眼于发展乡村教师专业资本是促进其专业发展的理想路径。该路径的学理基础显然遵循三个内在逻辑。第一，乡村教师专业发展政策执行与乡村教师个体的人力资本开发和利用互为因果，即开发和利用乡村教师个体的人力资本必然有利于促进专业发展政策执行；反之亦然，若乡村教师专业发展政策能够充分而有效地执行，乡村教师个体的人力资本将得以被高度地开发与利用。第二，乡村教师个体的专业发展是乡村教师队伍专业化的必要前提。没有个体的专业发展就没有整体队伍的专业化。一方面，乡村教师队伍专业化的目标要求其成员结成发展共同体。这意味着乡村教师的人力资本必须转化为乡村教师群体的社会资本。人力资本向社会资本的转化是为了更好地作用于整个乡村教育系统。另一方面，乡村教师发展共同体所集聚的社会资本形成强大的合力对乡村教育系统产生形塑影响，使其朝更加完善、有活力的方向发展。有了来自乡村教育系统的引力与助推力，乡村教师个体的人力资本通过其发展共同体所形成的社会资本达到效用最大化。第三，影响乡村教师专业发展政策执行的重要变量还有乡村教师所处的生涯阶段，因其所处的生涯阶段与他们拥有的决策资本有关。概言之，人力资本指向乡村教师个体的专业能力，社会资本指向乡村教师群体的专业关系网络，而决策资本指向乡村教师经年积累的实践智慧。由上而知，振兴乡村教育的关键在于充分利用乡村教师专业发展政策执行的杠杆作用，全力开发乡村教师专业资本。

综上所述，关注乡村教师专业发展政策执行既有益于开发乡村教师人力资本，又有利于促进乡村教师社会资本流通，还能更好地为乡村振兴战略贡献关键性的力量。

### （三）乡村教师专业发展政策执行的实践价值表征

承上，省视乡村教师专业发展政策执行具有多维度的价值，不仅仅局限于理论价值与社会价值，还具有丰富的实践价值。就其实践价值而言，具体表现为：重视乡村教师专业发展政策执行可以为乡村教师群体专业发展实践提供强大保障；促进乡村教师专业发展政策的有效执行能够为改善乡村学校的育人育才实践贡献关键力量；重视乡村教师专业发展政策执行是振兴乡村教育实践的必经之路。

首先，乡村教师专业发展政策执行有助于提升乡村教师专业发展实践的内生动力。常言道，实践是检验真理的唯一标准。一切理论的最好归宿就是将其付诸实践。乡村教师为何需要专业发展政策执行来提供强有力的保障？这是为了回应乡村教师提升专业发展实践能力的内在诉求。事实上，专业发展政策执行对乡村教师的影响是综合性的，既涉及主观层面又涉及客观层面。从主观层面讲，推进乡村教师专业发展政策执行意味着从外部施力去改造主体的教育观及教学观，具体包括通过政策执行去改造乡村教师的专业认知、专业态度、专业精神及专业行为等；从客观层面讲，专业发展政策执行将影响乡村教师实际专业效能的客观表征，具体包括影响乡村教师的专业能力、专业策略、专业表现及专业成就等。

由上而知，专业发展政策执行的综合性影响最终需要通过乡村教师的日常教育教学实践来表征。现实中，由于诸多主客观原因，乡村教师专业发展受限、低效甚至迟滞。表面上看，似乎根源在于乡村教师知识较陈旧、视野较狭隘、缺乏自我发展的意识。事实上，乡村教师专业发展是一个复杂的综合性问题，涉及教育、政治、经济、历史及文化等多元范畴。因此，要处理好乡村教师专业发展的问题必须依赖多方力量的协同及资源的整合，其中不可或缺的是专业力量、政府力量及社会力量。实践证明，政策执行是整合力量的最大抓手。因此，重视乡村教师专业发展政策执行是探究乡村教师专业发展不可回避的重要问题。这也正是本书的题中之义。

其次，乡村教师专业发展政策的有效执行将为乡村教师专业发展实践提供强有力的保障。乡村教师的使命是什么？乡村教师存在的意义是什么？乡村儿童及家长是其直接服务对象，其间接服务对象是乡村社区发展与社会发展。乡村学校功能的有效发挥主体必然是乡村教师。乡村学校为乡村教师提供了服务乡村儿童、乡村社区、乡村文化的平台，他们是践行服务实践的关键主体。新时代，乡村学校要履行培养乡村振兴的建设者与接班人的使命，必须依靠乡村教师贡献其宝贵的知识力量与精神力量。乡村教师的当务之急就是增强其专业能力、凝聚其专业精神以及坚定其专业信念。显然，这一系列行动聚合起来构成了乡村教师专业发展政策执行的要义。从短期来看，乡村教师专业发展政策执行是一项耗时耗力的消费性工程，但从长远来看，乡村教师专业发展政策执行是一项利国利民的投资，有利于改造乡村儿童、乡村学校、乡村教育和乡村文化。改造的力量源自何处？自然来自乡村教师的专业发展。正如有学者提出，乡村教师是乡村振兴之源。每一位乡村教师都应该具有主动发展的自我意识并积极投身自身的能力建设，才能在其专业领域追求更大的进步与发展。同时，通过与同事有质量的分享、交流、切磋以及在必要的时候对同事提出专业质疑与挑战，让专业发展的意识和行动贯穿于乡村教师专业发展政策执行常规的点滴之中，久而久之，才能改变乡村教师的行为并最终使其成为自觉的行动。只有当乡村教师专业发展政策执行在学校内部变得清晰具体、可操作，并成为惯例与行动自觉，才有可能构建乡村教师专业发展政策执行共同体，使乡村学校的发展获得突破性的进展。综上所述，乡村教师专业发展政策执行是乡村学校发展的动力引擎，在此基础上构建的政策执行共同体为乡村学校的创新与变革带来不竭动力。简言之，乡村教师专业发展政策执行理念的创新必然提升其政策执行实践。由上论之，在政策执行实践范畴与政策执行理论范畴之间存在着持续的黏着力，二者在发展过程中遵循一种普遍的隐性逻辑循环：实践→理论→实践。

最后，对乡村教师专业发展政策执行予以绝对的重视是振兴乡村教育实践的必经之路。从历史的角度看，乡村教育并不是一个新课题。在 20 世纪 20—30 年代，中国农村地区曾经掀起过一场规模宏大的乡村教育运动。这场运动是由一批具有民主、爱国思想的教育家发起的，主要代表包括晏阳初、黄炎培、梁漱溟、陶行知等人。他们把教育活动中心从城市转移到乡村，致力于乡村教育与乡村建设，旨在改善农村生活，改造农村社会。他们敢于摒弃旧传统和不适合中国国情的新教育模式，以乡村教育为中心，把乡村教育和乡村建设与改造整体结合起来，为当时的乡村教育探索出了一条新路。

时过境迁，乡村教育运动所体现的思想与精髓对当今中国教育仍然具有借鉴意义，尤其是基于乡村振兴战略的广阔背景下。乡村振兴必先振兴乡村教育。振兴乡村教育的活水源头在哪里？构建高质量的乡村教育体系靠什么？显然，乡村教育只能通过教师的课堂提高质量。研究证据表明，影响教师课堂教学质量的关键因素是教师专业发展程度，即教师专业发展程度与教师教学质量呈正相关。也就是说，乡村教师所展现出的专业发展水平越高，其教学质量越高。乡村教师专业发展是教师个体综合性能力持续增强的过程，该过程中既包括专业能力、专业认知及专业信念的增强与深化，也包括长期训练过程中实践智慧的不断累积。借助专业资本理论的观点来阐释，乡村教师专业发展实质就是其专业资本不断集聚的过程。教师专业资本是教师个体及群体的人力资本、社会资本以及决策资本的整合，其中，决策资本是指向实践的。乡村教师专业发展是振兴乡村教育实践的充分且必要的条件，没有乡村教师专业发展，乡村教育振兴只不过是水中花、镜中月。

## 第二节　乡村教师专业发展的政策文本体系

在厘清了乡村教师专业发展政策执行的本质属性、根本性价值与潜在价值之后，本书接下来将重点对乡村教师专业发展的代表性政策做必要梳理，旨在获得对现阶段乡村教师专业发展政策的一个基本认识。

### 一、乡村教师专业发展政策文本的界定

若欲理解并对乡村教师专业发展政策执行进行分析，必须具备一定的认识论基础，也就是要对相关政策的基本特点及内在规律性有充分认识。政策文本是理解政策的客观依据，这就要求必须先确定乡村教师专业发展政策文本在本书中的具体含义。

政策，顾名思义，其基本释义是“国家或政党为实现一定历史时期的路线而制定的行动准则”。文本指的是用线性同化与信息传播的方式将文字符号呈现的载体。关于“文本”的理解，洛特曼（苏联符号学家）指出，文本必须用一定的符号来表示，其显著属性是“外观的”“有限的”及“具有结构”。这些属性用来解释政策文本无疑是契合的。综合以上释义，在本书中，作为主要研究对象的乡村教师专业发展政策文本特指与乡村教师专业发展有关的政策文件，具体指由全国人大、中共中央、国务院及教育部等相关部委以正式书面文本颁发，旨在促进乡村教师专业发展的法律法规、条例与章程的总称。

### 二、乡村教师专业发展政策文本的分类

基于以上界定，为了强化对乡村教师专业发展政策执行问题的认识基础，接下来本书将按照政策文本属性对乡村教师专业发展政策进行分类。依据社会政策学家 Dobelstein 的观点，政策文本通常划分为立法性政策、

行政性政策、执行性政策及司法性政策[①]。国内有研究者提出，教育政策文本按其层次一般分为“元教育政策文本”“总体教育政策文本”“某一教育领域政策文本”及“单项教育政策文本”[②]。另一研究者认为，按文本类型应将教育政策划分为“总体性政策文本”“综合性政策文本”及“专门性政策文本”三类[③]。

综合以上观点，本书按照法律政策、资格标准政策、培养培训政策以及国家领导人的相关重要讲话的类型标准将乡村教师专业发展政策文本划分为四类。经过大致梳理，在本区间内，对乡村教师专业发展政策有统御作用的、以法律形式出台的相关教育法律政策主要有《中华人民共和国教育法》（以下简称《教育法》）、《中华人民共和国义务教育法》（以下简称《义务教育法》）、《中华人民共和国教师法（修订草案）（征求意见稿）》（以下简称《教师法（修订草案）（征求意见稿）》）等。此外，2021 年正式施行的一项法律与乡村教师专业发展政策密切相关，即《中华人民共和国乡村振兴促进法》（以下简称《乡村振兴促进法》）；就资格标准政策而言，与乡村教师专业发展政策相关的教育政策主要有《中学教师专业标准（试行）》《小学教师专业标准（试行）》[④]《教师资格条例》《〈教师资格条例〉实施办法》《新时代中小学教师职业行为十项准则》等；就培养培训政策而言，与乡村教师专业发展政策相关的教育政策主要有《小学教育专业师范生教师职业能力标准（试行）》《中学教育专业师范生教师职业能力标准（试行）》《中小学教师培训课程指导标准（专业发展）》[⑤]《中西部欠发达地区优秀教师定向培养计划》等；国家现任及历任领导人重视与关心乡村教育、乡村教师的相关重要讲话主要包括（不限于）2003 年温家宝在全

---

① DOBELSTEIN A W. Social welfare: policy and analysis [M]. Chicago: Nelson - Hall Publishers, 1990.

② 刘复兴. 教育政策的四重视角 [J]. 清华大学教育研究, 2002 (4): 13-19.

③ 罗生全. 学业负担问题解决: 模型建构与治理机制 [M]. 北京: 人民教育出版社, 2018: 37.

④ 教育部. 教育部关于印发《幼儿园教师专业标准（试行）》《小学教师专业标准（试行）》和《中学教师专业标准（试行）》的通知 [EB/OL]. (2012-09-13) [2024-07-07]. http://www.moe.gov.cn/srcsite/A10/s6991/201209/t20120913_145603.html.

⑤ 教育部. 教育部办公厅关于印发《中小学教师培训课程指导标准（师德修养）》等 3 个文件的通知 [EB/OL]. (2020-08-14) [2024-07-07]. http://www.moe.gov.cn/srcsite/A10/s7002/202008/t20200814_478091.html.

国农村教育工作会议上的讲话，2007 年胡锦涛“推进以改善民生为重点的社会建设六大任务”① 的重要讲话提出“加强教师队伍建设，重点提高农村教师素质”，2015 年习近平总书记给“国培计划（2014）”北京师范大学贵州研修班参训教师的回信等。

## 三、乡村教师专业发展政策文本的选择

由前文可知，根据客观实际判定，目前在教育政策领域内并不存在以“专业发展”冠名的专门性教师政策，乡村教师政策也不例外。既有的教师政策更倾向于以系统化、综合化以及标准化的教育政策来规范教师队伍建设问题，如 2018 年中共中央、国务院颁布的《关于全面深化新时代教师队伍建设改革的意见》、教育部办公厅发布的《关于召开全面深化新时代教师队伍建设改革暨乡村教师和“三区三州”教师队伍建设工作会议的通知》以及 2020 年教育部等六部委出台的《关于加强新时代乡村教师队伍建设的意见》。从以上教育政策文本的分类可知，目前真正意义上的乡村教师专业发展政策无论是数量还是质量均较为有限。这对考察乡村教师专业发展政策执行议题制造了一定困难，但同时也有力地证明了本书研究的意义所在。

学界关注乡村教师政策肇始于 21 世纪初②，因此，本书以 2000 年为起始点，对 20 多年来国家层面发布的乡村教师政策做较全面的回溯，并重点挖掘相关政策文本中涉及乡村教师专业发展的内容。具体而言，本书将按照上文采用的法律政策、资格标准政策、培养培训政策以及国家领导人的相关重要讲话来归类文本并做简要分析。

第一类，教育法律政策文本。相比而言，教育法律比教育政策具有更好的稳定性。尽管时间跨度为 20 多年，但这一区间与乡村教师专业发展密切相关的教育法律为数不多。为尽量体现既有教育法律对乡村教师专业发展实践的关照，笔者有针对性地选择了涉及教育法律的最新版政策文本作

① 胡锦涛. 推进以改善民生为重点的社会建设六大任务［N/OL］.（2007-10-15）［2022-03-14］. https://www.chinadaily.com.cn/hqzg/2007-10/15/content_6175242.html.

② 李艳红，张力. 西部乡村教师专业发展政策研究［M］. 成都：西南交通大学出版社，2020.

为具体分析的客观对象。出于忠实服务研究目的的考虑，经网络搜索与内容相关度筛选，对乡村教师专业发展政策执行产生直接或间接影响的法律及相关内容摘录详见表 1-1。

**表 1-1　主要教育法律政策**

| 实施日期 | 发布机构 | 法律名称 | 相关内容 |
|---|---|---|---|
| 2021-04-29 | 第十三届全国人大常务委员会第二十八次会议（第三次修正） | 《中华人民共和国教育法》 | 实行教师资格、职务、聘任制度，通过考核、奖励、培养和培训，提高教师素质，加强教师队伍建设 |
| 2018-12-29 | 第十三届全国人大常务委员会第七次会议(第二次修正) | 《中华人民共和国义务教育法》 | 组织校长、教师的培训和流动，加强对薄弱学校的建设。鼓励和支持城市学校教师和高等学校毕业生到农村地区、民族地区从事义务教育工作 |
| 2021-11-29 | 教育部 | 《中华人民共和国教师法（修订草案）(征求意见稿)》 | （特别支持）为边远和欠发达地区、边疆和少数民族聚居地区、革命老区和乡村地区培养、培训教师 |
| 2021-06-01 | 第十三届全国人大常务委员会第二十八次会议 | 《中华人民共和国乡村振兴促进法》 | 加强农村教育工作统筹，持续改善农村学校办学条件，支持开展网络远程教育，提高农村基础教育质量，加大乡村教师培养力度，采取公费师范教育；在职称评定等方面给予优待，保障和改善乡村教师待遇，提高乡村教师学历水平、整体素质和乡村教育现代化水平 |

第二类，涉及教师的资格标准政策文本。2000 年以来，国家从顶层设计层面颁布了部分对乡村教师专业发展产生标准性、方向性影响的资格标准政策文本，将其梳理如表 1-2 所示。

**表 1-2　主要教师资格标准政策**

| 发布日期 | 发布机构 | 政策名称 | 相关内容 |
| --- | --- | --- | --- |
| 2004-12-15 | 教育部 | 《中小学教师教育技术能力标准（试行）》① | 提高教师专业能力和教育技术应用水平；对教师应用教育技术的意识和态度、知识与技能、应用与创新、社会责任等作出了具体规定 |
| 2011-10-08 | 教育部 | 《教师教育课程标准（试行）》② | 全面提高教师培养质量 |
| 2012-09-14 | 教育部 | 《小学教师专业标准（试行）》《中学教师专业标准（试行）》 | 构建教师专业标准体系，建设高素质专业化教师队伍 |
| 2020-07-21 | 教育部办公厅 | 《中小学教师培训课程指导标准（专业发展）》 | 分类、分科、分层实施培训，提高培训的针对性与实效性 |

第三类，培养培训政策文本。2000 年以来，国家从顶层设计层面颁布的对乡村教师专业发展政策执行产生影响的培养培训政策文本梳理如表 1-3 所示。

**表 1-3　主要培养培训政策**

| 发布年份 | 政策名称 | 相关内容 |
| --- | --- | --- |
| 2000 | 《关于推动东西部地区学校对口支援工作的通知》 | 启动实施“东部地区学校对口支援西部贫困地区学校工程”和“西部大中城市学校对口支援本省（自治区、直辖市）贫困地区学校工程”，进一步动员东部地区和西部大中城市的各方面力量，大力支援西部贫困地区的教育事业 |
| | 《关于东西部地区学校对口支援工作的指导意见》 | 通过“两个工程”的实施，逐步构建起东部地区、西部大中城市支援西部贫困地区学校的桥梁，进一步促进贫困地区义务教育的普及和教育教学质量的提高，缩小东西部地区教育水平的差距，着重在基础教育方面为西部大开发提供支持 |

① 教育部. 关于印发《中小学教师教育技术能力标准（试行）》的通知［A/OL］.（2004-12-15）［2022-03-14］. http://www.moe.gov.cn/srcsite/A10/s6991/200412/t20041215 _145623.html.

② 教育部. 关于大力推进教师教育课程改革的意见［A/OL］.（2011-10-08）［2024-07-06］. http://www.moe.gov.cn/srcsite/A10/s6991/201110/ t20111008_145604.html.

表1-3(续)

| 发布年份 | 政策名称 | 相关内容 |
| --- | --- | --- |
| 2001 | 《全国教育事业第十个五年计划》 | 确保对农村义务教育的投入。中央和省级人民政府要通过转移支付，加大对贫困地区和民族地区义务教育的扶持力度 |
| 2002 | 《关于"十五"期间教师教育改革与发展的意见》（已失效）① | 已实现"两基"的农村地区，新补充的小学教师具有专科以上学历者、新补充的初中教师具有本科以上学历者均力争达到50%左右；加大对西部地区教师教育的支持力度，推进教师教育的协调发展 |
|  | 《关于加强专科以上学历小学教师培养工作的几点意见》 | 教育部将组织制订专科学历小学教师的培养目标、规格，完善和改革课程体系和教学内容，制定《师范高等专科三年制小学教育专业教学方案（试行）》，组织编写小学教育专业教材，加强小学教育专业建设 |
|  | 《关于加强县级教师培训机构建设的指导意见》 | 建立和健全中小学教师继续教育制度，扎实推进中小学教师继续教育；推动农村基础教育的改革和发展 |
| 2003 | 《关于进一步加强农村教育工作的决定》② | 积极引导鼓励教师和其他具备教师资格的人员到乡村中小学任教。各地要落实国家规定的对农村地区、边远地区、贫困地区中小学教师津贴、补贴。建立城镇中小学教师到乡村任教服务期制度 |
| 2004 | 《2003—2007教育振兴行动计划》 | 加快推进农村中小学教师队伍建设。加强农村中小学编制管理，全面推行教师聘任制，依法实施教师资格制度。严格掌握校长任职条件，积极推行校长聘任制。积极引导和鼓励教师及其他具备教师资格的人员到乡村中小学任教，建立城镇中小学教师到乡村任教服务期制度。加强农村教师和校长的教育培训工作 |

① 教育部. 关于"十五"期间教师教育改革与发展的意见（已失效）[A/OL].（2002-03-01）[2024-07-06]. http://www.moe.gov.cn/srcsite/A10/s7058/200203/t20020301_162696.html.

② 国务院. 关于进一步加强农村教育工作的决定 [A/OL].（2003-10-25）[2024-07-06]. http://www.moe.gov.cn/jyb_xxgk/moe_1777/moe_1778/tnull_27725.html.

表1-3(续)

| 发布年份 | 政策名称 | 相关内容 |
| --- | --- | --- |
| 2005 | 《关于深化农村义务教育经费保障机制改革的通知》 | 巩固和完善农村中小学教师工资保障机制。中央继续按照现行体制，对中西部及东部部分地区农村中小学教师工资经费给予支持。省级人民政府要加大对本行政区域内财力薄弱地区的转移支付力度，确保农村中小学教师工资按照国家标准按时足额发放 |
|  | 《关于进一步推进义务教育均衡发展的若干意见》 | 加强农村学校、城镇薄弱学校骨干教师培训工作。要组织师范院校、普通高等学校和教师培训机构，加大对农村学校、城镇薄弱学校教师的培训力度 |
| 2006 | 《关于大力推进城镇教师支援农村教育工作的意见》 | 探索实施农村教师特设岗位计划。要抓住建立和完善农村义务教育经费保障机制的契机，针对当前农村学校合格教师紧缺的突出矛盾，省级教育行政部门要争取相关部门支持，因地制宜地探索农村学校教师补充的新机制，可在农村边远贫困地区师资紧缺的义务教育学校设立一定数量的教师岗位，公开招募大学毕业生到岗任教，逐步改善农村教师队伍结构，增强教师队伍活力，提高农村教师队伍整体素质 |
| 2010 | 《国家中长期教育改革和发展规划纲要（2010—2020年）》 | 切实缩小校际差距，着力解决择校问题。加快薄弱学校改造，着力提高师资水平。实行县（区）域内教师、校长交流制度 |
|  | 《关于贯彻落实科学发展观 进一步推进义务教育均衡发展的意见》 | 要健全教师培养机制，加大对教师尤其是农村教师的培训力度，促进教师专业发展。健全城乡教师交流机制，推动校长和教师在城乡之间、校际之间的合理流动，鼓励优秀校长和骨干教师到农村学校和薄弱学校任职、任教，发挥示范、辐射和带动作用 |
| 2012 | 教育部关于印发《幼儿园教师专业标准（试行）》《小学教师专业标准（试行）》和《中学教师专业标准（试行）》的通知 | 构建教师专业标准体系，建设高素质专业化教师队伍 |

表1-3(续)

| 发布年份 | 政策名称 | 相关内容 |
| --- | --- | --- |
| 2012 | 《关于大力推进农村义务教育教师队伍建设的意见》 | 各地要把农村义务教育教师队伍建设作为一项重大而紧迫的战略任务，摆在重中之重的战略地位，分步扎实推进，为农村教育的改革发展提供坚强有力的师资保障。探索建立严格准入、能进能出的教师管理新机制，教师地位待遇显著提升，优秀师资来源充足，补充渠道畅通，岗位交流制度化，结构不断优化，专业水平明显提高，农村义务教育教师队伍建设取得突破性进展 |
| 2013 | 《关于加快发展现代农业进一步增强农村发展活力的若干意见》 | 完善农村中小学校舍建设改造长效机制。办好村小学和教学点，改善办学条件，配强师资力量，方便农村学生就近上学。设立专项资金，对在连片特困地区乡、村学校和教学点工作的教师给予生活补助 |
| | 《关于加强乡村教师生活补助经费管理有关工作的通知》 | 各地要按照党的十八届三中全会精神要求，结合实际采取综合措施，从根本上提高乡村教师队伍素质。加大乡村教师培训力度，将乡村教师培训学习、对口帮扶等措施规范化、制度化。建立农村教师招聘补充机制和县域内教师定期轮岗交流制度 |
| | 《关于落实 2013 年中央 1 号文件要求对在连片特困地区工作的乡村教师给予生活补助的通知》 | 落实好连片特困地区乡村教师生活补助，进一步体现了党和国家对农村教育的重视，对农村教师的关心，有利于进一步加强农村教师队伍建设，提高农村教育质量，促进义务教育均衡发展 |
| 2014 | 《关于实施卓越教师培养计划的意见》 | 加强养成教育，注重未来教师气质培养，营造良好教育文化氛围，引导师范生树立长期从教、终身从教信念。建立完善师范毕业生就业服务体系，鼓励引导师范生到基层特别是农村中小学任教 |

表1-3(续)

| 发布年份 | 政策名称 | 相关内容 |
| --- | --- | --- |
| 2014 | 《关于推进县（区）内义务教育学校校长教师交流轮岗的意见》 | 各地可采取设立名师名校长交流特聘岗等形式，支持优秀校长、特级教师和省级教学名师到中西部边远贫困地区农村学校任职任教，引导优秀校长和骨干教师向农村学校、薄弱学校有序流动。各地要继续实施好农村教师特岗计划、“三支一扶”计划、“三区”人才支持计划教师专项等国家级专项计划，加强边远贫困地区乡村学校骨干教师配备 |
| 2015 | 《乡村教师支持计划（2015—2020年)》 | 到2017年，力争使乡村学校优质教师来源得到多渠道扩充，乡村教师资源配置得到改善，教育教学能力水平稳步提升，各方面合理待遇依法得到较好保障，职业吸引力明显增强，逐步形成“下得去、留得住、教得好”的局面。到2020年，努力造就一支素质优良、甘于奉献、扎根乡村的教师队伍，为基本实现教育现代化提供坚强有力的师资保障 |
| 2016 | 《关于统筹推进县域内城乡义务教育一体化改革发展的若干意见》 | 适应全面建成小康社会需要，合理规划城乡义务教育学校布局建设，完善城乡义务教育经费保障机制，统筹城乡教育资源配置，向乡村和城乡接合部倾斜，大力提高乡村教育质量 |
|  | 《关于加快中西部教育发展的指导意见》 | 全面加强乡村教师队伍建设。扩大农村教师特岗计划中乡村学校特设岗位数量，增加优秀大学毕业生到乡村学校任教比例。以地方师范院校为基地，采取免费教育、学费补偿、贷款代偿等多种方式，为乡村学校定向培养更多的合格、优秀教师。鼓励研究生支教团、优秀退休教师到乡村学校支教 |

表1-3(续)

| 发布年份 | 政策名称 | 相关内容 |
| --- | --- | --- |
| 2017 | 《国家教育事业发展“十三五”规划》 | 加强乡村教师队伍建设。推动省级政府建立统筹规划、统一选拔的乡村教师补充机制。逐步扩大农村教师特岗计划实施规模，鼓励地方政府和师范院校加强本土化培养，采取多种方式定向培养“一专多能”的乡村教师。探索建立新聘教师农村学校任教服务期制度，将在乡村学校或薄弱学校任教经历作为城镇中小学教师晋升高级教师的必要条件。鼓励支持教学效果好、身体健康的退休特级教师、高级教师到乡村学校支教讲学。推动地方实行城乡统一的中小学教职工编制标准，对村小学和教学点采取生师比和班师比相结合的方式核定教职工编制。全面落实集中连片特困地区乡村教师生活补助政策，依据学校艰苦边远程度实行差别化的补助标准。建立乡村教师荣誉制度，对长期在乡村学校任教的优秀教师按照国家有关规定进行表彰 |
| | 《县域义务教育优质均衡发展督导评估办法》 | 县域内城乡义务教育学校建设标准统一、教师编制标准统一；教师5年360学时培训完成率达到100%；专任教师持有教师资格证上岗率达到100%；教师能熟练运用信息化手段组织教学，设施设备利用率达到较高水平 |
| 2018 | 《关于实施乡村振兴战略的意见》 | 优先发展农村教育事业。高度重视发展农村义务教育，推动建立以城带乡、整体推进、城乡一体、均衡发展的义务教育发展机制 |
| 2019 | 《中国教育现代化2035》 | 加大教职工统筹配置和跨区域调整力度，切实解决教师结构性、阶段性、区域性短缺问题 |
| | 《关于深化教育教学改革全面提高义务教育质量的意见》 | 加大县域内城镇与乡村教师双向交流、定期轮岗力度，建立学区（乡镇）内教师走教制度。进一步实施好农村教师“特岗计划”和“银龄讲学计划” |

表1-3(续)

| 发布年份 | 政策名称 | 相关内容 |
| --- | --- | --- |
| 2020 | 《关于加强新时代乡村教师队伍建设的意见》 | 紧紧抓住乡村教师队伍建设的突出问题，促进城乡一体、加强区域协同，定向发力、精准施策，破瓶颈、强弱项，大力推进乡村教师队伍建设高效率改革和高质量发展。力争经过3~5年努力，乡村教师数量基本满足需求，质量水平明显提升，队伍结构明显优化，地位大幅提高，待遇得到有效保障，职业吸引力持续增强，贫困地区乡村教师队伍建设明显加强 |
| 2021 | 《关于加快推进乡村人才振兴的意见》 | 加强乡村教师队伍建设。落实城乡统一的中小学教职工编制标准。继续实施革命老区、民族地区、边疆地区人才支持计划、教师专项计划和银龄讲学计划。加大乡村骨干教师培养力度，精准培养本土化优秀教师。改革完善“国培计划”，深入推进“互联网+义务教育”，健全乡村教师发展体系。对长期在乡村学校任教的教师，职称评审可按规定“定向评价、定向使用”，高级岗位实行总量控制、比例单列，可不受所在学校岗位结构比例限制。落实好乡村教师生活补助政策，加强乡村学校教师周转宿舍建设，按规定将符合条件的乡村教师纳入当地住房保障范围 |

第四类，国家领导人的相关重要讲话。除法律政策和正式发布的官方文件外，国家领导人在特定历史时期就相关话题的重要论述以及重要讲话精神对政策制定也产生了方向性引领作用。通过对国家政府门户网站的搜索与筛选，表1-4简要呈现了与乡村教师专业发展政策相关的国家领导人重要讲话。

**表 1-4　关于乡村教师专业发展政策的国家领导人重要讲话**

| 事件及日期 | 国家领导人 | 相关内容 |
|---|---|---|
| 在全国农村教育工作会议上的讲话（2003-09-19） | 温家宝 | 广大教师要怀着对“老少边穷”地区群众的深厚感情，提高教学质量，帮助困难学生完成学业；以农村中小学人事制度改革为出发点和落脚点提高农村师资队伍的质量；吸引优秀人才到西部任教，鼓励城镇教师到乡村任教，通过定向招生等方式培养乡村教师，切实解决“老少边穷”地区乡村学校缺少合格教师、骨干教师不稳定的问题 |
| 在全国教育工作会议上的讲话（2010-07-13） | 胡锦涛 | 教育事业发展的关键在教师，必须紧紧依靠广大教师和教育工作者，遵循教育规律办学教学，不断提高教师政治和业务素质 |
| 给“国培计划（2014）”北京师范大学贵州研修班参训教师的回信（2015-09-09） | 习近平 | 扎根西部、服务学生，努力做教育改革的奋进者、教育扶贫的先行者、学生成长的引导者，为贫困地区教育事业发展、为祖国下一代健康成长继续作出自己的贡献 |
| 国家要加大对乡村教师的委托和定向培养①（2021-03-06） | 李克强 | 乡村教师直接教育广大农村孩子，事关他们的成长和上升通道，责任重大，工作十分辛苦。国家将研究出台倾斜政策，加大对乡村教师的委托和定向培养，逐步提高他们的职业水平和收入待遇，让他们在乡村愿意留、留得住 |

从上文对乡村教师专业发展政策执行的价值厘定、本质属性探究、政策文本界定，以及对 2000 年至今国家从顶层设计层面出台的关于乡村教师专业发展的法律政策、资格标准政策、培养培训政策、国家领导人的相关重要讲话四类政策文本的筛选与相关内容的简要呈现，可以发现，在乡村振兴战略背景下，乡村教师专业发展政策对深化新时代乡村教师队伍建设至关重要。但是，针对乡村教师的现实境遇，尽管国家从战略上已采取政策“组合拳”的方式并将乡村教师专业发展政策作为重要的乡村教育治理

① 李克强. 国家要加大对乡村教师的委托和定向培养［N/OL］.（2021-03-06）［2022-03-14］. http://www.gov.cn/xinwen/2021-03/06/content_5590983.html.

工具，然而对照现实，学界以及社会对乡村教师专业发展的关注度还不足，至少在政策方面有此迹象。目前，严格意义上的乡村教师专业发展政策依然缺场，这直接导致对乡村教师专业发展政策执行考察缺乏较明晰的方向与标的。鉴于此，本书着力于借助国际范围内较有借鉴价值的 OECD 可视化框架来检视乡村教师专业发展政策执行议题，以期实现对既有乡村教师专业发展政策效果的检测与评估。

# 第二章　乡村教师专业发展政策执行的分析框架

本章第一步主要是基于哈格里夫斯与富兰创立的专业资本理论，演绎及呈现专业资本开发的“5C”模式。第二步完成 OECD 可视化框架的必要呈现及维度分析。以此为基础，分步骤展开以专业资本理论为镜鉴的新时代乡村教师专业发展政策应然建构，以及以 OECD 可视化框架为行动指南完成对乡村教师专业发展政策执行四位一体筑模。第三步着力找寻专业资本理论与 OECD 可视化框架融合对乡村教师专业发展政策执行引领的适切性，旨在阐明理论与研究本体的内在关联，为下一章深度审视乡村教师专业发展政策执行存在的问题及成因分析提供结构性准备。

## 第一节　理论启示：专业资本及其模式

在西方学界，就教师及教学行业未来议题，著名学者哈格里夫斯与富兰指出，如今的教学正处在十字路口，其突出表现为：一方面，教师、教学以及教师行业的未来受到了前所未有的关注；另一方面，由这种大众关注带来的迫切感引发了许多关于“究竟何谓高质量教学”以及“什么是获得与保持高质量教学的最佳方式”的争论，甚至是期望落空后的“愤怒”。“在教学的十字路口笼罩着一层关于教师及教学误解的疑雾。”① 面对如此困境，教师、学校、教育系统该如何抉择？

① HARGREAVES A, FULLAN M. Professional capital: transforming teaching in every school [M]. New York and London: Teachers College Press, 2012: xii.

## 一、专业资本的理论内核

针对上述“十字路口”的两难抉择，哈格里夫斯与富兰给出提案，即系统性开发专业资本。在其看来，这是一种新策略——利用多数人共同承担的责任、能力与使命感（shared responsibilities，capacity，and commitment），即“用群体改变群体”（use the group to change the group）。该提案的提出是基于以下广泛共识：学校内部影响学生学习与成就的因素不是课程标准、测试手段及教育资源，甚至不是校长领导力，而是师资质量。也就是说，教师是学校场域的最关键变量。在政治领域、教师行业以及公众领域，大众对获得更优质师资有强烈的迫切感。不仅是专业人士，越来越多的人都开始关心学校教学质量，这一事实合理解释了为什么教师与教学成为当下教育变革前沿。

### （一）专业资本理论维度及其构成

依据专业资本（professional capital）理论，专业资本是人力资本（human capital）、社会资本（social capital）以及决策资本（decisional capital）三种资本的“化合物”。这三种不同形式的资本对于将教师转化为对公共利益有利的力量至关重要。哈格里夫斯与富兰认为，专业资本对于有效教学十分必要，尤其是在极具挑战性的教育情境下更需要开发及投资专业资本并使之自由流通。以上三种资本相互作用、互相增强将必然增强教学效能。他们借用以下方程式呈现专业资本与其他三种资本的变量关系（见图2-1）。

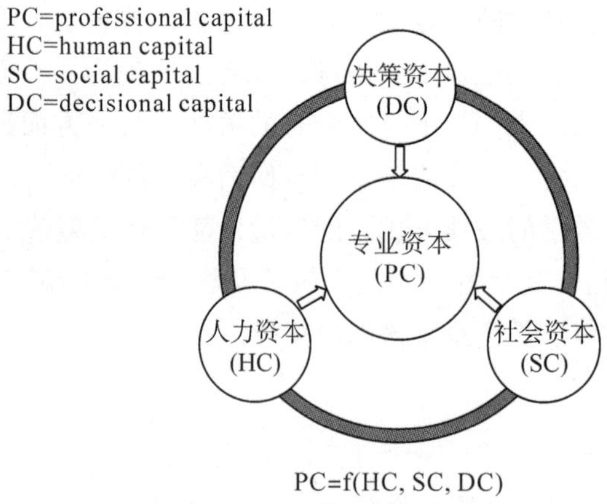


图2-1　专业资本的函数方程

由图 2-1 可知，教育系统专业资本的数量多寡与质量优劣取决于其他三种资本形式——人力资本、社会资本以及决策资本。下文将对教育场域中存在的三种资本的具体内涵依次做必要的陈述。

1. 人力资本

人力资本指导教师具备与发展必需的知识与技能。这要求教师具备多维度以及多层次的知识与能力：精通学科知识与学科教学知识，了解学生及其学习方式，理解学生的多元文化及家庭背景，并且具有与学校内外不同群体的儿童及成年人产生共鸣的情感能力。与此同时，人力资本还涉及拥有热情与道德责任感，即服务所有孩子以及在如何提供服务方面想要持续变得更好。也就是说，出于职业与道德需要，不断提升自身人力资本质量是教师应当履行的义务。可见，专业资本视域下的人力资本主要指向教师个人才能，教师个体是开发专业资本的最关键主体，人力资本是专业资本发展的前提基础。

人力资本指向教师个人的才能是否必然意味着开发人力资本只能依靠孤立的教师个体？答案是否定的。事实证明，你无法仅仅通过在孤立中专注人力资本而使之有所增加。与之相反，在教育的全场域中，那些最强大的、未被充分利用的策略往往涉及团队合作的审慎使用，如通过鼓励其参与校内外互相学习而赋能（empower）教师；再如，塑造团队文化与建构沟通、学习、信任以及团体协同的网络。更重要的是，使教师专注于团队发展有助于增强其个体学习力，从而实现稳步成长。如此一来，直接结果就是，个体不仅融入团体而且成为其中的有机组成部分，在此过程中，个体的人力资本转化为团体的社会资本。只有依托社会资本，个体人力资本的效用才能最大化。这充分说明，社会资本是人力资本效用发挥的杠杆。基于团队协作，既能增加教师个体人力资本，又能提升团队的社会资本，这是一种双赢的良性循环。

2. 社会资本

社会学家科尔曼（Coleman）提出，社会资本存在于人与人的关系之中，于人们而言是一种资源，和经济资本与人力资本一样，它有利于生产活动。由该定义判断，社会资本是一种抽象的、无形的非物质性资源。例如，有研究者认为，人际关系中的诚信与信任是社会资本的表征形式。研究发现，与那些诚信与信任缺失的团队形成鲜明对比，具有诚信与信任的团队能够取得更大成就[1]；同样，基于信任建立目标的群体能学到更多且学得更快。这样的团队自然更胜任其工作。

在教育场域中开发社会资本至关重要。具体而言，在学校内部，每一次教师们基于共同协作的目的性学习，他们收获的短期效果明显且其学习往往具有长期效益。背后的原因在于，教师认同了同伴对其自身专业成长的价值，并最终体认了他们开诚布公地提出建设性异议的价值所在。类似的支撑案例还有很多，例如，“批判性同行社交网络”存在的意义在于，借助创造一个心照不宣的安全专业对话环境，为教师提供兼有建设性与挑战性的专业反馈。同样地，在专家的信任与真诚帮助下，适度的专业评价与反馈可以为教师在基于标准考查学生学业成绩与学习表现的同时又促成教师间的相互专业学习。由此可见，社会资本的准确表达就是：一种不断给予的资产。这是一种可以扩展到整个系统的集体能力。Leana[2] 通过测评纽约市 130 所小学的人力资本及社会资本的研究项目简单有力地阐明了社会资本的力量及其与人力资本的关系。在其研究中，人力资本以个体教师的资历为衡量指标，社会资本则以教师合作程度为指标。该研究者将为期一年的项目开始之初与末期学生的数学成绩进行比较，发现具有高水平社会资本教师的学生其数学成绩提高更显著。该研究者甚至还发现，具有较低人力资本水平的教师在社会资本更丰富的学校其表现更佳。基于该研究结论，我们不妨尝试依照下列模型来梳理学生成绩表现、教师人力资本以及学校社会资本三者之间的动态关系（见图 2-2）。

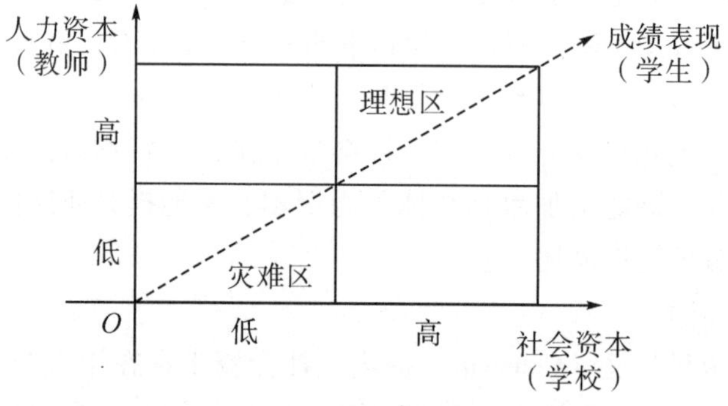


**图 2-2　教师人力资本、学校社会资本及学生成绩表现的关系**

① COLEMAN J S. Social capital in the creation of human capital [J]. American journal of sociology, 1988, 94 (Supplement): S95-S120.

② LEANA C R. The missing link in school reform [J]. Stanford social innovation review, 2011 (Fall): 29-35.

第一种假设，教师人力资本处于低水平，学校社会资本处于低水平，那么学生成绩表现必然呈现低水平趋势。显然，此种情况是教育教学的灾难，教育利益攸关方应全力规避。但实际上，这正是中国中西部地区乡村学校以及乡村教师所面临之窘境的现实写照。这也正好印证了本书的中心题旨——探寻乡村教师专业发展政策之应然与实然的辩证关系。第二种假设，教师人力资本具有高水平表征，与学校社会资本相得益彰，那么学生成绩将必然表现出高水平趋势。这是理想状态，也是保障教学质量的终极旨归。第三种假设，教师人力资本处于高水平，学校社会资本处于低水平，社会资本负向消解人力资本，将导致学生成绩表现动力不足。第四种假设，教师人力资本处于低水平，社会资本处于高水平，后者对前者发挥牵引作用，那么学生成绩表现将呈较高水平趋势。由此可见，教师人力资本与学校社会资本是保障教学质量的左右引擎。总而言之，在任何教育变革中，成功的关键变量是社会资本在学校内部转化为校园文化的程度。社会资本是推动教育事业的动力之源，而教师则是这一动力之源的核心根基。

3. 决策资本

发展专业资本不可或缺的第三种资本是决策资本。人们早已意识到，教学既是一种思维活动也是一种实践活动。高质量的教学需要实践智慧的有力支撑。就其本质而言，专业资本的精髓就是具备自行裁断的能力。这意味着不能根据情境需要行使裁断权的人员不能称为专业人士。如果一个教师在课堂上总是需要参照教师手册或者一字不改地照搬教案，那么结论就是：他不是专业人士。关于以上结论的解释有两个，一是该教师不知道如何决断，二是其裁断权很可能被剥夺。在现实的课堂中，基于对学习主体不同情况的掌握，如不同学习方式以及不利处境学生的心理等，教师必须判断何时以不同的方式对待不同学生的行为与表现。也就是说，如果教师不会决断，他无法做一名教师（至少无法成为称职的教师）。以上充分说明，决策资本指适时、果断及正确地做出裁决的能力。这意味着，它考验的是当证据或规则不明确时，在不可回避的、面对极大不确定性的情况下做出决定的能力。这是它的一个显著特征。

哈格里夫斯与富兰将决策资本定义为：专业人士通过结构性与非结构性的经验、实践以及反思所获得和积累的资本。该资本能够使主体在没有固定规则或确凿证据的情况下做出明智的判断①。决策资本以主体整合吸收诸多场合中同事的洞见及经验所形成的判断为提升方式。换句话说，在教学中，社会资本实际上是决策资本的组成部分，也是决策资本的补充。

决策资本的另一个显著特征是其耗时性，这决定了提升决策资本没有捷径，需要一个不断积淀的过程，只有基于足够的量变才能促成质的蜕变。正所谓：不积跬步无以至千里。因此，在决策资本范畴，需要关注一个中心原则：当教师与同事一起，通过一个个案例从而拥有了大量检视自己与他人决断的丰富实践时，他会变得更擅长于裁断。常言道，"熟能生巧"，事实上，更严谨的说法是，"刻意雕琢的熟练确实能够真正生巧"。决策资本是专业资本的一个显著指标。业余与专业是与专业资本相关的两个极点。正如那个比较"业余钢琴手"与"专业钢琴家"的经典研究，前者在整个儿童期间练习钢琴的时间每周从不超过三小时，到其 20 岁，他的练习时间总计 2 000 小时；与之形成对照，后者每年稳定增加其练习时间，到其 20 岁，他的练习时间总计 10 000 小时。此处的"10 000 小时"具有特殊的心理学含义。Gladwell 指出，这个数字是大脑"同化所有需要知道的知识以达到真正驾驭的状态"所需小时数②。不论任何职业，实践、保持实践以及获取实践机会是具有重要意义的。Day 及其团队的研究发现，教师一般在进入行业的第 8～10 年职业生涯渐入佳境。到这一节点，你认为他们从事教学的总计小时数是多少？尽管确切的答案因你所在的系统会有少许差异，但大体上是 10 000 小时。当然，这并非说每一位教学时数达到 10 000 小时的教师就必然是教学能手。因为，这取决于教师实践小时数的本质样态。并且，它不排除职前的学习或准教师在承担体育教练、青年工作或青年领导方面可能已经积累的预备时间，而这可能缩短教师开始实际教学时成为真正专家所需的时间。但是，平均而言，有了这 10 000 小时的实践加持，足够的证据表明，与投入教学时间较少的同事相比，他们具有更高的工作效率。

就严格意义而言，实践且持续性实践才能发展决策资本。同时，短暂

① HARGREAVES A, FULLAN M. Professional capital: transforming teaching in every school [M]. New York and London: Teachers College Press, Columbia University, 2012: 93.

② GLADWELL M. Outliers: the story of success [R]. New York: Little, Brown, 2008: 40; ERICSSON K A, KRAMPE R T, TESCH-RÖMER C. The role of deliberate practice in the acquisition of expert performance [J]. Psychological review, 1993, 100 (3): 363-406.

的狂热与一时的激情只能造就业余者，有且仅有实践以及孜孜不倦的大量实践才能成就技艺精湛的专业人士。据此推断，如果教师从业不足 8 年就离开职场，这意味着他永远不可能发展其决策资本，其专业资本自然也无法提升到高水平。如果教学的招聘和奖励系统是基于接受甚至是提倡众多教师在入职 3 至 5 年后（在其尚未得到加薪或滋生抵触情绪之前）可能或者是应该流动的理念，那么个体教师的专业资本将得不到充分发展，这会直接导致系统的专业资本无法积聚。究其缘由，该理念受视公共教育为成本而非投资的商业资本模式的功利主义支配。其严重后果就是抑制个体教师专业资本的发展，并且使系统的专业资本耗尽。

最后强调，决策资本与社会资本同样息息相关。当决策资本以同事之间的互动为介质时，它会变得更加敏锐，其显著表征就是教师的决断能力变得越来越好，团队开发与部署的高效益策略在不断完善和阐释中变得更加精确和深度嵌入，糟糕的判断与无效的实践被摒弃。实践告诉我们，当缺乏明确的证据或证据冲突时，积淀的集体经验比个体特质的经验或毫无经验更重要。

由上可知，专业资本指称一切组成、规定与发展一种职业及其实践的资源、投入及资产。这一概念适用于法律、医学、体育或者教育等领域。与专业资本相对的是商业资本模式，该模式的核心思想是将公共教育视为成本而非投资，因此信奉商业资本的政府想要压缩投资并剥夺教育资源以获取暂时、短期的收益，该办法于教育而言是错误的驱动力。聚焦人力资本与社会资本可以使教师持续成长，也就是说发展专业资本才是实现教育终极目标的正确选择。

这里有必要进一步阐明专业发展与专业资本的区别与联系。曾有研究者指出，教师专业发展对学生没有多少影响。Garet 团队就教师专业发展对早期阅读教学与中学数学的影响展开了大规模研究。他们找到了教师从专业发展经验中获得少量知识的证据，但同时也发现了该知识没有引发实践的改变，故而对学生没有影响。更糟糕的是，教师先前所学知识 2 年后就不再留存了。这也许可以解释为什么遵循商业资本模式就会认为专业发展纯粹是浪费的投资，进而当资源匮乏时就可以合理削减。事实上，更深层次的原因是：单凭个性化学习且没有专注于遵循依靠支持教师团队互相学习的专业发展，作用甚微或根本不起作用。客观评价，目前看来，不是所有的专业发展都称得上是“好的”专业发展。在哈格里夫斯与富兰看来，听大型讲座，或在校外举办培训工作坊，或使用一对一的指导来推行强制的计划，对教师的日常实践几乎没有深刻或长期的影响。至关重要的不是形式而是内容。我们更应该探究的是在工作坊究竟发生了什么？谁在勇于尝试？谁对你表示支持？谁给予反馈？当你第一次出错时谁拉了你一把？你可以向谁学习？你如何担当起共同改变的责任？可以说，应然的专业发展当以专业资本为根本遵循。没有围绕专业资本开发为核心的专业发展是无效的，也就是说，没有以专业资本为标的的专业发展是没有灵魂的。

综上所述，人力资本、社会资本以及决策资本相互作用、互相支撑，共同建构了教育系统内部专业资本多维度、多层次的立体空间。专业资本模式以教师为一切工作的中心，将教师视为解决方案的核心而非问题的本源。如图 2-3 所示，教师、团队、学校以及系统组成了专业资本开发的四级主体群：在个体层面，教师的首要职责是提升自身的人力资本质量，其显著指标是个人才能与满足职业要求的专业资质；在团队层面，教师通过与同事的互动、互相学习及合作等渠道有机地融入团队，进而使自身人力资本转化为社会资本；在学校层面，人力资本、社会资本以及决策资本发生综合性转化，进而生成专业资本；最后，专业资本在更广阔的场域内持续转化，进而引发系统层面的蜕变。

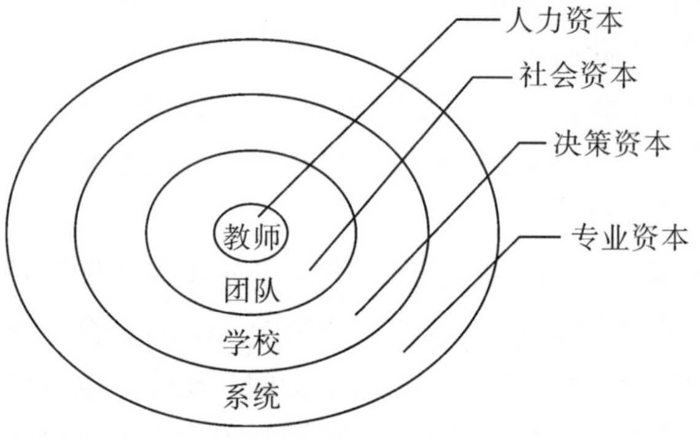


**图 2-3　专业资本关系**

梳理以上的相关文献发现，研究者更多地把教师专业发展理解为专业素养的提高，此为专业发展的狭义范畴。在本书中，笔者将关于乡村教师专业发展的讨论限定在广义范畴，即乡村教师专业发展既指向个体的发展，也指向群体的发展，终极目标是通过个体与群体的充分发展与良性互动，最终促进整个乡村教育体系的转化。根据哈格里夫斯与富兰提出的专业资本理论，教师专业发展的关键在于促进其专业资本发展。教师专业资本的生成是一个复杂性系统概念，它是一个持续进行、不断累积、动态发展的过程。这一发展过程贯穿教师的整个职业生涯。他们认为，教师专业资本是教师的人力资本、社会资本与决策资本三种资本互相整合、互相促进的结果。发展教师专业资本必须以这三个关键维度为抓手。当这三种资本共同作用、相得益彰时，专业资本就能自由、积极、开放地流通起来，形成强大的力量。教师专业发展的终极目标是达到“像专业人士一样教学”。

### （二）专业资本的多维体系

专业资本复杂性意味着，就个体而言，它要求教师承担较为艰巨但鼓舞人心的工作，始终努力提升教学实践水平；同时，作为集体的一分子，它要求个体借助集体力量和专业同行的聪明才智去完成所承担的工作以及提升实践水平。具体而言，教师的专业资本复杂性体现在以下三个维度：个体层面、集体层面及系统层面。

#### 1. 个体层面

个体层面指向教师的人力资本，意味着教师必须持续不断地提升自己的教学水平，这是对专业资本的持续发展与再投资。每一位教师都不应该仅仅满足于成为“好教师”，而是必须追求卓越。越是有挑战性的社会发展，越需要高质量的教师。进入21世纪以来，复杂的社会变迁不断对教师提出了更高的要求。比如，着力提高教学标准，致力于缩小学生的成绩差距，帮助年轻人保持专注而排除各种干扰，助其做好准备，使之能够成功而团结地在新世纪生活。对于个人而言，每位教师的自身素养与教学能力需要不断提高。这是因为，持续的个体及集体的发展对整个行业的成功是必不可少的。这也印证了这样一个事实：局部之和大于整体。教师个体的人力资本增加是其专业资本增加的必要条件。若要增加教师整个行业的专业资本，应当以增加教师个体的人力资本为出发点和落脚点。

#### 2. 集体层面

集体层面指向教师个体与集体所形成的社会资本。专业资本理论传递这样的核心理念：把教师看作解决方案的核心部分。哪怕是最初能力低于平均水平的教师，将其合理安排在一个高效团队中培养、浸润，他最终能成长为一名“专业人士”。每一位教师均参与到规划教学与改善教学之中，不是作为孤立的个体，而是作为一个高效团队的一部分来从事教学工作。

这意味着专业资本是在一个组织内部与社区开发共享的。事实证明，所有成功的组织无一例外都是将建立高效的团队作为绩效的核心部分。教师应是积极参与者的角色，而非作为局外人来被动执行来自高层的命令，他们一起研究、参与、目睹并近距离感受团队建设、团队绩效及团队精神的力量。专业人士深谙团队的力量，他们齐心协力地促进团队的发展，让自己成为团队不可或缺的一部分。事实上，“像专业人士一样教学”，并不在于更多的个人担当，而在于强大的集体责任，并且，这是一种透明的集体责任。这意味着政府与教师工会或联合会必须抛开分歧，合力引领这场转化运动。只有每所学校里的所有教师与领导行动一致，才能实现公共教育的转化。

3. 系统层面

系统层面指向教师个体的人力资本、集体的社会资本与决策资本共同作用生成的专业资本。基于专业资本发展导向的教师共同体成为教学行业的基本要素，并为其发展贡献力量。专业资本作为资本的一种特殊形式，要实现增长，必须自由、积极、开放地流通。这意味着要重新思考教师如何与同事共处及如何支持同事，更重要的是，在必要时刻如何质疑并挑战同事。这意味着必须重塑教师工会的职能，使其不仅成为抗议那些窄化学习、伤害学生及造成教师职业倦怠的消极、强加变革的愤怒反对者，而且成为积极且鼓舞人心的变革推动者。教师的使命是服务学生，尤其是弱势群体。同时，要支持和鼓励教师群体提升队伍整体素质，成为大规模变革的先锋。教师工会与联席会必须牵头，加强与当地政府的紧密合作。专业资本的自由流通还意味着，校际需要减少彼此的孤立，即地区或校长限制、调控教师而使其无法获得学校或地区以外的专业学习及帮助，这些做法是不明智的。

综上所述，乡村教师专业发展的核心内涵在于提升乡村教师的专业性以及促进乡村教师队伍专业化。专业资本理论的核心主张与乡村教师专业发展内涵不论在理论内核还是外延层面均存在较高程度的契合性。达成乡村教师“像专业人士一样教学”的愿景，需要提高乡村教师个人专业素养，提高乡村教师团队绩效，更重要的是，提高乡村教师队伍的整体专业素养。鉴于此，在本书中，乡村教师专业发展是指：作为专业人员的乡村教师，以“促进乡村文化发展”与“培养乡村振兴人才”为使命，通过依托系统与个体的专业资本开发并促成其互相转化，最终实现乡村教师队伍的高质量专业发展。

## 二、专业资本开发的“5C”模式

哈格里夫斯与富兰针对专业资本开发提出了“5C”模式。“5C”指的是 capability、commitment、career、culture 及 context/conditions，对应的是能力、责任心、生涯、文化及环境/条件。综合上文，专业资本由三种重要的资本形式内嵌而成，并构成其三个区分维度。教师专业资本开发的潜能及其数量的多寡与质量的优劣，总的来说主要受上述五个“C”的影响。在“5C”模式中，二位学者对影响这五个关键变量的更微观、具体的若干因子展开解释与阐述，我们将其直观整理为表 2-1。

**表 2-1　专业资本构成**

<table>
<tr><th>属性</th><th>变量</th><th colspan="3">因子</th></tr>
<tr><td rowspan="2">外部</td><td>环境/条件<br>（context/conditions）</td><td colspan="3">消极环境 vs 积极环境</td></tr>
<tr><td>文化（culture）</td><td colspan="3">个人主义、协作文化</td></tr>
<tr><td rowspan="3">内部</td><td>能力（capability）</td><td>资格与专业水平、<br>信心及成功经验</td><td>维度 1：<br>人力资本（HC）</td><td rowspan="3">专业资本<br>（PC）</td></tr>
<tr><td>责任心<br>（commitment）</td><td>生涯阶段、领导力、<br>同伴、工作负担与政策</td><td>维度 2：<br>社会资本（SC）</td></tr>
<tr><td>生涯（career）</td><td>早期、中期及晚期</td><td>维度 3：<br>决策资本（DC）</td></tr>
</table>

由上可知，这五个关键变量按照其属性可划分为内因与外力。这意味着，一方面，教师专业资本开发建立在以人力资本、社会资本及决策资本开发的基础上，教师个体的三种形式资本向内聚合为专业资本，向外则表现为综合的专业素养。这表明教师专业资本是其他三种资本形式的最本质表征。另一方面，教师专业资本的开发、积累与流通因必须与环境产生交互而必然受到来自外围的专业文化形塑。因此，学校场域的专业文化、微观的教育教学环境对教师专业资本可能起到增强或保持的正向作用，也可能起到减弱或消解的负向作用。基于以上分析，笔者尝试将教师专业资本开发“5C”模式转译为图 2-4。

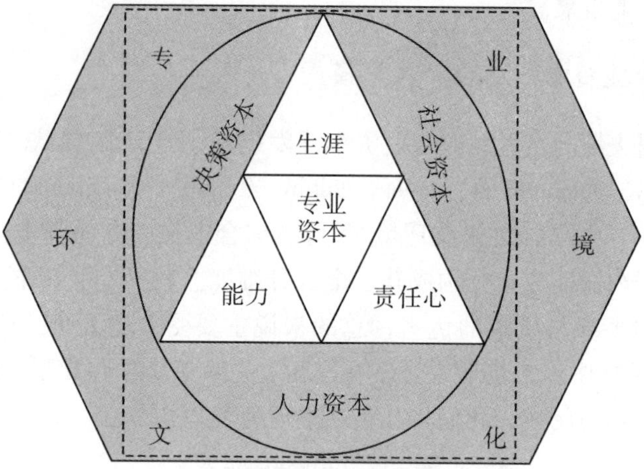


**图 2-4　教师专业资本开发“5C”模式**

根据专业资本理论，赋能教师个体及整体队伍并使之具有高效能的关键因素有五个，它们分别是能力、责任心、生涯、文化以及环境/条件，哈格里夫斯与富兰将其称为“5C”。由此可知，影响教师专业资本开发的要素主要涉及主体和环境两类，按其本质与属性分为内在关键因素与外在关键因素。其中，内在关键因素主要是与主体专业发展密切相关的能力、责任心与教师所处的职业生涯阶段；外在关键因素包括学校专业文化与环境/条件。

### （一）教师专业资本开发的内在关键因素及其内涵

#### 1. 能力

专业资本理论视域下，能力与“expertise”同义，主要指专业知识及技能。从词典的释义来看，能力与胜任力（competency）不能简单画等号。能力的范畴更广，不仅仅局限于胜任力。胜任力强调的是“必要的或足够的能力”，而能力强调的是“具备执行任务所需的属性”，指向的是表现或成就①。能力就表现设定了更高的标准，它关乎成就，而不仅仅涉及可量化的指标。能力关乎专业资本，是作为一种生成的资产。由此可见，能力，即导向成就的技能与品质。当主体拥有能力时，他可以建立信心。举例来说，当教师确信自己有能力做得更好，掌握与学生恰当交往的知识和

① “能力”和“胜任”的辨析：http://www. merriam - webster. com/dictionary/competent；http://www.merriam-webster.com/dictionary/capable。

技能，并成功见证学生所具备的能力远超所有人的最初预期时，拥有这些积极体验是多么令人振奋。身处这样的情境中，教师能深切感受到自身作为执教主体的存在价值。这意味着，当教师用更广泛、更丰富的知识基础和良好的课堂策略武装自己时，他们会觉得自己作为教师更有能力，也更有成就感。此外，当作为学习主体的学生学业成绩提升、学习行为更加积极时，这种积极体验对教师具有正向强化作用，能更好地激发教师主体提升自我、增强责任感和专业精神的渴望。当以上这些由师生共同促成的积极因素不断联动，只需要经历几个周期的迭代，就可以形成良性循环。其结果不难预见，在学校内部，教师对学生的信心必然提升，同时，学生的成功学习体验也会增强。提升教师的专业能力可以促进学生获得学习成就，而学生取得更大的学业成就可以增强教师的专业信心。因此，教师专业能力与教师专业信心呈正相关。

以下将举一个与教师专业信心相关的例子。现实中，在软硬件基础不佳的学校里，如果学校领导层不施以正向引导与干预，多数教师将不可避免地被先入为主的偏见左右：认为本校的学生在学习上成功的概率很低。事实上，究其背后根源是对学校及自己的学生缺乏信心。教师对学生信心不足会导致其为学生设置过低的教学目标。这样的目标不仅会限制学生的发展程度，也无法给教师带来成就感。若不采取积极干预，处于不利地位的学校会陷入发展迟滞的恶性循环。如何才能转化这样的学校及教师？解决这个问题的关键是赋能教师并用事实说服教师：处于不利地位的学生同样具备很强的学习潜力。具体应该以如下方式操作：将教师作为解决方案的关键部分，为其提供全新的经验，使他能够从学生身上获得一种从未想过可能的成功体验。但事实往往与之相反，大多数时候，不论是政府决策者还是研究者，人们习惯倾向于把教师看作问题，而不是解决问题的关键环节。在这个案例中，只有被迫卷入新的实践中，教师才能摒弃固有的偏见；而更多的时候，境况要复杂得多。

哈格里夫斯与富兰在阐述专业资本理论的过程中对比了提升教师专业能力通常采纳的两种模式，一种被称为“洗冷水澡”（cold shower），另一种被称为“热按摩浴”（hot jacuzzi）。接下来将分别借用两个具体的例子来呈现这两种不同的模式：安大略案例与兰姆塞案例。第一个案例采取的措施是要求本地的小学教师每两周与其同事会面，共同回顾他们的学生所取得的进步，目的在于，以六周的时间为周期，为学生设定目标并努力使之达到预设的学习效果。这样的教师专业发展措施以教师必须参加专业发展事件以及不安地面对其他教师从相似的学生群体身上取得的成就为肇始。这样的措施是政治家、管理者以及其他从事类似工作的人员所偏好的。它为一种强加的改变作辩护，即必须强迫教师改变他们的实践，方能使之摒弃固有观念。显然，这是一种自上而下的、来自外力的影响，主体的感受是被动的、消极的。

第二个案例选取的是英格兰北部一所名叫兰姆塞的小学（Limeside Primary School）。这是一所贫民窟学校，该校学生能达到标准成绩考试要求（standardized achievement tests）的不足三分之一，许多学生到毕业时都不具备阅读的能力。尽管客观条件如此不利，但这个学校创造了奇迹。多年以来，该学校采用了许多为大众所熟悉的策略扭转了局面。例如，用积极的行为策略营造平静的氛围，树立共同的愿景，坚持不懈地追踪孩子们的进步以及改变教师的角色及责任，等等。不过，根本性的飞跃在于学校内部达成了牢固的共识，不遗余力地培养教师产生对成功的更高期望以及形成与之相匹配的教学和学习策略。该学校所实施的策略部分参考了有益的研究成果，部分以实践为遵循。研究与实践两者必须兼顾，因为这两方面均至关重要。

这一案例充分证明，改变的根本动力蕴藏于内部。当学校、教师与学生被共同的愿景激励从而形成一个发展共同体，教师及学生的信心就能最大限度地得到提振。事实证明，能力起点再低的学生在合适的教育环境里同样能取得超出标准的成就。学生群体所发挥的巨大潜能无疑将极大地建立起教师的专业信心。如上所述，教师专业能力的提升可以建立其专业信心，而专业信心的增加对其专业能力有正向加强作用。同时，这个案例也说明，对于专业人士，尤其是教师而言，兰姆塞模式更有吸引力。因为，这种模式蕴含了包容、激励及创新的理念，也就是说，学校在发起变革的行动之前应优先着力于激励教师并将他们引入变革之中。这种理念虽然引发了不少就如何让变革发生的争议，但现实就是，发起变革行动与预先造足舆论，两者都是正确的路径。关键在于铸成能力环并扩大其协同效应，即形成以增长专业技能触发高昂情绪，再巩固更多的专业技能进而获得更高的成就感的能量循环圈。

2. 责任心

责任心既是一种情感状态，也是一种道德价值。它融合了目标、动力和方向。它是目标和激情的结合，对教师的自我效能感有直接影响。反过来，它对学生成就也有影响。克里斯·戴（Day C）及其团队就影响教师质量及其效能的因素进行了系统研究①。其研究发现，教师效能与教师在工作中的责任感有密切联系。具体而言，教师的专业责任感指教师对学生的责任、对工作本身并在工作中自我提升的责任以及奉献精神与全力为他人服务的责任。以上所有均面临一个无法回避的关键问题，即随着时间的推移，教师如何维持和更新对工作的责任感？针对这一问题，经济学家给出的方案是金钱刺激和奖励。然而，戴氏团队的研究证据指向其他因素：生涯阶段、领导力、同事以及工作负担与政策。“生涯阶段”将在下一因子“生涯”中详述，故在此跳过。下面，笔者将依次对另外三个因素做简要梳理。

其一，领导力，此处具体指学校校长所具备的领导才能。戴氏团队的研究数据显示，在展现出持续责任感的教师中，有超过3/4的教师认为，良好的领导力有助于教师长时间维持其专业责任感。他们提出校长的领导力应该包括：有清晰的愿景、将教师视为“成年人”、致力于学校发展、开明与平易近人、信任教师、展现出对师生的个人关怀。相反，另外1/4的教师中，他们的专业责任感正在减弱，这一群体58%的教师指出，糟糕的领导力是导致其责任感减弱的关键因素。梳理该群体对校长非领导力作为的描述，主要集中表现为：不感激教师所付出的努力、使教师感到“不受支持”和“被欺负”、让教师感到“孤立无援”、开除员工使其感觉被遗弃。显然，更好的领导者方能造就更好的教师，因糟糕领导人员的缘故而对教师进行经济上的惩罚是有悖理性与事实根据的。

其二，同事。能够保持责任感的教师往往对优秀同事的在场更加敏感。戴氏团队的研究数据显示，63%的具有持久责任感的教师认为同事是至关重要的。该团队的研究还特别指出，小学教师特别重视团队合作。当形势不利时，小学教师渴望有同伴可以与之讨论，并且他们珍视每个人都朝着同一个方向努力的感觉。当然，不排除有少数教师即便在同伴支持缺失的情况下也仍然能够保持责任感与充满斗志，在面对逆境和困难时，他们可以成为格格不入的局外人、英雄的偶像破坏者以及勇敢而孤独的斗士。拥有这种激情与斗志的教师是值得敬佩的。然而，一般来说，我们可

① DAY C, STOBART G, SAMMONS P, et al. Teachers matter: connecting lives, work and effectiveness [M]. Berkshire, UK: Open University Press, 2007.

以通过拥有更优秀的同事而得到更多好老师，他们有能力并且愿意为同一事业而一起努力。相反，被冷漠或愤世嫉俗的同事围绕会侵蚀教师的责任感。事实上，那些可能成为好老师的人有时不去教书，因为他们认为他们不会有高质量的同事。以上种种均强有力地证明，同伴关系与教师专业责任感的生成与维持是正向相关的。在思考如何增强与维持教师专业责任感的问题时，提高同伴关系的质量也是应当列入考虑范围的路径之一。

其三，工作负担与政策。相关研究显示，这是影响教师专业责任感的最大因子。这一因子几乎影响约60%的教师。一般情况下，教师不会为成功的政策拍手叫好，但是，一旦政策糟糕或令人讨厌，他们确实会注意到。教师会抱怨巨大的工作负担侵蚀他们的生活，抱怨过度的文书工作，抱怨那些非常严苛的政策以及抱怨完全由政府议案主导的培训。这些非教育性事务使教师失去了焦点。他们没有时间进行专业学习和反思。事实上，这样的情形与那些在国际测试中表现卓越的国家的通行做法是背道而驰的。这些国家为他们的教师提供强有力的支持且给予其大量的专业自由裁量权，而不是使之屈服于简单的强制执行和规范。例如，芬兰按地区划分，教师与同事一起创建课程；新加坡允许教师为各自开发的综合课程“留白”；加拿大的阿尔伯塔省，90%的学校与教师在现有优先事项框架内，可以获得政府资助来设计自己的创新课程。这些有实践证据支撑的创造性举措对国内教育的决策者、研究者以及教师具有启发意义。随着循证科学、行动研究等不断取得进展，人们也越来越意识到，教师的效能并不是纯粹由教师自身决定的，而是附着于诸多因素，其中，既有内部的因素也有外部的因素。值得注意的是，受教育全球化趋势影响，“教育管理”正日渐被“教育治理”取代。鉴于此，在中国，党和政府将教育政策作为对教育系统的有力调控工具的趋势越来越明显，教育政策对教育发展的价值也日益凸显。作为研究者，我们必须清楚地看到，省视教师专业责任感议题，必须综合分析探索相关教育政策与教师所承担的工作负担之间的矛盾。

3. 生涯

教师的专业成长需要不断增强以上提及的能力与责任感。与此同时，其成长是阶段性、时间性以及累积性的。因此，教师的专业成长必然贯穿于其整个职业生涯。在20世纪80年代，美国学者休博曼（Huberman）对瑞士教师的生活及其职业生涯进行研究，开创了关于教师生涯的里程碑式的研究[①]。基于休博曼的研究，戴氏及其团队提出了教师生涯六阶段论（见表 2-2）[②]。

**表 2-2　教师职业生涯的六个阶段**

| 阶段 | 入职时间/年 | 核心任务描述 |
|---|---|---|
| 1 | 0~3 | 责任心：支持与挑战 |
| 2 | 4~7 | 课堂中的身份与效能 |
| 3 | 8~15 | 应对变化、压力渐增 |
| 4 | 16~23 | 工作—生活过渡、动机与责任心的挑战 |
| 5 | 24~30 | 保持动机的挑战 |
| 6 | 31+ | 动机维持/减弱 |

研究发现，处于 6 个不同生涯阶段的教师呈现两种分化，其责任心要么处于维持状态要么处于减弱状态。有趣的是，尽管在所有群体中，保有责任心的教师数量超过责任心日渐减弱的教师，但是两个群体在不同生涯阶段中所占比重有本质的差异。在专业资本理论中，哈格里夫斯与富兰指出其中 3 个阶段对教师责任心有重要影响，它们分别是入职前 3 年、最后生涯以及中间阶段，其中，中间阶段大致是入职后的 8~23 年[③]。关于生涯模式及其影响，在德雷克（Drake）的研究中得到了强调[④]。她对已有的数据进行了二次分析，数据是基于对加利福尼亚州 500 多个小学教师的随机分层样本，其背景是在 20 世纪 90 年代美国国家数学改革标准通过后 9 年，也就是与这些标准有关的评估引入后 1 年。德雷克的研究聚焦了教师所处的职业生涯阶段是如何影响其执行改革标准的意愿及能力的。她发现，最显著差异存在于两个群组之间，即入职 3 年或不足 3 年的教师与具有 4~20 年教学经验的教师。她的研究结果也充分地论证了这样一个常常被忽略的事实：年轻人固然具有热情高涨、责任心强等优势，但其激情无法替代日

① HUBERMAN M. The professional life cycle of teachers [J]. Teachers college record, 1989, 91 (1): 31-57.

② 同①。

③ HARGREAVES A, FULLAN M. Professional capital: transforming teaching in every school [M]. New York and London: Teachers College Press, Columbia University, 2012: 64.

④ DRAKE C. Experience counts: career stage and teachers response to mathematics education reform [J]. Educational policy, 2002, 16 (2): 311-337.

积月累、努力获得的专业水平。

综合了戴氏团队、德雷克以及其他关于教师职业阶段的研究成果，哈格里夫斯与富兰从教师专业能力、变革责任心以及生涯阶段的关系建立了一个引人注目的模式①。该模式矩阵直观勾勒了教师能力、责任心及职业生涯三者之间的联动关系及相互影响（见图 2-5）。

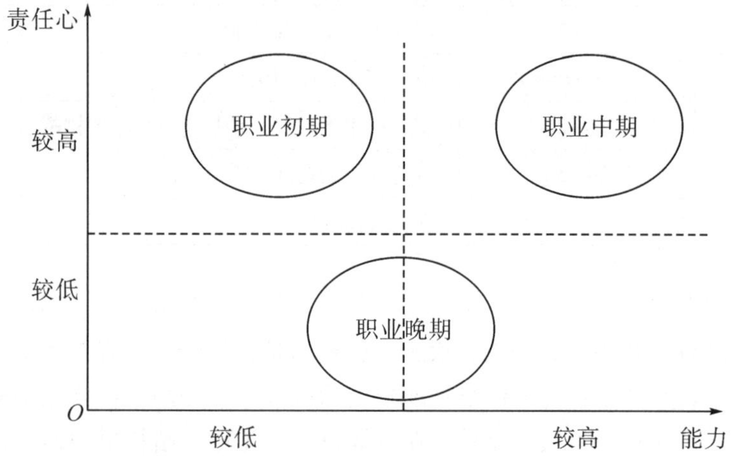


**图 2-5　教师能力、责任心及职业生涯联动关系**

从图 2-5 可知，当教师处于职业初期，他们表现出较高强度的责任心。具体体现在，尽管新老师对改革的理解水平层次最低，并且感到对“为改革而教”完全没有准备，但在主观态度上，他们对改革非常积极并愿意支持相关改革措施；在客观行动上，他们表现出低程度的改革实践与高程度的传统教学。由此推断，即便新教师是教学改革理念的拥护者，但是由于缺乏对改革的理解与准备，他们无法有效地实施改革实践。他们在实践中的能力缺失悖于理论上的支持，因此，处于职业初期的教师其优势是责任心强，而劣势在于能力弱。当教师处于职业中期，他们表现出相对较高强度的责任心与能力。具体表现在，他们对教学改革具有相对较深的理解与熟悉程度。基于自身认知与既有的教学经验，他们在理论与实践方面趋于成熟。与新教师相比，他们更加理性，因此，处于职业中期的教师对教学改革表现出中等程度的支持。同时，他们感到对改革更有准备并以

① HARGREAVES A, FULLAN M. Professional capital: transforming teaching in every school [M]. New York and London: Teachers College Press, Columbia University, 2012: 74.

符合改革的方式去教学。故而在实践中，处于职业中期的教师其教学表现出较高的改革水平、较低的传统水平。这一群体的教师具备支持改革标准的能力，不论在理论上或实践上，至少处于中等至高水平。教师在职业生涯中取得的进步越多、积累的经验越多、专业发展时间越长，他们在实践中运用改革的能力就越强。事实上，他们“比任何其他团体都更愿意也更有能力实施改革提出的理念和实践”①。由此可知，职业中期的教师兼具责任心与能力，他们是推动教学改革的关键力量。当教师处于职业晚期，他们的责任心与能力均趋于较低水平。具体表现在，工作了20多年后，教师对改革情况的熟悉程度不及职业生涯中期的同行，虽然如此，其情况仍然好于初任教师。此阶段，因为对几乎所有的外部改革都持怀疑态度，所以他们属于最没有意愿实施改革的群体。

综合以上对教师职业生涯中三个关键阶段的分析，可知，职业中期的教师不论是责任心还是能力都处于较高水平，他们对教学改革有着较高的理解及熟悉程度，在实践中，他们具有更强的理论转化能力。可以说，他们是推动改革的关键力量。因此，在决策时，应该对这一关键群组给予优先考虑，使其发挥巨大潜力，产生规模效应。初任教师、职业中期教师以及职业晚期教师三个群体组成发展共同体：一方面，职业中期的教师可以为初任教师提供专业的指导并助其提升能力；另一方面，职业中期的教师可以通过积极主动与职业晚期的教师沟通交流，以示对老教师的奉献精神与丰富经验的尊重。对职业晚期的教师而言，通过与骨干教师的交流与分享，他们既能被其先进思维与工作热情感染，又能改变自身的思维定式，积极思考在最后生涯如何保持责任心及能力。

### （二）教师专业资本开发的外在关键因素及其内涵

#### 1. 文化

这里将文化限定在专业文化的范畴内。专业文化将人们的工作方式与其身份、追求的目标、拥有的同事等联系起来。现如今，专业文化越来越具有协作性。实际上，在大部分教学时间里，教师可能仍然会独自授课，但团队的力量始终在场，即团队的洞察力、知识、经验及支持时刻伴随着他们。实践证明，最佳团体是多元的，由充满独特个性的成员组成，他们围绕着一个共同的目标，将其不同的见解、能力及课堂教学策略结合在一

---

① HARGREAVES A，FULLAN M. Professional capital：transforming teaching in every school ［M］. New York and London：Teachers College Press，Columbia University，2012：73.

起。具体而言，最佳团体具有三个特征。一是共享集体责任，即为了所有学生，教师与其他学科、年级以及助教一起共同分担责任。二是坚持不懈地探究。教师基于不同的教育经历与策略，以及在长期观察与实践中收集到的与教学议题相关的证据所带来的启示展开不懈探究。这些证据之所以重要，是因为它们是思考并解决诸多教学问题的最佳方式的出发点与落脚点。与教学议题相关的证据可以通过“与学生接触”“理解复杂的课程概念”“主动靠近不了解的改革”或“接触掉队的学生”等不同层面收集。三是主动拥抱挑战。在实践中，教师会遭遇种种不受个人控制的境况与挑战，比如，学生的学习结果不尽如人意、教师的专业标准与责任心水平开始下降、有效的证据指向无效的旧习惯等；又如，变革的努力似乎朝着错误的方向发展，改革行为表现出不体谅个体，或者它只是需要采纳更好的观念以推动事情向前发展。尽管如此，有了强有力的团队支持，个体教师将会主动地拥抱以上挑战以及来自同事与管理者的挑战。

2. 环境/条件

第一，专业学习共同体（professional learning communities，PLC）。要使专业学习共同体发挥效用，需要一个架构或设计。这预示其必须人为地组织或安排。以芬兰为例，其专业学习共同体有很多细节值得关注。其一，时间分配。上学日的课时安排必须给教师预留课堂以外的时间，以便满足其共同探究实践及如何改进实践。其二，组会。它有共同商定的目的和议程。其三，职工会议。组织成员并为其提供高质量专业学习体验的机会而非发布公告的场所。其四，教师参与。每一位教师必须被吸引或参与这些学习共同体，得其指点，受其驱动或被带动。在那些最佳案例中，教学本身通常是协作性的。并且，在所有案例中，专业协作是结构化的、有所预期的。过去，个体教师拥有做他们喜欢的任何事的自由。如今的教学场域发生了显著的变化，教学已经成为一种具有共同目标、集体责任和相互学习的职业。教书不再是一种你可以把孩子们都留给自己的工作。除非你与同事一起分担责任与分享情感上的收获，否则，你不再是一个真正的专业人士。

需要警惕的一点是，专业文化及专业学习共同体等观念催生出一种新期望，即专业文化必须涵盖集体自治、信息公开及责任，并围绕这些原则审慎地安排与建构。该新期望既不应该成为行政欺凌和滥用的许可证，也不应该沦为强制执行的计谋。专业学习共同体不是专业数据共同体，也不是专业考试分数共同体。这意味着，其一，专业学习共同体不是管理者强制推行受到质疑的地区议程的地方。教师从繁忙的课堂上被召集来单纯只研究电子表格以便他们能够快速提出干预措施，在一两周或更短的时间内提高考试分数。这无疑有力地抗议了“为分数而教”的功利性。其二，专业学习共同体不是超负荷的扫盲教练与焦急的教师召开紧急会议的场所。教师几乎来不及从上一节课重新集中注意力，就不得不匆忙赶往下一节课。对于身体过度劳累的教师来说，想要赢出教学反思的时间，这是很大的奢侈。其三，专业学习共同体也不是校长和督导将富有挑战性的谈话转化为威吓性的长篇大论的地方。教师所有的挑战都来自上峰，不允许自下而上的或教师之间的相互挑战。这是对“专业学习共同体”内涵的曲解与挪用，一定程度上破坏了专业文化的平等与民主。

第二，校长领导力。论及学校内部的教学环境与条件，一个十分重要的参数就是校长的领导力。梳理大量文献可知，关于校长领导力的议题，当下的研究焦点是“校长作为教学领导者”。许多涉及校长的政策正在被通过恰是对这一趋势的佐证。比如，校长必须花费规定的时间比例在课堂上、在观摩教学时使用清单、参与巡课、参加教学轮值等。从以上描述可知，随着循证科学受到热捧，在实践中，校长领导力常常被简单量化并人为规定用具体的指标来表征。哈格里夫斯与富兰的研究对以上政策提出了不同的看法。他们指出，尽管这些做法可以提升个别校长在某些领域的知识与能力，可是，其对全校学生成绩的影响是值得怀疑的。他们之所以质疑这些政策主要有两方面的依据，一是考虑现实性，二是考虑证据。具体来说，现实性主要指向对以下疑问的考虑：在任何规模的学校里，校长们如何做到观摩所有老师的教学？他们驾驭不同学科的专业知识从何而来？如果他们确实做得很好，当他们最终离开时，他们能给继任者留下什么？学者勒纳（Leana）就纽约市学校的社会资本影响展开研究。她发现，校长将教学时间用在监控和指导个别教师对全校学生的成绩没有影响。相比而言，更有效的校长是那些将其角色定义为教师成功的促进者，即帮助教师在获取资源、注重教师团队合作以及与家长和社区建立关系等。这样的校长十分了解自己的员工，也知道如何激励并使之团结在一起，即便如此，也没必要知道员工实际工作的所有细节。简言之，只有系统地开发了学校内外部的社会资本，校长才是成功的、具有效能的①。由此可见，校

① LEANA C R. The missing link in school reformc [J]. Stanford social innovation review, 2011 (Fall): 30-34.

长领导力的本质表征是其系统地整合学校内外部社会资本的能力。

勒纳的结论并不是孤立的，支持该结论的其他研究证据还很多。例如，罗宾森（Robinson）与莱斯伍德（Leithwood）是学校领导力领域最著名的研究者，他们历时四十年的研究得出了一个明确的结论：间接通过老师影响学生成绩的校长是最成功的。其中，通过大量关于校长对学生成绩影响的元分析，罗宾森发现，校长“推进和参与教师学习与发展”的程度，这一因素的影响力是其他因素的两倍①。莱斯伍德②也得出了相似的结论，通过对高效率学校地区特征的研究，他发现，高效能者将三个核心流程纳入其工作：广泛共享的系统方向（愿景目标）、构建与共享目标相关的课程与教学，以及确保系统地使用证据旨在合理决策与解决问题。

以上证据足以表明，校长领导力不在于表面形式，也不在于任何其他可能将他们转变为教学领导者的策略。他们需要知道如何识别、发展、选择及联结员工。校长面临的挑战在于，其应然具备的领导力需要更强劲，而对下属采取的领导策略则应以可行性为遵循。换言之，校长的作用是间接的，但却是明确的，即建立学校教师及其专业共同体的专业资本。

事实上，无论是县、地方、区域还是国家，在学校中聚集和建设专业资本的核心原则与在整个系统中培育和流通专业资本的核心原则是相通的，即发展专业资本关乎教师的责任心与能力、激励与帮助同伴、共同履行集体责任以及在整个系统中与竞争对手合作，最终实现超越个体的、整体的最大利益。从哈格里夫斯与富兰团队关于高效能教育系统和其他组织的大规模研究和开发工作中，我们可以得到诸多启示，比如，专注教师专业资本有望改变学校内部及学校系统的文化，从而改变整个教师职业的文化，这种文化变迁将涉及一种深层次文化层面的制度变迁。

## 三、专业资本理论对乡村教师专业发展的价值启示

专业资本理论的逻辑支点是基于一种足以改变所有人对教学、教学质量以及如何促生优质教学质量的新概念而展开的。哈格里夫斯与富兰认为，专业资本特指系统性发展以及教学行业中的人力资本、社会资本与决策资本三者的整合。故专业资本具有以下特性：它关涉集体责任而非个人

---

① ROBINSON V. Student-centered leadership［M］. San Francisco：Jossey-Bass，2011.

② LEITHWOOD K. Characteristics of high performing school systems［R］. Toronto：Institute for Education Leadership，2011.

自治；与科学证据及个人判断有关；关涉对“服务对象”敞开心扉而非高高在上；涉及对特定同僚，即那些对努力与鼓励“免疫”，不能行使专业使命并让同伴及学生失望的群体采取强硬态度。

通过透析其本源，哈格里夫斯与富兰围绕专业资本试图为以下几个核心问题找寻答案：如何开发专业资本？如何使其流通？如何对其再投资以便创建一个让国家范围内所有学校都受益的充满活力的新职业？

专业资本理论的愿景是恢宏的，因为其以追求构筑真正伟大的系统为旨趣，而非仅仅局限于拥有一个良性系统。麦肯锡公司关于“先进系统越来越依赖同行作为革新与深度改进的源泉”的发现旨在表达，只有杰出的教学师资才能培养卓越人才①。从这一意义上讲，专业资本延展了教师助力每个孩子发挥潜力所能达到的极限边界。移用专业资本的创生、流通、投资以及再投资的视角来省视教学，有助于转化我们对教师职业的认知以及变革教师的教学方式。

专业资本是一套综合性的理论体系，不仅涉及思想、观点、证据，而且涉及方向与行动。也就是说，专业资本理论为教师专业发展既提供了认识论、价值论又提供了方法论。同时，该理论还具有普遍性，不仅适用于个体，而且更适用于集体，推而广之，适用于整个教育系统；不仅适用于学校内部，而且适用于学校之间、学校与地方政府之间、学校与组织之间，等等。

再次强调，专业资本具有不可转让性，这意味着没有人能够将其专业资本的所有权让渡给别人。专业资本是投资而不是捐赠、分发物抑或是与生俱来的天赋。从其长远的社会效益来看，对于从事教育、医疗卫生等公共服务的个人与群体而言，政府对其进行专业资本投资对个人自身、组织及社会整体发展必然是双赢的。从这个意义上说，专业资本具有准公共物品属性。因此，政府对公共服务从业人员投资专业资本具有很大的动力效能。也就是说，假设政府通过提高教师地位、褒扬教师、信任教师以及增加学校资源等积极手段为其营造良好教育教学环境，此为正向增效；相反，假设政府采取贬低教师价值、非公正评价教师、过度控制教师专业自主权以及削减教师预算等消极措施，无疑将为其营造糟糕的教育教学环境，此为负向减效。由此可见，在教育领域中，政治主体承担的责任是较

① MOURSHED M, CHIJIOKE C, BARBER M. How the world's most improved school systems keep getting better [R]. London: McKinsey & Company, 2010.

大的。由此推出，政党及其代表的权力机构在教育政策决策时应该具备鼓励、推动及投资相关人士专业资本发展的意识。尽管如此，这里需要明确一点，政府的角色应该限于对教育事业发展的导向性与辅助性，也就是说，政府负责外部支撑建设，致力于为教育专业人士进行专业资本投资建构形式与功能架构。

一个鸡蛋，从外打破是毁灭，从内打破是生命。同样的道理挪移到专业资本理论也适用。专业资本的不可转让性天然决定了其内生性。前文强调专业资本理论集思想、证据、行动于一体。因此，它必须落脚于行动。显然，专业资本的行动主体既指向个体也指向集体。首要的是，不论个人还是集体，专业资本必须由教师通过独立或集体的方式获得、传播及再投资。遗憾的是，除非教师愿意对自身投资，否则他们永远不准备给任何人投资。因此，在其专业资本理论中，二位学者反复强调行动的关键必须由教师自身迈出第一步。这意味着教师是责任主体，教师个体负责内生动力催发，理当献身于专业资本投资的本质内容建设。这是目前最好的落脚点，实际上也是转化教学开始的第一站。

该理论鲜明地提出建设专业资本对所有人来说既是机遇也是责任，包括多范畴以及多层面，小到从支持相邻课堂教师及与其合作，大到转化整个系统。实践给予我们一个启示：系统整体变革不是一蹴而就的，更不是魔术，它必然依赖于个人与集体的投资行为，此处的投资具体指的是对鼓舞人心的愿景，以及对有益于所有主体能力建设并让其在继续前进中保持学习的连贯行动投资。由上文而知，哈格里夫斯与富兰创立专业资本理论的初心与使命就是不遗余力地激励、鞭策以及启发个体、集体乃至整个系统，最终目标在于促使发展专业资本成为一种共同追求，从而改善所有地方的学习与成就。

## 第二节　经验借鉴：OECD可视化框架及其维度

以上理论的呈现与阐释增加了我们对专业资本理论维度、内涵及模式的认识。鉴于本书的重要研究旨趣是探究专业资本理论与OECD可视化框架融合对乡村教师专业发展政策执行检视的理论适切性，故有必要对OECD可视化框架的本体、价值与功能做全景式的透视。接下来将重点呈现 OECD 可视化框架及其维度的相关内容。

## 一、作为分析工具的 OECD 可视化框架

上节对该行动框架已经有简单的描述，由上文而知，OECD 可视化框架可以说是集众家之所长，对前人的研究成果兼收并蓄。该框架由教育政策学者 Viennet 和 Pont 共同研制。一方面，他们基于既有研究对升级教育政策执行的概念做了有益尝试，将其定义为一个兼具目的性与多向度的动态变化过程。同时指出，教育政策执行的本质内涵是将具体政策付诸实施，并将从多个向度影响教育系统。另一方面，他们通过详细而周密的演绎分析了影响教育政策执行的四大决定因素——政策设计、利益攸关方、有利环境与执行策略，并基于四个维度的动态关系建构了一个基于证据面向实践（EBP）的、立体的教育政策执行可视化框架（见图 2-6）。

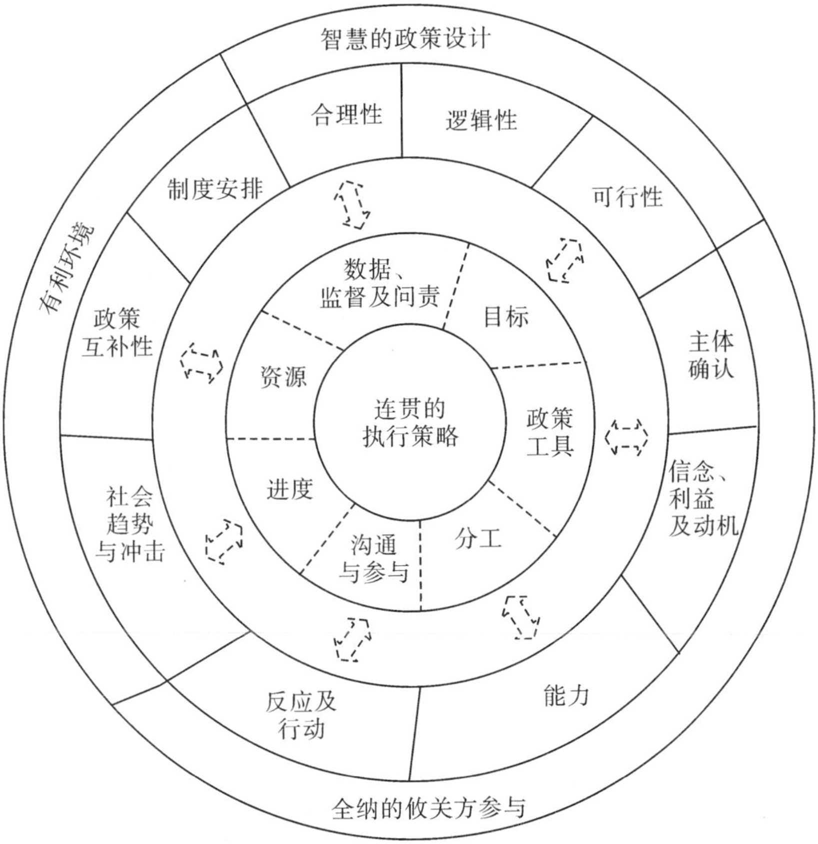


图 2-6　教育政策执行可视化框架

如图 2-6 所示，四大决定因素及其各自的构成因子相互作用、交互影响，为教育政策执行这一复杂的行动连续体构建了一个集物理空间、文化空间、交往空间以及行动空间于一体的四维立体空间。OECD 可视化框架的显著特征是为每一个构成因子配备了具体而可行的操作路径，正如两位研究者将其称为“一个可视化框架”（a visual framework）。

按照学界惯例，对教育政策执行相关议题进行探究自然无法回避一个本体问题，即什么是教育政策执行？在 Viennet 与 Pont 所提议的 OECD 可视化框架中，他们采用一种整合的方式（a synthetic approach）将教育政策执行界定为：一个多向度的过程，该过程需要政策制定者、公众以及执行者之间始终保持互动，如各级行政部门、独立组织和学校工作人员（校长及教师）。由此可见，教育政策执行过程涉及多方利益主体，他们之间必然存在复杂关系，种种复杂关系产生交织继而形成复杂关系网络。正是该复杂关系网络的存在致使教育政策执行变得复杂。在教育政策执行的过程中，一系列决定因素会影响教育系统与学校政策。如果政策制定者希望教育政策得到有效执行并改变课堂，那么认识到这些决定因素对执行过程的影响至关重要。

以既有教育政策执行研究而观之，其定义有广义与狭义之分。其中一种偏狭的定义认为，执行即严格地参照如何有效地促成教育变革的策略。如此理解教育政策执行追求的仅仅是技术旨趣，尚处于工具理性范畴。事实证明，教育政策执行是一门关于人与人之间复杂关系的学问，仅凭工具理性无法根本解决问题。也就是说，为了有效执行政策，在整个政策过程中将所有决定因素纳入审慎考虑的范畴并随时根据情境的发展而适切地调整是具有重要意义的。

## 二、OECD 可视化框架的维度及其决定因素

Viennet 与 Pont 将影响教育政策执行的决定因素划分为四个维度，并定义了一个可视化框架。接下来，笔者将整体地呈现该框架所确认的影响教育政策执行的四个维度、十大关键决定因素以及执行策略所涉及的七个方面。

### （一）政策设计维度及其决定因素

第一维度：智慧的政策设计（smart policy design，SPD）。政策讨论及制定的方式、政策问题与解决方案之间的逻辑以及解决方案的可行性在一

定程度上决定了政策是否能够被执行以及如何被执行。需要说明的是，此处政策制定取的是狭义概念，特指正在被执行的目标。它包含在决策者出于解决政策议程上某一问题而设计的理论解决方案之中。这一维度下包括三个关键决定因素，即政策规划或设计应该具有的三大特性，分别指向合理性、逻辑性与可行性。

1. 合理性（justification）

合理性为政策生产的第一个准则。一般来说，一项政策的出台旨在回应某一种需要或回应相关群体对该需要的觉知。这意味着为了促进某一解决方案的生成、正当性以及执行，这种需要必须清楚地加以概述。著名教育学者富兰就教育政策需求议题也发表过精辟的看法："在教育系统的任何层面上，亟待解决的问题数量惊人这一事实迫使行动主体必须确定优先项，拿政策需要为案例，似乎最先被执行的要么是最紧迫、最明确的，要么是更合理的方案。"何谓应然的教育政策，它理当要求分析议题以及政策选项指向的选择应以证据以及综合性知识系统为奠基。这里需要说明，该知识系统不仅需要充分了解教育部门以及社会经济、文化、人口与政治等相关背景，而且需要充分了解政策体系中的变化机制，如政策主体及其采用的协商策略。再次强调，澄清政策背后的理由、政策靶向问题的特点以及政策制定者分析既有问题的方式，有助于理解政策执行进而可以促成攸关方加入支持政策改革的行列。重要的是，正当性理路应就执行政策的预期结果做明确阐述，以激励执行主体及支持者向前发展。

2. 逻辑性（logic）

逻辑性是政策制定必须遵循的第二个准则。何谓逻辑性，就是必须遵循理性逻辑。具体来说，关键从政策目标、政策目标对象以及因果理论（政策变化理论）三个重要方面进行把握。第一方面，对政策目标做合理、明确、可行的规定。作为政策制定的三个关键标尺之一，政策目标明确化有助于对政策的具体挑战、政策权力的运行空间以及政策的时间进程做出相应规定，其目的在于为执行过程制定一些约束条件。政策目标的澄清以及它们在政策法规中的优先顺序影响执行主体对操作阶段的判断。不同主体对政策目标会有不同的解读。无论是否可取，行为主体都有可能出于不理解或者不认同政策的指导思想而对其进行不同解读或采取不同执行方式。第二方面，教育政策通常是直接指向涉及使用者和受益者的特定目标群体。识别政策所指向的目标群体常常落脚于创生一个先前未曾有意识地察知的群体，这样可能引致群体自身或其他攸关方的非预期的态度进而造成执行障碍，因此，政策执行成功的基础前提是政策目标与目标群体必须清晰且具体。第三方面，政策的理论基础至关重要。政策的既有理论研究对政策如何变化以及为什么发生做了必要澄清，这有助于有关方提供指导并使其参与进来。在 20 世纪 80 年代，西方学界政策研究者意识到了用有效理论将政策问题与政策制定者期望政策带给目标群体的行为变化联系起来的重要性①。由上而知，设定具体的政策目标、精准靶向政策目标群体以及探寻适切的政策理论基础，对于正确理解政策执行挑战、执行过程以及执行结果意义重大。

3. 可行性（feasibility）

可行性是政策制定必须遵循的第三个准则。要将政策理想变成政策现实必须用行动去实现，且要有切实可行的行动指南。在现实中，政策制定者面临诸多限制，其中的必需条件，即让法案通过，这使得他们倾向于更加聚焦“政治正确”而非实用。该观点亦得到了美国著名学者富兰的认同②。出于政治考虑而制定的政策很可能因为资源或技术问题而无法真正推进。“政策设计缺乏实用性会造成困难的局面，即要求政策规划者和执行者以不可能的方式将其付诸实施。”③ 这足以说明，在政策执行层面上，遵循政策的逻辑性与达成政策现实之间存在一个迂回的空间。可以说，政策背后的原因与逻辑依据以及决策者考虑执行实用性程度的多寡都会影响政策是否被执行以及如何被执行。由此可见，在政策成型初期，根据具体情境对政策可行性做审慎预见，一定程度上可以弥合政策理想与政策现实的差距。

不仅如此，而且通过梳理文献可知，政策决策者最初检视的诸多要素在某种程度上决定了执行过程。辩证地说，好的开始是成功的一半。把政策设计看作一个平面三角形（如图 2-7），以上所论述的合理性、逻辑性及可行性就是构成该稳定三角的三个支点。三者相互影响、互相支撑，是实现政策理想的最关键手段。

---

① SABATIER P, MAZMANIAN D. The implementation of public policy: a framework of analysis [J]. Policy studies journal, 1980, 8 (4): 538-560.

② FULLAN M. The NEW meaning of educational change [M]. New York: Teachers College Press, 2015.

③ COMFORT L. Education policy and evaluation : a context for change [M]. New York: Pergamon Press, 1982.

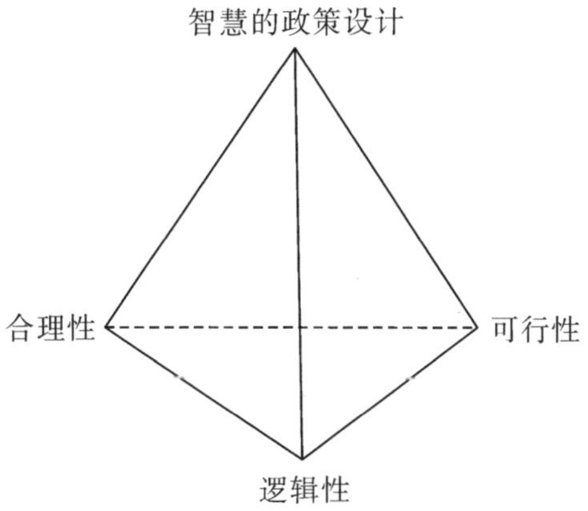


**图 2-7　政策设计**

（二）参与主体维度及其决定因素

第二维度：全纳的攸关方参与（inclusive stakeholder engagement，ISE）。人的立场决定了教育政策执行必须以作为主体的人为中心。这既是由主体自身的特征所决定的，也是由主体与其他决定因素的交互作用决定的。事实上，人们已就以下观点达成普遍共识：利益攸关方所展现的某种能动性必然影响教育政策执行的过程及结果。在既有的关于不同决定因子的框架中，我们发现“利益攸关方”或“主体”可能涉及个体或集体实体，既有正式的也包括非正式的。正式群体如教师工会、教育政策执行机构等，非正式群体如家长、政治联盟等。影响教育政策执行的决定因素很大程度上与实体的个人或集体有关，可能的情况包括：涉及的个人或集体是否使用其技能与资源为推动教育政策执行做贡献，或者他/他们对教育政策执行是否作出相应的回应。

1. 主体确认

政策执行是由行为主体发出的一系列不断推进的行动。正如上节有研究者认为“政策是价值的分配”，而另有研究者提出“政策是利益攸关方的权力博弈”。从某种意义上来说，这两种观点均有一定的现实基础。即使与政策没有直接联系或没有被确认为目标群体，多元的主体可能会对教育政策施加某种政治影响力。Nakamura 与 Smallwood 对政策中可能涉及的利益攸关方进行了考察，并对政策中涉及的不同主体做了辨别，在其看来，利益攸关方大致划分为以下几类：决策者、执行者、中介或供应商、游说及选区团体、政策的接受者、消费者、媒体及政策评估者①。置身于教育场域中，研究者不难发现，不同的层级存在不同关键主体。如学校一级主要有校长、教师、学生及家长；地方一级主要涉及学校委员会、办学者、地方政府及社区；区域或国家一级的教育主管部门，也包括培训机构与教育材料供给商。此外，利益攸关方还包括国家政府设立的相关机构，如行使评估、监督及改善职能的机构以及研究机构、教师培训机构、国家领导力或师资机构、教育部及其职员与委员会。虽然因国别政体不同，教育政策涉及的利益攸关方会有一定差异，但总的说来其整体情况大同小异。综上所述，教育政策执行是一门复杂的科学，它涉及多层级、多类别的复杂利益主体。利益攸关方之间通常显性或隐性地存在个体与个体、个体与群体、个体与系统等多维度多层次的交互关系。其中既有单向的线性关系，也有多边的交叉关系，更有立体动态的网络关系。为了更形象地澄清教育场域中潜在的利益攸关方，此处将借助 Burns 与 Koster 绘制的图式加以呈现（见图 2-8）。

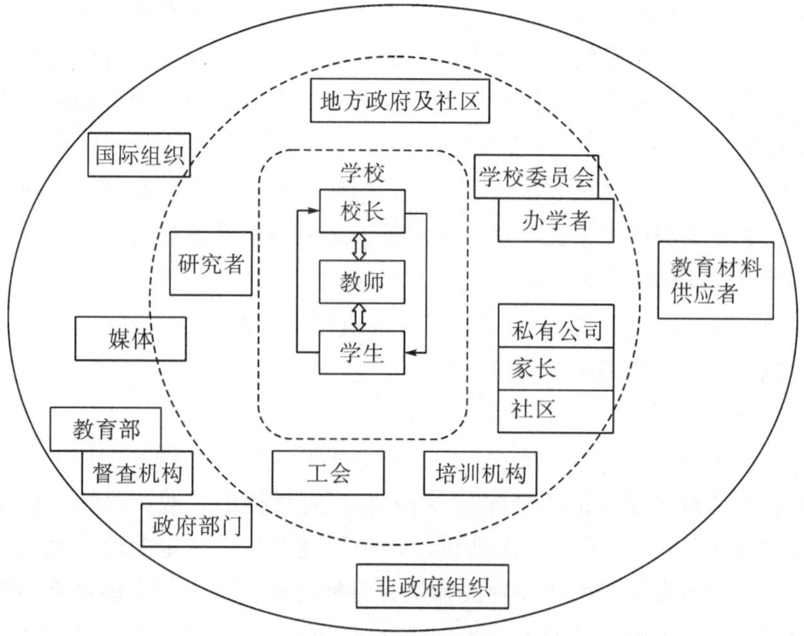


**图 2-8　教育场域的潜在利益攸关方**

---

① NAKAMURA R, SMALLWOOD F. The politics of policy implementation [M]. New York: St Martin's Press, Inc., 1980.

从图 2-8 可以直观地看出，尽管在不同层级存在不同的利益攸关方，但不论是在集权化治理模式还是分权化治理模式的教育系统中，关键主体都会受到来自学校外部场域的影响。有研究者并未把主体确认为影响政策执行的决定因素，富兰就是其中之一。他没有将利益攸关方单独列为一类决定因素，但是在其执行框架的推演中，他将教师、校长、社区和各级政府等责任主体作为强调的中心①。事实上，执行中的关键主体可能会因政策的利害关系而随之变化，这种情况甚至发生在同质的教育系统中。以德国为例，德国联邦教育与研究部（German federal ministry for education and research，GFMER）发起了“地方性学习”（learning locally）项目，旨在强化地方性教育治理。该项目的运作路径为：所有参与城市遵循同一个模式，即组建一个治理共同体负责统筹地方教育管理，为其指定目标及优先事项；一个领导小组负责具体化目标及规划执行；多个工作组负责实施各类项目。不可否认，按照这样的执行路径在一定程度上既能保证执行的效率亦可保证其效益。从中可知其遵循的几点旨趣：分工明确、各司其职、有序推进、目标一致。与此同时，我们看到在不同层级有不同的利益攸关方在发挥其主体功能。

2. 信念、利益及动机（belief，interests & motivations）

这一构成因子采用心理学之镜来省视政策执行主体。一种可能是，政策执行主体在政策执行过程中真正地被委以正式角色；另一种可能是，仅仅出于权力顶端对教育政策执行完整性的担忧，需要一种作为概念性的执行主体存在。以上两种情况说明，将被执行的政策会与主体的利益产生交互作用，二者是否保持一致决定着主体是否对政策理解与支持。也就是说，如果政策目标与主体利益不一致，那么会导致主体对政策缺乏理解也不会支持政策。对于相关情况，有研究者已经有所探讨②，也有学者对“主体利益”的概念作了定义并就其展开了探究。根据 Malen 的界定，主体利益指的是：“集合了价值、观点、倾向、性格、偏好及信念的复杂网络，体现的是主体对公共问题与有关政策解决方案的觉知。”③ 从立场论的

---

① FULLAN M. The new meaning of educational change [M]. New York: Teachers College Press, 2015.

② SPILLANE J P, REISER B J, REIMER T. Policy implementation and cognition: reframing and refocusing implementation research [J]. Review of educational research, 2002, 72 (3): 387-431.

③ MALEN B. Revisiting policy implementation as a political phenomenon: the case of reconstitution policies [M] // HONIG M. New directions in education policy implementation. Albany: State University of New York Press, 2006.

角度，主体所拥护的立场决定其利益。利益不是价值无涉的，故而利益的属性也分不同层级，如公私有别，又如个体利益、团体利益、国家利益，区域利益，甚至是上升到人类共同的利益。回到政策执行的主体利益问题，在个体之间、利益集团之间有时是个体与所属的组织之间可能存在利益矛盾，这是较普遍的现实。这种利益的矛盾运动通过不断制造利益攸关方之间的冲突的方式对执行过程施加影响。

以“联盟倡议框架”（advocacy coalition framework）为例，Jenkins-Smith 等学者认为“政府计划是联盟政策导向信念的转码”[①]，且这一信念的转码可能与其他主体的信念系统不同或不一致。关于如何减少利益矛盾对政策执行的消极作用，挪威做了有益的尝试。例如，“学习改革测评”（assessment for learning reform）项目表明，为主体中的多数建构分享共同教育观点与经验的平台有利于促进教育部与利益攸关方之间的对话。由上可知，主体利益主要通过政治博弈及其张力对政策执行施加影响，这使得必然有裁量空间存在，且决定了在执行过程中哪些政策要素与工具得到支持。

3. 能力（capacity）

主体在觉知政策的方式中展现其能动性并基于日常惯例来行动。他们可能影响其他决定因素进而遏制执行进程。因此，对主体所具有的影响某项特定政策的能力开展测评是非常必要的，它对政策的执行进程相当关键。如何对该能力做专业性定性？学者 Malen 将其与主体拥有的资源、技能及其将资源转化为政治影响力的意愿联系起来，此处的资源指涉主体拥有的特权、关系及个体属性等[②]。以此为鉴，主体能力有其丰富的蕴意，该能力结构包含多个构成板块。首先，以正式的执行机构工作人员为例，必须强调考虑该能力的多样性构成板块的重要性，包括政治权威、物质资源及专业水平。事实上，在教育政策研究领域注重关键主体能力建设并非新颖的提法，早在 20 世纪 90 年代就有学者提出过类似的观点[③]。有文献

① JENKINS-SMITH H, et al. The advocacy coalition framework [M] //SABATIER P, WEIBLE C. Theories of the policy process. Boulder: Westview Press, 2014.

② MALEN B. Revisiting policy implementation as a political phenomenon: the case of reconstitution policies [M] // HONIG M. New directions in education policy implementation. Albany: State University of New York Press, 2006.

③ INGRAM H, SCHNEIDER A. Improving implementation through framing smarter statutes [J]. Journal of public policy, 1990, 10 (1): 67-88.

表明，对政策主体能力相关问题的关注一直在继续。一项关于中国香港地区影响新课程改革实施因素的研究发现，教师的专业发展与校长领导力对课程改革的有效实施有着较为重要的影响①。

其次，除了慎重考虑正式执行机构工作人员的能力对执行过程可能产生的影响之外，专家提议政府要对教育者队伍进行投资②③④，包括提升学校领导与教师的能力配置及其实施改革的能力。建设利益攸关方的能力既可以通过一定时期内提升校长与教师能力的方式，也可以基于一种更精准的方式，即指向政策的培训。有研究发现，那些教师越能埋解学习政策测评逻辑的学校越有可能让政策更有效地被执行⑤。

最后，在主体能力这一范畴还需要强调组织能力建设。学校与执行机构的能力一方面取决于其内部工作人员，另一方面由组织环境决定。BELL 与 STEVENSON⑥ 通过研究探寻了组织原则、相应的组织架构以及内部程序如何塑造组织回应给定政策的方式。其一，程序与规则以操作性条款规定了执行过程。例如，资金可以指定用于具体执行活动，也可以是某执行机构必须分配的较大预算的一部分。其二，内部程序的有效性决定了组织对新政策做出快速反应的能力，且在一定程度上规定了执行进度。在 20 世纪 90 年代中期至 21 世纪初的这段时期，美国发起了“综合学校改革”。有研究发现，学校领导力、管理及文化深刻地影响人们执行以及持续改革的准备程度与能力⑦。

4. 反应及行动（responses & actions）

反应及行动是全纳的攸关方参与维度下的第四个因子。从资本的角度

① CHEUNG A, WONG P M. Factors affecting the implementation of curriculum reform in Hong Kong [J]. International journal of educational management, 2012, 26 (1): 39-54.

② OECD. Improving schools : strategies for action in Mexico [R]. Paris: OECD Publishing, 2010.

③ WURZBURG G. Making reform happen in education [R] // Making reform happen: lessons from OECD countries. Paris: OECD Publishing, 2010.

④ HARGREAVES A, FULLAN M. Professional capital [M]. Chicago: Teachers College, Columbia University, 2012.

⑤ HOPFENBECK T, PETOUR M F, TOLO A. Balancing tensions in educational policy reforms: large-scale implementation of assessment for learning in Norway [J]. Assessment in education: principles, policy & practice, 2015, 22 (1): 44-60.

⑥ BELL L, STEVENSON H. Towards an analysis of the policies that shape public education: Setting the context for school leadership [J]. Management in education, 2015, 29 (4): 146-150.

⑦ DATNOW A. The sustainability of comprehensive school reform models in changing district and state contexts [J]. Educational administration quarterly, 2005, 41 (1): 121-153.

看，利益与能力聚合形成资本，进而决定主体应对给定政策的方式。根据 Pont 的观点，当服务供给者、教师、校长以及家长能目标一致地支持改革而不是反对时，给定政策被有效执行的概率就显著增加了①。这充分解释了政策提案者想方设法让关键主体认同给定政策并执行政策的深层次缘由，即让主体尽可能地参与其中，通过主体确认、信念系统转变、能力建设以及获得多元主体的支持来调动利益攸关方的能动性。聚焦到学校这一层级，校长对政策的解读直接决定了教师如何理解及如何执行政策。这一层级还涉及学区的教育上级机构。在 Malen 的案例研究中，他描述了教育上级机构为了使政策被有效执行是如何以一种更易接受的方式诠释了重建项目，以及该机构投入时间与主要利益攸关方进行一对一的讨论，旨在确保政策执行而积聚政治支持。在检视主体的反应及行动这一因子时，还有另一个关键主体需要关注，即正式的执行者。协调不同的主体通常是正式执行者的责任，但他们未必获得足够的权威，这使得他们在整个执行过程中必须协商与妥协。对于政策设计者而言，如果他们能识别最有可能认同政策目标并随之调整执行过程的执行机构，那么 Sabatier 与 Mazmanian 曾经提出的著名的“执行者策略”② 可以为之所用而成为强有力的工具。显然，对于政策设计者而言，将考虑主体的反应策略及其能力贯穿于执行过程的始终是非常重要的。

以上四个因子完整地构成了政策执行的第二维度，即人的维度，也就是主体维度。从辩证的角度看，人是一个矛盾集合体，兼具理性与非理性，从表面看，似乎大多数时候理性占上风，然而在做一些选择的时候，往往非理性会无意识地帮主体做出决定。因此，笔者认为，为了确保给定政策的有效执行，在检视利益攸关方这一维度时应该采取全纳参与的策略。这意味着第一步要对可能的利益攸关方做主体确认：攸关方的分类如何？谁是教育领域的关键主体？教育政策执行涉及哪些政府机构？执行过程中层级内部以及层级之间的关键主体是否变化？显然，以上所列举的问题都是必须慎重思考或者需要提前预见的。第二个必须考虑的是主体的信念系统、利益及动机，其中最关键的是主体利益。这是一个复杂的概念，

---

① PONT B. Education reforms: school leadership in comparative perspective [M]. Madrid: Universidad Complutense, 2017.

② SABATIER P, MAZMANIAN D. The implementation of public policy: a framework of analysis [J]. Policy studies journal, 1980, 8 (4): 538-560.

是主体所持价值、观点、倾向、品性、偏好及信念等的综合体现。政策的执行会与主体利益产生交互作用，这一作用力决定着主体对给定政策的理解与支持。关于主体，第三个不可回避的重要层面是其能力。根据 OECD 可视化框架及主体在执行过程中的作用分工，着重对以下几类主体的能力进行强调：正式执行机构工作人员、教育者队伍以及作为组织的学校与执行机构。需要指出，根据相关研究者的发现，此处的能力不仅仅指心理的能力也包括物质的能力，如物质资源的多寡与分配；由上而知，主体利益与能力形成的资本规约其应对政策的方式。研究发现，当多元攸关方的关键主体达成一致进而全力支持政策而不是反对或阻抗时，其被有效执行的概率显著升高。故而，从理论上讲，正式执行者真诚地与关键主体沟通、探讨、协商甚至一定程度地妥协以获得最广泛支持是非常有必要的。对政策设计者而言，全过程考虑主体的反应策略及其能力是意义重大的。于他们而言，“执行者策略”可以成为强大的工具，因为这有助于他们识别最有可能认同政策并据其调整执行过程的执行机构（见图 2-9）。

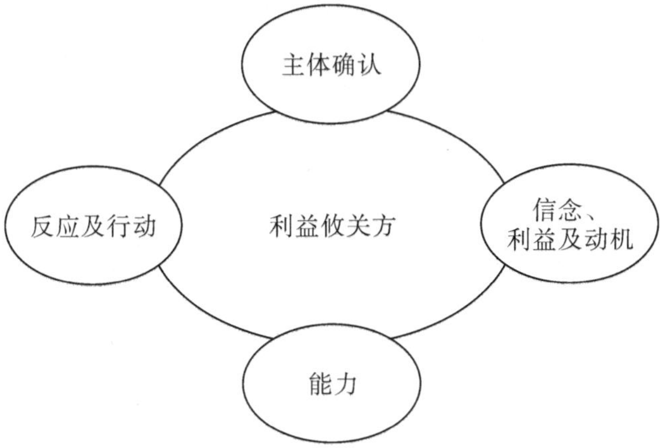


**图 2-9　全纳的攸关方参与因子**

(三) 执行环境维度及其决定因素

第三维度：有利环境（conducive context，CC）。在教育政策研究范畴中，政策环境是一个极其重要的分支。对政策直接或间接施加影响的内外部因素被称为情境性决定因素（contextual determinants）。它指的是在教育政策执行开展中构成其环境的要素，包括制度环境、既有政策及事件，其中，事件源起于执行系统之外但与之相关。上节所梳理的诸多框架对环境也有所涉猎，因政策执行呈现出“多层级”“多焦点”及“多主体”的本质特征[①]，为了把握与之相关的问题，研究者对“地方”与“外部”[②]、“内部”与“外在”[③] 等对属的环境做了辨别。在 OECD 可视化框架中，Viennet 与 Pont 就这一维度主要强调了制度安排、政策互补性及社会趋势与冲击三个重要因子。

1. 制度安排（institutions setting）

所谓制度安排，就是在某一特定教育系统中控制执行过程的那些正式及非正式的社会约束，且通常被认为是相当稳定的参数[④]。制度性社会约束包括宪法、法律及规则等；非正式的社会约束包括传统、规范及习惯等。它们决定着一项政策被执行的速度与程度。这些规制潜移默化地驱动着当地学校及地区一级主体的日常活动，包括教师的教学实践与协作方式及校长的管理艺术。以一项对 2001—2011 年中国香港地区新课程改革的研究举例[⑤]，教师与校长共同认为，在学校场域中对改革实施影响最重要的因素是校长的领导力以及协作文化。显然，校长的领导力指向主体能力维度，而协作文化指向环境维度。

研究表明，在美国，国家一级、州、联邦或地区层级，这些地方之外的决策及执行层级的制度架构对政策执行也会产生影响。正如上文所阐述的，政策的诞生往往是为了呼应一种需求或对某一需求的觉知，或仅仅是因为某种政治势力取得了主导性地位。政策不可能亘古不变。制度环境的变迁必然会改变博弈的规则。因此，执行者应当随之调整他们的政策实践，顺势而为。也可能存在例外情况，如教育系统某一特定水平上的差异也可以通过当地机构调解。一项研究发现，美国的“综合学校改革”模式更有可能在地区及州一级领导层长期保持不渝意志的学校中实现稳定[⑥]。

① HILL M, HUPE P. Implementing public policy : governance in theory and practice [M]. Gateshead: Sage, 2002.

② FULLAN M. The new meaning of educational change [M]. New York: Teachers College Press, 2015.

③ AARONS G, HURLBURT M, HORWITZ S M. Advancing a conceptual model of evidence-based practice implementation in public service sectors [J]. Administration and policy in mental health and mental health services research, 2011, 38 (1): 4-23.

④ JENKINS-SMITH H. et al. The advocacy coalition framework [M] // SABATIER P, WEIBLE C. Theories of the policy process [M]. Boulder: Westview Press, CO, 2014.

⑤ CHEUNG A, WONG P M. Factors affecting the implementation of curriculum reform in Hong Kong [J]. International journal of educational management, 2012, 26 (1): 39-54.

⑥ DATNOW A. The sustainability of comprehensive school reform models in changing district and state contexts [J]. Educational administration quarterly, 2005, 41 (1): 121-153.

而某些学校之间存在的差异是否被调解取决于其改革经验以及在变迁中如何管理工作人员的技能。

此外，制度因素包括连接各层级的治理机制。治理模式可以被视为教育系统的正式制度安排。它指的是在某一系统内，执行进程中所涉及的动态过程、监控及决策①。在教育场域，有诸多主体宣告权威，审视治理类型尤其与教育政策执行相关。提及教育治理模式，OECD 对其成员国的教育系统治理模式进行了详尽的辨析并提炼出 5 种治理类型②（见图 2-10）。

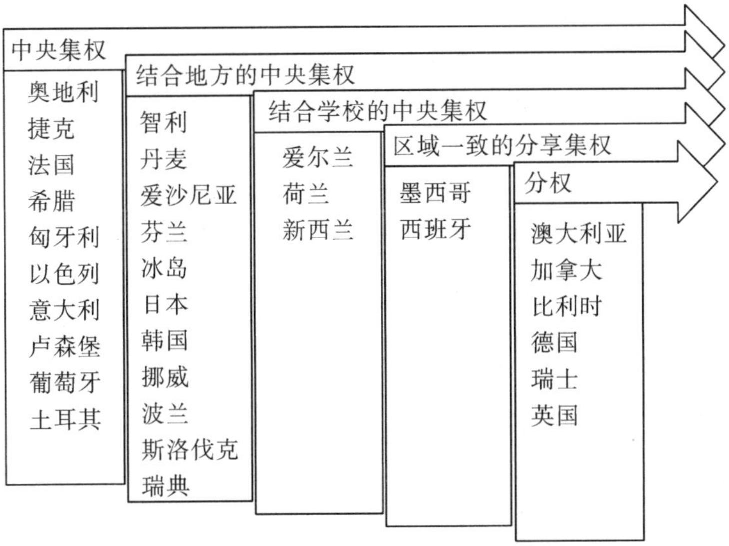


**图 2-10　OECD 成员国教育系统治理模式概览**

在集权体系中，主要是由政府以及教育部或教育部单独制定并颁发大多数教育相关问题的政策。由图 2-10 可知，第二种治理模式被命名为“结合地方的中央集权”，其主要特点是中央与地方保持一种动态关系，中央部门颁布导向性政策，然后由地方市政负责政策的宣传与执行。以爱尔兰、荷兰、新西兰为典型代表的第三种治理模式则是中央与学校直接对接，国家部门对政策进行整体规定与监督，由学校负责政策的宣传与执行。第四种治理模式是中央政府制定的政策与负责政策传导的区域政府协

① BURNS T, KÖSTER F, FUSTER M. Education governance in action: lessons from case studies [M]. Paris: OECD Publishing, 2016: 18.

② OECD. Education policy outlook 2015: making reforms happen [R]. Paris: OECD Publishing, 2015.

商一致，从权力角度来评判，这意味着中央政府愿意与区域政府分享权力，这是一种政治民主化的体现，其学理基础是基于政治的民主化来实现政策的科学化。第五种治理模式是分权模式。分权体系涵盖了一系列模式，其中不同的机构支持各级教育系统的决策。以德国为例，德国由 16 个联邦州组成，大体是各联邦州的教育各自负责，但也与联邦、州、地方政府共担一些责任。一个关键环节是各联邦州的教育与文化事务部长组成常设会议来促进各州之间的协调与对话。

从发生学、传播学的角度，从政策制定到政策执行需要经历一系列政策过程，关注这一系列过程无疑具有现实指导意义。有研究者专门考察了连接这些过程的各种类属。该研究发现，政策执行失败的原因主要归结于政策制定者对执行过程保留控制的程度，与之相对的是授予执行者多少自由裁量权①。在评估利益攸关方能动性及其对执行进程的影响后，一些国家建立了促进与主体对话的渠道并给予一些代表更多的自由裁量权。以爱尔兰为例，教学委员会是管理教学行业的实体，它的组成成员包括教师、教师教育机构工作人员、学校管理组织、部长提名者以及其他利益攸关方，如家长、产业及公司代表等。西班牙则是通过许多成熟运作的机构不断地使学校一级的利益攸关方参与进来，比如，学校委员会召集学校领导及职员、教师、地方政府、家长及社区成员一起制定学校发展的一般性指导方针，而校长及教师通过教师大会协调教学内容、学生评价及咨询②。他山之石，可以攻玉。上述五种教育系统治理模式并无所谓的好坏与高低。我国教育系统治理究竟需要采用何种模式？笔者认为不能一概而论，适合本国国情、本地风俗文化以及各校师生发展的模式才是最好的教育系统治理模式。

2. 政策互补性（policy complementarities）

政策互补性是有利环境维度的第二个重要因子。以时间为基准，政策主要涉及两个基本维度：现在与未来。一方面，政策目标靶向当下现实存在的问题与需求；另一方面，决策者期望政策可以在将来最大可能规避风

---

① NAKAMURA R, SMALLWOOD F. The politics of policy implementation［M］. New York：St Martin's Press, 1980.

② OECD. What can governments do to implement education policies effectively?［M］// Teaching excellence through professional learning and policy reform：lessons from around the world. Paris：OECD Publishing, 2016.

险。鉴于此，政策的存在空间不是真空，它不可能单独成立，必然与其他政策发生化学反应。事实上，研究者所面对的是“政策丛林”。当考虑政策执行环境时必然要考虑政策序列的互补性。系统中，需要执行的政策数量及种类让教育变成一个拥挤的政策场，此间，政策甲与政策乙相互矛盾或彼此错位的或然性是存在的。这种错位可能源于政策所倡导的教育实践中的某一矛盾。关于这种矛盾，国外学界在20世纪90年代中期就有过深入的研究①。一位学者发现，各层级之间政策努力的一致性程度会引致执行过程及其结果的显著变化②。这一结论在Datnow关于美国不同学校“综合学校改革”执行过程的研究中得到确认③。

在政策执行过程中，不仅需要考虑同质政策之间的互补性，同时还需要注重异质政策之间的兼容性。研究教育改革有效性的文献重点指出，教育场域内部各政策之间以及与其他政策领域之间的兼容性会影响政策执行④。在有利的环境中，如果有足够数量的政策统筹协调，那么转化像教育这样复杂的系统方有可能⑤⑥。因此，省视政策之间的互补性有助于理解政策执行结果及其可持续性，故而具有指导性意义。

3. 社会趋势与冲击（social trends & shocks）

政策执行过程中，就环境这一维度，除了必须考虑制度安排与政策互补性，还有一个重要因子需要被纳入考虑的范畴，即社会趋势与冲击。从某种意义上讲，教育政策是环境的生成物。环境一旦改变就会牵动政策的迭代。出于政治、社会、经济或人口的原因，一定时期掀起的社会趋势与发生的重大事件会直接或间接地对教育政策部门产生影响。一方面，社会趋势决定了人们对教育场域相关问题的关注与觉知方式；另一方面，社会、经济及技术条件的变迁影响着人们依据政策章程目标执行政策的

---

① PORTER A. National standards and school improvement in the 1990s：issues and promise［M］. Chicago：University of Chicago Press，1994.

② DESIMONE L. How can comprehensive school reform models be successfully implemented?［J］. Review of educational research review of educational research，2002，72（3）：433-479.

③ DATNOW A. Can we transplant educational reform，and does it last?［J］. Journal of educational change，2002，3（3/4）：215-239.

④ OECD. Improving schools：strategies for action in Mexico［R］. Paris：OECD Publishing，2010.

⑤ MASON M. Complexity theory and systemic change in education governance［M］// BURNS T，KÖSTER F. Governing education in a complex world［M］. Paris：OECD Publishing，2016.

⑥ PONT B. Education reforms：school leadership in comparative perspective［M］. Madrid：Universidad Complutense，2017.

概率①。以中国香港地区为例，在2000—2010年，由于学生人数下降加之教师就业机会减少，新课程实施进程显著减慢。又如，OECD成员国教育改革行动的考察显示，来自不同国家教育表现差异或经济增长的压力是推动其成员国改革的有力杠杆②。

社会趋势也会影响主体对教育系统及相关问题的觉知。例如，有研究者解释了1945—1973年人们的关注点从福利国家及对机会平等的日益支持是如何让位于面向大众的民主教育体系的。相比之下，20世纪90年代兴起的“新公共管理运动”将学校转变为生产系统，以满足经济体对知识型及高技能专业人才的需求③。在Bell与Stevenson提出的分析框架中，他们认为社会政治环境塑造了政策制定及执行的基础情境④。另一学者也提出了类似的观点：社会文化力量定义了特定体系中普遍存在的价值观，因此有助于过滤社会可接受的教育问题和政策解决方案⑤。由上而知，制度及社会环境对执行政治学具有中介作用，因为它们定义了可能出现的问题以及政策解决方案，同时它们决定并约束主体的战略以及执行计划。

（四）执行策略维度及其决定因素

第四维度：连贯的执行策略（coherent implementation strategy，CIS）。前文提及，政策执行就是将政策理想转化为政策现实的过程。第一维度的政策设计（制定）主要涉及理论基础。以此类推，执行策略就是对该转化过程操作程序的说明，即解释如何使政策现实发生的操作性方案。故而第四维度执行策略涉及的是具体的行动。一些研究者将执行策略与政策本身相结合，认为它是政策章程的构成部分。政策章程，即政策的文件或者决定，它就某一给定政策总体目标或具体目标、工具、原则与对象以及主体

① SABATIER P, MAZMANIAN D. The implementation of public policy: a framework of analysis [J]. Policy studies journal, 1980, 8 (4): 538-560.

② WURZBURG G. Making reform happen in education [M]. Making reform happen: lessons from OECD countries. Paris: OECD Publishing, 2010.

③ LESSARD C, CARPENTIER A. Politiques educatives : la mise en oeuvre [M]. Paris: Presses Universitaires de France, 2015.

④ BELL L, STEVENSON H. Towards an analysis of the policies that shape public education: Setting the context for school leadership [J]. Management in education, 2015, 29 (4): 146-150.

⑤ MALEN B. Revisiting policy implementation as a political phenomenon: the case of reconstitution policies [M] // HONIG M. New directions in education policy implementation. Albany: State University of New York Press, 2006: 89.

之间的结构关系进行了规定①②③。尽管政策为执行策略提供了一个必须实现的愿景，但是执行策略是“行动导向的”，它应该具备足够的灵活性来应对意外情况④。对二者做审议式的区别是有用的，借此执行过程中可能被忽略的策略性决定因素得以显现。OECD 可视化框架在既有研究基础上对影响执行的要素做了归纳与提取，提出在制订执行计划时应该从 7 个重要方面考虑行动方案的可能性与合理性，涵盖了分工、目标、政策工具、沟通与参与、资源等。

1. 分工（allocation）

从政策文本的属性来看，政策属于官方的正式文本范畴，它对靶向的客体天然具有规范性、权威性及强制性的功能。因此，政策非常有必要在权、责、利方面体现一定的清晰度与可见性，对诸如以下问题作明确的规定与限制：执行主体是谁？执行客体是谁/什么？一旦执行环节某一步骤出错，谁是责任主体？教育系统中任务及责任的分工首先由运转中的制度结构决定。尽管如此，每项教育政策都需要把握一些关于政策主体与客体的细节。依托执行策略可以精准识别关键利益攸关方及对其相应的责任做规定。有学者提议，政策法规可以根据对政策的设置情况分配执行机构的角色，如其决策规则是否有利于实现政策目标⑤。从政策过程技术性的观点来看，政策章程规定了关键执行者有多少自由裁量权，即他们能给政策的核心要素带去多少改变⑥。在大量案例中，当国家为了配合教育政策而制定以及颁布执行策略时，关键利益攸关方首先被精准确认且对其任务及责任有明晰的规定。

---

① HONIG M. Complexity and policy implementation challenges and opportunities for the field [M] // HONIG M. New directions in education policy implementation. Albany, NY: State University of New York Press, 2006.

② INGRAM H, SCHNEIDER A. Improving implementation through framing smarter statutes [J]. Journal of public policy, 1990, 10 (1): 67-88.

③ SABATIER P, MAZMANIAN D. The implementation of public policy: a framework of analysis [J]. Policy studies journal, 1980, 8 (4): 538-560.

④ FULLAN M. The new meaning of educational change [M]. New York: Teachers College Press, 2015.

⑤ 同③。

⑥ 同②。

2. 目标（objectives）

事实证明，理论与实践是政策的一体两面。政策设计关涉其理论维度，而政策执行关涉其实践维度。也就是说，执行是行动导向的，所以，理论性的政策目标及愿景需要由操作性的术语转化过来。Barber 坚持认为，为了实现有效执行，靶向瞄准目标并对其优先化具有重要意义①。由于一项策略通常涉及若干目标及达成目标的计划，因此必须注意策略的总体一致性及优先事项。OECD 就此已经总结出规律。研究发现，成功的执行者其共性在于目标设置，归结起来具有以下特质：有着“为数不多”“明晰”“高优先性”“可测量”“有远见但可行”的目标以及“专注于学生结果”“不扭曲学校系统”的实践②。

3. 政策工具（policy tools）

20 世纪 90 年代以来，多元化政策工具的出现，为政策制定者或执行者提供了更多将政策付诸现实的选择。随着教育场域日趋复杂，政策工具也呈现出相同的趋势。为了实现政策目标，除了传统的遵循自上而下（top-down）机制的命令—控制式工具以外，补充了遵循自下而上机制的其他更丰富的执行工具，如通过执行主体能力建设或建立学校—社区伙伴关系驱动执行效率提升。对政策工具甲与政策工具乙的权衡会影响执行的动态关系。这可能要求招聘咨询专家、培训工作人员，提供经济或其他激励，或者对众多工具进行检验以避免关键主体对政策执行环节缺乏必要的把握。

研究发现，20 世纪 90 年代末的美国综合学校改革模式对实现政策目标的手段做出了具体的规定，进而可以在一定程度上控制执行的忠实性，即执行结果在多大程度满足了政策目标③。另一研究证实，换一种环境，假设政策工具太过于具体可能会阻碍政策执行。Suggett 指出，在高非确定性以及实现政策目标的手段缺乏一致性的情况下，比起武断确定政策工具，更有效的方式可能是改进所有人的教育结果、咨询从业者以及试验④。

4. 沟通与参与（communication and engagement）

越来越多的研究证据显示，政策的有效执行离不开各个利益攸关方的

---

① BARBER M. Instructions to deliver [M]. London: Methuen, 2008.

② OECD. Improving schools : strategies for action in Mexico [R]. Paris: OECD Publishing, 2010.

③ DESIMONE L. How can comprehensive school reform models be successfully implemented? [J]. Review of educational research review of educational research, 2002, 72 (3): 433-479.

④ SUGGETT D. The implementation challenge: strategy is only as good as its execution [A]. Occasional paper, No. 14, Melbourne: Anzsog, 2011.

正面沟通与主动参与。尽管政策是专业性文本，可是这并不意味着执行主体必然理解并熟知政策背后的话语系统。相对而言，现实往往是，执行政策必须得到各方主体以及各执行层面的政治支持。由于教育领域大量有话语权的利益相关者在场，研究者鼓励政策制定者在决策过程中尽可能早地让利益相关者参与进来并就政策总体目标、具体目标以及规定的进程清楚地沟通①。相近的观点在第一维度政策设计中已经有所表达。事实上，在政策设计过程中使利益攸关方参与进来可以达成诸多目的，如保证关键信息与政策的逻辑旨趣准确无误地传导给主体，就具体目标、工具以及其他达成政策目标的手段建立共识。如此一来，它可以建立对政策的支持从而限制整个执行过程可能反对的主体数量。此外，让利益攸关方参与也是全过程关注实践者日常活动实况的一种方式，这足以避免障碍，或者如果某些措施不符合当地需求，可以做出调整。以罗德岛教育系（the rhode island department of education）为例，为了监控 2010—2014 年美国“夺冠”计划（race to the top programme）在全州范围的执行情况，该部门成功地让地区领导参与进来：地区领导集体定期开会并编写报告，州执行机构据此调整其执行战略②。显然，这一过程一定程度上促进了州级执行机构与地区领导人之间的对话。

5. 资源（resources）

大量实践证明，政策执行是一个复杂的概念集合体，兼具主观性及客观性。就其客观性而言，主要表现在执行过程无法在真空中发生，必须依赖于客观世界里的物质，除了前面所提及的环境，还必须借助资源。需要说明的是，资源也包括物质资源与形式资源。就教育政策执行而言，其必要的输入主要有主体所能获得的资金、技术、知识及其使用上述资源的能力。分配给执行过程的以上资源其数量、质量及分布在一定程度上决定了政策是否得以执行以及如何被执行③④。

---

① HADDAD W, DEMSKY T. Education policy-making process: an applied framework [A]. Paris: UNESCO, 1995.

② OECD. What can governments do to implement education policies effectively? [R] // Teaching excellence through professional learning and policy reform: lessons from around the world. Paris: OECD Publishing, 2016.

③ WURZBURG G. Making reform happen in education [R] // Making reform happen: lessons from OECD countries. Paris: OECD Publishing, 2010.

④ OECD. Improving schools : strategies for action in Mexico [R]. Paris: OECD Publishing, 2010.

6. 数据、监督及问责（data，monitoring and accountability）

教育政策执行是情境依赖的，对其而言，特定环境以及从业人员所具备的知识有重要影响。具体到学校与地方学区一级，在整个政策执行过程中，主体通过不断收集数据，在必要时更新策略并根据在地化需求及时调整。配套的监督机制要灵活设计，在支撑政策目标的同时，为有需求的执行主体提供信息共享，但要注意避免对学校常规教育教学活动正常秩序产生影响。例如，在执行过程中过多、过细及过杂的行政控制可能引起教师的普遍不满，因为他们倾向于将严格的监督机制视为对其缺乏职业信任的直观表现。

在复杂系统中，通过对全系统的利益攸关方进行实时而全面的监测能够确保所采集的数据具有可靠性。及时更新数据有助于科学评估政策执行过程的进展。研究发现，在一定环境中，对教育政策执行者采取较高的问责标准有可能导向更有效及更高质量地执行。同时，问责机制亦可能对政策执行进程产生负面影响。有效的问责机制必须结合当地环境考虑且须根据过程的各个阶段进行调整①。

7. 进度（timing）

设定执行时间与节奏在一定程度上决定了执行如何展开。尽管规定执行何时开始及何时停止较为复杂，但执行战略定义了主要利益相关者共同的时间线②。西方语境中，在执行政策时，主体被要求在满足选举要求的快速行动与花费时间修改完善执行策略、促使利益相关者参与以及让政策嵌入之间进行裁量和周旋。

时间与节奏对政策执行过程的影响是不确定的，但不应忽视，因为它们与政策执行范围及其潜在结果直接相关。研究表明，执行过程速度过快，利益相关者可能无法或不愿执行；执行过程太慢，可能会失去动力或耗尽系统资源。中国香港地区课程改革研究的结论是，强压给教师与校长的紧张时间进度威胁着政策的有效执行③。一项瑞典教育体制分权改革的研究得出趋于相同的结论：权力下放的转变过于突然，使市政当局没有时

① CERNA L. Trust：what it is and why it matters for governance and education [A]. OECD Education Working Papers, No. 108, Paris：OECD Publishing, 2014.

② HILL M, HUPE P. Implementing public policy：governance in theory and practice [M]. Gateshead：Sage, 2002.

③ CHEUNG A, WONG P M. Factors affecting the implementation of curriculum reform in Hong Kong [J]. International journal of educational management, 2012, 26 (1)：39-54.

间组织与接手改革的所有权。

执行的节奏与政策目标的本质有关，甚至综合性改革在系统性改革生效之前也可能始于渐进式改变。因此，时间进度对政策执行的影响取决于政策的可接受程度以及系统执行的能力①。一个突出的例子发生在捷克：利益相关者花了 14 年时间测试、修改、讨论并就可行的政策执行形式达成一致，该形式最终于 2011 年被引入。在政策执行中考虑时间维度要求政策主体从长远角度看待教育政策，同时在短期内保持这一进程的动态关系②。

## 第三节　模型创构：乡村教师专业发展政策执行可视化体系

前文对专业资本与 OECD 可视化框架视域下的教师专业发展政策进行了理想勾画，基于这些准备工作，已然对乡村教师专业发展政策应然有了初步思考。接下来，本书将依照逻辑基础、模型建构及行动框架的流程对新时代乡村教师专业发展政策执行应然做初步推演。

### 一、理论引领下的乡村教师专业发展政策生成

由上而知，对乡村教师专业发展政策执行做理论性预判必须遵循一定的逻辑基础。教育政策按类型可划分为总体性政策、综合性政策以及专门性政策，各级各类教育政策纵横交错，可能互相支撑亦可能相互冲突。在政策设计之初就必须充分考虑同类政策及异质政策可能存在的立体交叉性。鉴于此，乡村教师专业发展政策在其理性旨趣上，必然基于既有的相关制度与规程。

根据乡村教师专业发展政策的特殊性、专业性、实践性及时代性，笔者认为理想的乡村教师发展政策可以建设“专业资本”为航向，在政策设计方面以既有教师标准，如《小学教师专业标准（试行）》《中学教师专业

① HADDAD W, DEMSKY T. Education policy - making process: an applied framework [M]. Paris: UNESCO, 1995.

② OECD. What can governments do to implement education policies effectively? [R] // Teaching excellence through professional learning and policy reform: lessons from around the world. Paris: OECD Publishing, 2016.

标准（试行）》《中小学教师培训课程指导标准（专业发展）》等的相关内容为厘清乡村教师专业发展维度的依据与方向性引领，综合时代背景，如《乡村振兴促进法》中倡导的乡村人才开发战略内容以及《关于加强新时代乡村教师队伍建设的意见》提出的乡村教师专业发展核心要求等作参考；在政策执行过程中参考 OECD 可视化框架，进而构建真正满足乡村教师需求、切合乡村学校实际、促进乡村儿童发展的乡村教师专业发展政策执行机制，最关键同时也是最重要的是，基于乡村教师的需求侧而推进深度改革。由此可知，在本书中，“乡村教师专业发展政策执行”这一核心概念指：教育政策执行主体以促进乡村教师专业发展为共同目标，以一定的执行环境为媒介，通过采取系统性的执行策略将相关政策愿景转化为一系列动态行动的复杂过程。

2011 年 10 月 8 日，教育部发布《关于大力推进教师教育课程改革的意见》，该文件就推进教师教育课程改革和实施《教师教育课程标准（试行）》（以下简称《课程标准》）提出了纲领性意见。广义的教师教育课程包括教师教育机构为培养和培训各级各类教师所开设的公共基础课程、学科专业课程以及教育类课程。《课程标准》特指教育类课程，它体现了国家对教师教育机构设置教师教育课程的基本要求，是制定教师教育课程方案、开发教材与课程资源、开展教学与评价以及认定教师资格的重要依据。《课程标准》分层分类地对职前教师与在职教师的教育课程目标和课程设置进行了规定，为了促进教师专业发展，充分体现理论与实践相结合，它提出了在职教师教育课程设置框架建议，将课程功能框定在加深专业理解、解决实际问题、提升自身经验三个维度。

2012 年 9 月 13 日，教育部发布《关于印发〈幼儿园教师专业标准（试行）〉〈小学教师专业标准（试行）〉和〈中学教师专业标准（试行）〉的通知》。该通知标志着国家从顶层设计着手，第一次以专业标准的尺度对幼儿园、小学以及中学三个不同学段教师的职业标准进行了规定。以《中学教师专业标准（试行）》（以下简称《专业标准》）为例，其通过专业理念与师德、专业知识、专业能力 3 个维度，“职业理解与认识”“对学生的态度与行为”“教育教学的态度与行为”等 14 个领域以及“贯彻党和国家教育方针政策，遵守教育法律法规”等 63 项具体要求，为中学教师勾勒出职业“标准照”，体现了我国社会对专业教师的基本要求和价值期许。《专业标准》是引领教师专业发展的基本准则，教师制定自我专业发展规划必须基于对《专业标准》各项要求的全面审视与深入解读①。

2020 年 7 月 21 日教育部办公厅印发《中小学教师培训课程指导标准（师德修养）》《中小学教师培训课程指导标准（班级管理）》《中小学教师培训课程指导标准（专业发展）》（以下简称《指导标准》）三个文件，其中第三个文件与中小学教师专业发展密切相关，是进入新时代以来关于中小学教师专业发展的最高纲领。《指导标准》主要参考《小学教师专业标准（试行）》《中学教师专业标准（试行）》《教师教育课程标准（试行）》来确定中小学教师专业发展能力指标，根据教师专业发展一般规律和实践逻辑，把中小学教师专业发展划分为“专业发展规划”“专业知识学习”“专业实践研修”三个领域（一级指标）。在每个领域下划分若干核心能力项（二级指标），其中，“专业发展规划”包含专业发展理解、专业发展实施及专业发展评价；“专业知识学习”包含教育知识运用、文化知识学习及信息素养提升；“专业实践研修”包含自主专业反思、同伴合作发展及集中专题学习。《指导标准》根据教师专业发展所包括的核心能力项配置了可供教师自我诊断的“发展水平级差表”。该表以中小学教师专业发展二级指标规定的核心能力项行为描述为主，相关教师可以将自己的实际发展情况与最贴近的一项行为描述相对应，以此判断自己在该指标上的发展水平，其诊断结果可以作为教师自主选择培训课程的依据。

由上而知，为了推进教育政策的科学制定及其有效执行，必须依赖教育制度的不断创新与完善，进而促进合理而适切的“制度丛林”的生成②。对中小学教师专业发展政策制定及执行产生决定性影响的相关逻辑基础以及重要政策的必要呈现，相信已经为尝试构建乡村教师专业发展政策模型做了必要的铺垫。接下来，笔者将基于以上理论推演尝试建构乡村教师专业发展政策模型。

乡村教师专业发展政策模型建构的价值旨趣应当以乡村教师作为完整的人的立场为根本遵循。乡村教师的专业发展“不能仅仅出于教学效能的考虑”，抑或“从职业人的角度”将其束缚在有限的向度，“也要从人的发

---

① 教育部教师工作司. 中学教师专业标准（试行）解读［M］. 北京：北京师范大学出版社，2013：164.

② 罗生全. 学业负担问题解决：模型建构与治理机制［M］. 北京：人民出版社，2018：66.

展需要考虑”[①]。乡村教师同样满足“教师是专业人员”的属性，因此，乡村教师具有“全专业属性”[②]，这意味着乡村教师要在“学”“教”“学科”三方面表现出专业性。从这一层面上讲，乡村教师专业发展既是目的本身，也是手段。故而，乡村教师专业发展政策设计既要考虑现实操作性，也要兼顾方向性与前瞻性。

基于上述的逻辑性规定，乡村教师专业发展政策模型主要由三个板块有机构成，即理论板块、经验板块与实践板块。具体而言，在本书中，理论板块的主导性框架是专业资本理论，人力资本、社会资本以及决策资本三种形式的资本相互发生“化学反应”进而生成专业资本，这为乡村教师专业发展描绘了远大愿景；经验板块的主体参照是前文简述的《教师教育课程标准（试行）》《小学教师专业标准（试行）》《中学教师专业标准（试行）》及《中小学教师培训课程指导标准（专业发展）》等政策文本中对教师专业发展基本维度及方向的规定，这是设定乡村教师专业发展基本维度的标准依据；实践板块的操作性框架主要援用 OECD 可视化框架，其遵循的价值逻辑是以促进乡村教师全面发展为旨归，其实现路径主要分解为内涵建设、能力建设及行为建设。有鉴于此，乡村教师专业发展政策模型可以用较直观的思维图式呈现（见图 2-11）。

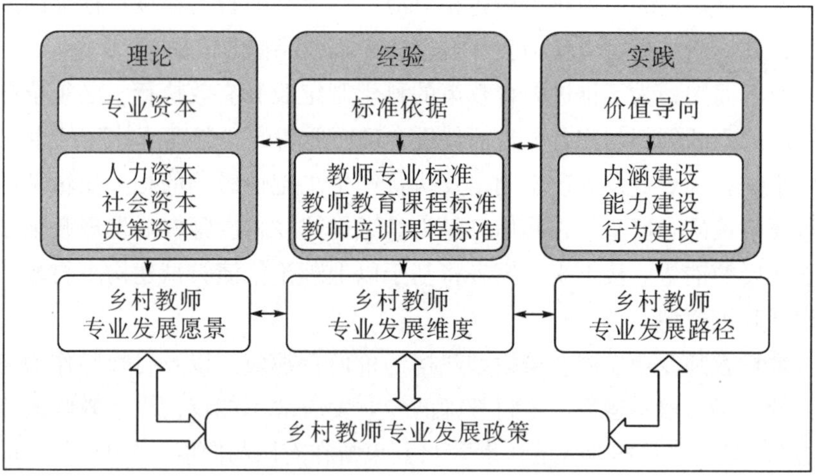


**图 2-11　乡村教师专业发展政策模型**

① 朱旭东．教师专业发展理论研究［M］．北京：北京师范大学出版社，2021：50.

② 朱旭东．论教师的全专业属性［J］．教育发展研究，2017（10）：1-7.

## 二、理论与经验耦合的乡村教师专业发展政策执行可视化

大量研究充分地证明，教育政策从制定到执行并非单向的线性过程，而是一个复杂、动态的连续性循环过程。乡村教师专业发展政策作为一类专门性政策，其执行过程必然表现出一定程度的复杂性和特殊性。因此，在对其执行策略做先验性的设计时，应充分考虑理论与实践的张力并不断进行经验总结。具体而言，在设计行动框架时，主要把握明暗两条线索，即理论线索与实践线索。理论线索贵在其神，因此是暗线，其埋路的脉络遵循理论—经验—理论的小循环；实践线索贵在其形，因此是明线，其探究的范式路径遵循实践—理论—实践的大循环。

基于大小循环的整体架构，整合以上呈现的乡村教师专业发展政策模型思维图式，这是探寻乡村教师专业发展政策规定程序的第一步，解决的是“理想政策”的本体问题。接下来的第二步，将尝试为乡村教师专业发展政策执行做应然的推演。

鉴于笔者已将 OECD 可视化框架与乡村教师专业发展政策做了充分的理论确认，由上而知，设计乡村教师专业发展政策执行方案将以 OECD 可视化框架为首要策略。因此，在乡村振兴战略背景下，新时代乡村教师专业发展政策执行可视化框架如图 2-12 所示。依照 OECD 可视化框架的四位一体架构，乡村教师专业发展政策执行应统筹政策设计、利益主体、执行环境与执行策略四个关键维度。同时，综合考虑每一个关键维度各自包含的若干重要决定因素及其具体指向的微观因子。可以说，乡村教师专业发展政策执行理应是一个多元主体、多层级联动反应的行动网络。这一系列行动不可能凭空发生，总要基于某种或多种介质，以某种或多种形式显现。行动的发生场既涉及时间同时也涉及空间。从时间维度看，历时与共时使时间成了一个绵延的连续体，这也使得已经发生、现在发生以及将要发生的行动之间必然产生某种关联，其中，有因果关系、相关关系、矛盾关系等等；从空间维度看，有形空间与无形空间共同构成了各种具有不同属性的场域，如物质场、文化场以及交往场等等。正是由于以上多种空间的并行存在，一切行动的发生才有了可能。

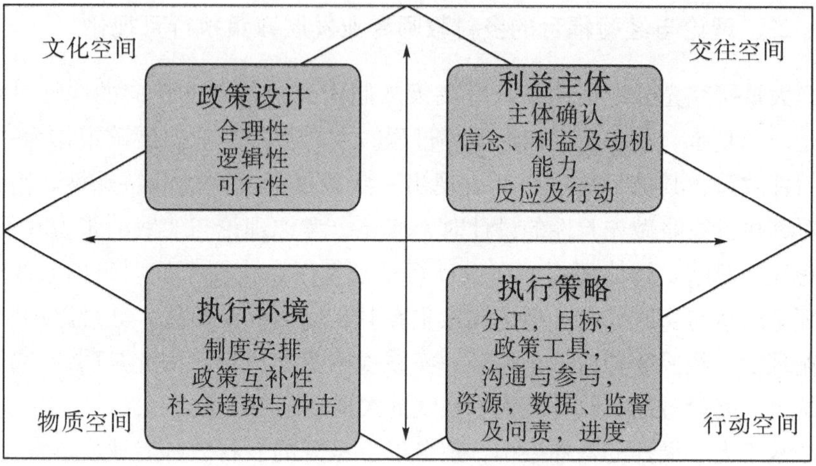


**图 2-12　乡村教师专业发展政策执行可视化框架**

将乡村教师专业发展政策执行可视化框架代入乡村教师专业发展政策执行的具体情境中，可作如下阐释：乡村教师专业发展政策执行需要将遵循理论—经验—实践三者之间的交叉线索嵌入行动的时间维度。就其行动空间维度而言，乡村教师专业发展政策执行的发生场涉及四类空间：物质空间、文化空间、交往空间及行动空间。这四者之间不是孤立存在的，而是相互作用且互相支撑的。政策执行的四个维度虽然与这四个空间不是绝对的两两对应关系，但每一个维度都存在一个相对主导的空间，如在政策设计维度，文化空间是其主导；在利益主体维度，交往空间是其主导；在执行环境维度，物质空间是其主导；在执行策略维度，行动空间是其主导。事实上，两两维度之间可能存在空间连续体，如对政策设计与执行环境两个维度起主导作用的空间是物质—文化空间，对利益主体与执行策略两个维度起主导作用的空间是交往—行动空间，对政策设计与执行策略两个维度起主导作用的空间是文化—行动空间，其余的维度与其对应的主导作用空间可依此类推。

# 第三章　乡村教师专业发展政策执行的问题审视与成因分析

前面两章对乡村教师专业发展政策执行的本体阐释，分析框架的理论灵感及经验借鉴来源的演绎和呈现，并在此基础上尝试进行乡村教师专业发展政策执行可视化体系创构，为进一步推进研究的实质性进展做了必要的知识与结构性准备。理论铺垫最终是为了回应对现实的关切。接下来，笔者将由应然的理论场域转向表征乡村教师专业发展政策实然的实践场域。本章旨在基于系统执行视角反观乡村教师专业发展政策所涉及的从政策设计到政策执行主要环节中涌现的问题、存在的误区以及面临的挑战，凭借专业资本视域下的乡村教师专业发展政策应然参照，以 OECD 可视化框架所界定的四个维度及其各自统辖的决定因素作为评估乡村教师专业发展政策执行效果的原型比照。

## 第一节　主要研究方法及研究过程

在对乡村教师专业发展政策执行的现实境遇展开充分讨论之前，有必要介绍一下本书主要采用的研究方法与具体的研究过程。

### 一、研究方法

为了对乡村教师专业发展政策执行现状及存在的问题作比较全面的分析与透视，本书采用混合式研究方法，主要包括文献法、观察法、调查法及文本分析法等。比如，用历史分析法梳理教育政策执行概念演进，用演绎法呈现专业资本理论，采用问卷调查及统计分析法来探寻乡村教师专业发展政策执行维度之间、维度下辖的决定因素之间的复杂关系。整体来说，笔者综合运用了理论演绎与量化研究等多元化方法展开了相关研究。其中，量化方法主要包括问卷调查以及文献计量可视化分析，采用的研究工具主要有两种，即文献计量可视化分析（Citespace）与基于 SPSSPRO 软件的数据统计与分析；质性方法则涉及叙事研究、政策文本分析以及元研究等。

## 二、研究过程

具体研究过程包括理论研究部分的文献梳理过程，以及政策文本的搜集、整理、分类与选择过程；量化研究部分的问卷编制过程、数据采集过程以及数据分析过程。

### （一）问卷设计

首先，遵循科学研究的一般原则并结合研究需要完成“乡村教师政策执行调查问卷”的设计与修订。第一步，确认目的。该问卷的编制主要基于以下调查目的：其一，对乡村教师政策执行总体状况进行摸排；其二，探究乡村教师政策执行路径；其三，查找乡村教师政策执行存在的问题；其四，靶向定位影响乡村教师政策执行的因素；其五，检测与收集教育攸关方对乡村教师政策执行相关价值倾向，如被试对“利益”“自由”“民主”等抽象概念的理解倾向与价值偏好。第二步，锁定问卷设计依据。本书采用自编问卷，其编制依据是通过梳理教育政策执行相关文献并从中提炼出具有典型性与共性的层次范畴与内容，如执行总体状况、执行决定因素以及执行路径等板块构成本问卷总体结构。依据 OECD 可视化框架为模型参照，将该框架厘定的“政策设计”“利益攸关方”“环境性因素”“执行策略”四个维度下的决定因素作为问卷题项设计的核心指标。最后，依据科学研究方法的一般原理和量表测试的基本原则，先后进行了前测、专家咨询以及修改，得出了半结构式的正式问卷，本问卷主体部分主要运用了“李克特五点式问卷”，问卷末尾设置了少量关于“利益”“自由”“民主”等抽象概念的半开放性态度单选题。

具体而言，该问卷在参考了邓旭[①]以及其他教育政策研究者（邓旭，2010；邓泽军，2013；蒋蓉，2019）的基础上，将 OECD 可视化框架的四个维度十七个指标分别融入其中。根据上述研究目的，问卷设计为四部

---

① 邓旭. 教育政策执行研究：一种制度分析的范式［M］. 北京：教育科学出版社，2010：247.

分：导语及填写说明、个人基本信息、乡村教师政策执行现状以及少量关涉政策执行价值的单选题。

第一部分个人基本信息，共计 6 题，题型为单选题，包括性别、工作角色、工作地区等，设置该部分旨在对研究对象的工作角色与接触政策文本机会的关系做初步把握。第二部分是对乡村教师政策执行现状的调查，共计 81 个题项，题型为单选题。本部分进一步细化为五个方面，分别是乡村教师政策执行的总体效果、执行路径、执行过程存在的主要问题、执行的影响因素以及执行过程中的价值取向，该部分所设计的维度综合参考了既有政策研究及政策执行研究一般范式所涵盖的模型框架，目的是通过问卷调查对乡村教师相关政策执行做初步的摸底。第三部分含 7 个题项，设计了政策执行时的利益考虑、政策目标群体参与及政策执行机制的选择等，这是对乡村教师政策执行的简要补充，旨在了解被试对政策执行的一般态度，虽与研究主题没有直接关系，但可以在一定程度上体现舆论的方向，并表明乡村教师对政策执行的态度与期待（见表 3-1）。

**表 3-1　“乡村教师政策执行调查问卷”的结构说明**

| 内容构成 | 题项 | 研究目的 | 计分方式 |
|---|---|---|---|
| 执行总体效果 | 7~16 | 目的 1 | 正向计分 |
| 执行路径选择 | 17~31 | 目的 4 | 正向计分 |
| 存在的主要问题 | 32~45 | 目的 2 | 正向计分 |
| 影响因素及制度保障 | 46~87 | 目的 3 | 正向计分 |
| 价值倾向 | 88~94 | 目的 5 | 检测频数 |

本问卷在主体部分采用了李克特的五点计分法，关于描述性的题项设计了“完全同意”“基本同意”“说不清”“不太同意”及“完全不同意”五级；关于价值判断的题项设计了“非常重要”“比较重要”“说不清”“比较不重要”及“完全不重要”五级；关于认同性的题项设计了“完全认同”“基本认同”“说不清”“基本不认同”及“完全不认同”五级。以上各题项的五个选项按照从肯定到否定的顺序正向计分，其对应的数值由高到低分别计为 5、4、3、2、1。

本问卷在主体结构上以 OECD 可视化框架为参照，包含 4 个维度 17 个核心变量（见表 3-2）。维度一关涉政策设计，旨在收集被试对既有乡村教师政策设计合理性、逻辑性及可行性的感知、反馈及认同程度；维度二关涉政策攸关方，旨在收集被试对乡村教师政策执行的主体确认、攸关方利益博弈、能力评估以及攸关方对政策的反应的相关数据；维度三关涉执行环境，旨在收集被试感知影响乡村教师政策执行的情境性因素的相关数据，包括被试对现行的制度安排、政策互补性以及社会的趋势与冲击的感知程度与认同程度的支撑数据；维度四关涉执行策略，旨在收集被试对乡村教师政策执行路径、模式以及机制等方面的相关数据。

**表 3-2 “乡村教师政策执行调查问卷”的维度说明**

| 维度 | 变量 | 题项 | 计分方式 |
| --- | --- | --- | --- |
| 政策设计 | 合理性、逻辑性、可行性 | 46、68~76 | 正向计分 |
| 利益攸关方 | 主体确认；信念、利益及动机；能力；反应及行动 | 9~10、28~31、36~38、79~83 | 正向计分 |
| 执行环境 | 制度安排、政策互补性、社会趋势与冲击 | 11~16、27、47~53、61~63、84~87 | 正向计分 |
| 执行策略 | 分工；目标；政策工具；沟通与参与；资源；数据、监督及问责；进度 | 19~20、32~35、39~45、77 | 正向计分 |

（二）具体研究过程

第一阶段，理论研究部分。本阶段借助 CNKI 资源总库平台的文献检索工具，对教育政策执行相关研究以及乡村教师政策执行相关研究进行文献计量可视化分析。其中，关于第一个主题的 CSSCI 可视化分析的操作流程大致如下：通过“高级检索”按钮对“主题”“篇名”“关键词”等条件进行设定得到初步检索结果，再根据研究主题的需要进一步筛选，最后按相关度将最终选中的文献用可视化分析工具导出。

文献可视化分析结果一般包括两个主体部分：总体趋势与对比分析。“总体趋势”下有多个子目录，包括“主要主题”“次要主题”“学科”等标签；“对比分析”可以根据需要点击任意“分布”中的柱状图柱形或饼状图扇区，添加该项分组数据后做进一步的比较。

第二阶段，实证研究部分。在经过问卷初拟—测试—咨询专家—修订—二测—修订—正式定稿等多次处理后，采用统计软件 SPSSPRO（网页版）测试该问卷的信度与效度，得到信度值为 0.766，说明该问卷可接受。之后将问卷上传并通过问卷网（www.wenjuan.com）发布。在问卷发布之后，笔者主要通过复制网址与微信转发的方式发放问卷。

本书采用问卷网的“在线 SPSS 分析”工具对问卷调查结果进行数据处理。数据处理的基本步骤如下：原始数据导入—数据处理—数据分析。具体来说，问卷网所收集的原始数据被自动存入 SPSSPRO 数据库中后，可对数据进行处理。有五种通用处理方法：数据标签、数据编码、异常值处理、个案处理及生成变量。通过使用“数据标签”确定问卷题项的“定类”与“定量”属性；再采用“数据编码”确定原始数据中各题项的选项对应的数值；“数据编码”采用李克特的五点计分法，选项的五个答案“完全同意”“基本同意”“说不清”“不太同意”及“完全不同意”对应的数值分别是 5、4、3、2、1，即“完全同意” =5，其余以此类推。

本书采用的质性研究工具主要包括：文献研究法、政策文本分析法与对比分析法。其中，文献研究法主要用于梳理与本书中心主题相关的三类文献，即关于教育政策执行理论的文献、关于教师专业发展的文献以及关于乡村教师发展的文献；政策文本分析法主要用于分析新中国成立特别是基础教育改革至今关于乡村教师专业发展的政策取向、价值变迁及政策趋势；对比分析法主要用于对域外教育政策执行理论的发展脉络与国内教育政策执行理论发展脉络的异同进行比较，也有极少内容涉及国际国内教师专业发展的现实对照。

在参考前人关于教育政策执行以及乡村教师发展相关实证研究的基础上，笔者编制了“乡村教师政策执行调查问卷”，其数据采集的方式是通过“问卷网”发布网络问卷后使用微信、QQ 等社交软件转发扩散。

从 2021 年 10 月 19 日正式发布问卷截至 2021 年 10 月 29 日，共收到来自贵州、云南、陕西等 7 个省份的有效样本 130 份（见图 3-1）。其中，男性 36 人，占比为 27.69%；女性 94 人，占比为 72.31%。被试中有教师 114 人，占比为 87.69%，比例最高；校长 2 人，占比为 1.54%；学校中层干部 11 人，占比为 8.46%；教育行政人员 2 人，占比为 1.54%；其他人员 1 人，占比为 0.77%（自由职业者）。被试中 36 人来自城市（含县级市），占比为 27.69%，94 人来自乡镇（含山区），占比为 72.31%。按经济水平划分，发达地区 7 人，占比为 5.38%；欠发达地区 56 人，占比为 43.08%；不发达地区 67 人，占比为 51.54%。按学历划分，硕士及以上 3 人，占比为 2.31%；本科 98 人，占比为 75.38%；大专 28 人，占比为 21.54%；中专及以下 1 人，占比为 0.77%。

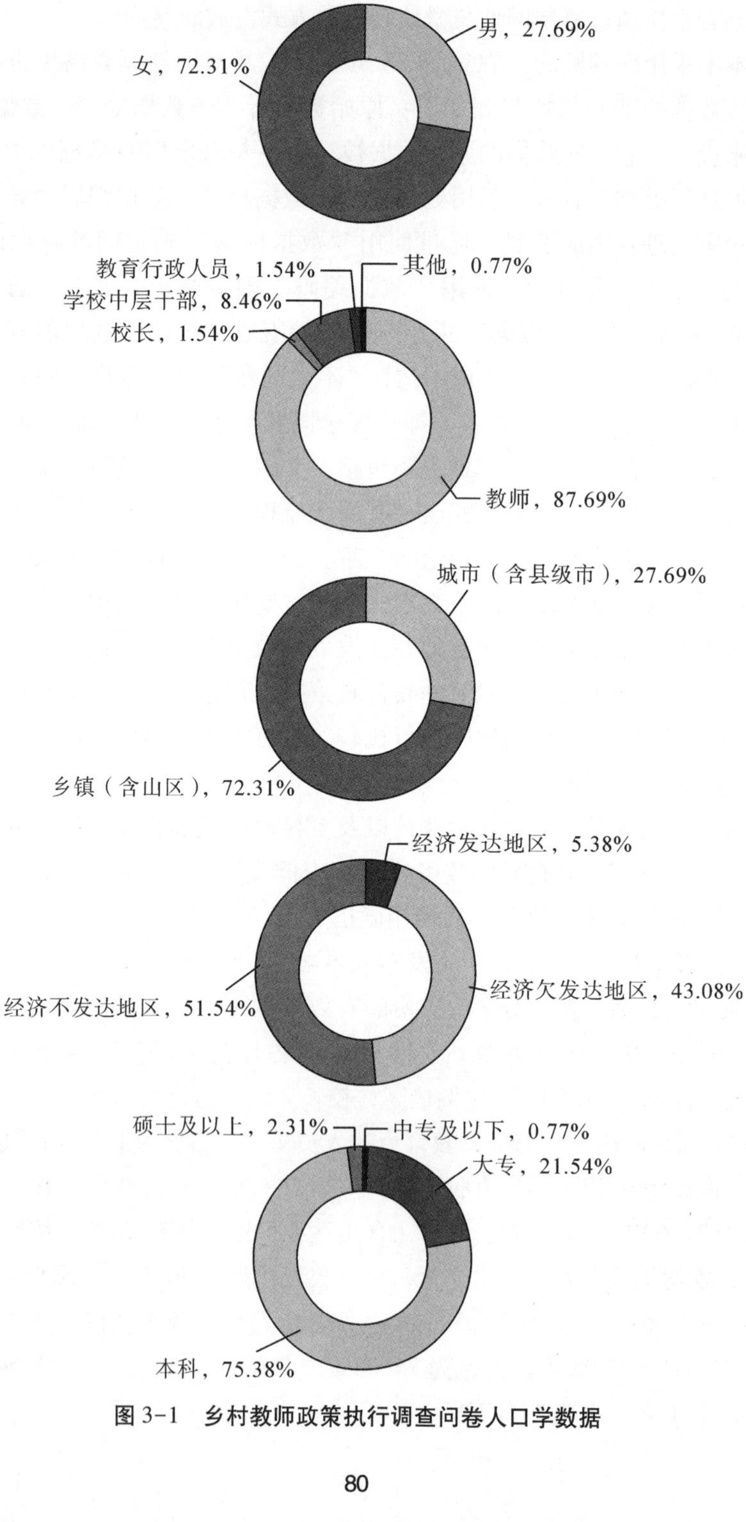


图 3-1　乡村教师政策执行调查问卷人口学数据

本书的另一个量化分析的手段是利用文献计量可视化分析对乡村教师政策相关问题做预判。具体操作如下：利用中国知网的“高级检索”功能，在检索输入区的一级检索框选择主题并输入“乡村教师政策”；按精确模式，将检索控制区的“时间范围”限定在2015—2021年；在“来源类别”中勾选“北大中文核心”期刊与“CSSCI”期刊两项，得到检索结果68条；根据本书的研究需要对搜索结果进行筛选和数据清理，旨在通过文本分析、内容分析等手段，对乡村教师政策、专业发展政策及其执行可能存在的问题做一个基本预判。

第三阶段，质性研究部分。首先，为了深入了解被试对乡村教师专业发展政策执行的认知、态度、价值偏好，笔者编制了“乡村教师专业发展政策执行访谈提纲”，主要采用面谈、电话访谈等形式。其次，综合考虑学历、任教年限、专业发展水平等因素，以区域内的三位中小学乡村教师为案例研究的原型，通过对其2019—2021年参加的培训课程、相关专业活动、自主专业反思、学历提升等教学与日常生活做详细梳理，以探究其专业发展意识及层次。最后，对2016—2022年国家宏观层面及省级（自治区、直辖市）层面教育管理部门发布的政策进行文本分析，以探寻乡村教师专业发展政策靶向的关键问题及趋势。

## 第二节　乡村教师专业发展政策执行的问题审视

本书遵循“以人为本”的价值取向，以OECD可视化框架为系统分析乡村教师专业发展政策执行实然的框架，期望基于批判性借鉴“专业资本理论”的先进思想来推进乡村教师专业发展，切实将“乡村教师是乡村振兴的第一资源”变为实践现实。以史为鉴，实现乡村教师队伍建设的跨越式发展离不开国家战略的顶层设计与切实关注。自乡村教师群体成为宏观政策的倾斜对象以来，中央和地方政府制定出台了与其息息相关的各级各类政策。事实证明，在公共领域，若想为一个盘根错节、纷繁复杂的问题提供有效的解决方案，矛盾内部的自发性力量固然是根本性的，但来自矛盾外部的力量也是极其关键的。因此，乡村教师专业发展既需要乡村教师、乡村学校、乡村教育乃至整个教育系统的自力更生，也需要政府高屋建瓴、统筹兼顾，为乡村教师、乡村学校、乡村教育及整个教育系统不断地制定与推出“标本兼治”的政策“组合拳”，即以问题为导向，立足现实、面向未来培育可持续的“政策丛林”。

不论从国家战略层面、学术研究聚焦层面还是从媒体舆论导向层面，越来越多的关注度都投向了乡村教师这个群体。乡村教师的补充培养、生存待遇、职称评聘等问题得到了一定程度的解决或改进。然而，无法否认“好政策办坏事”的情形依然时有发生，尤其是政策执行“最后一公里”的矛盾也是客观存在的事实。鉴于此，本节的主要目的是以 OECD 可视化框架作为分析参照，从政策设计、政策执行主体、政策执行环境与政策执行策略四个维度，对现阶段我国西部地区乡村教师专业发展政策执行存在的问题进行梳理与审视。

## 一、政策设计契合度审视

由上而知，根据 OECD 可视化框架，智慧教育政策设计（SPD）维度的三个基本原则是合理性、逻辑性及可行性。可以借用一个形象比喻来形容政策设计与其三个基本原则的关系：政策设计好比一个提纲挈领的端点，三个基本原则分别以其为公共端点向不同方向衍生，直至构成一个稳定的立体三角形结构。这三个基本原则属于抽象概念范畴，不易被理解与阐释，必须将其进一步分解为具体、可操作的指标，进而将其转化为实践行动。

### （一）“合理—逻辑—可行”三维立体的教育政策设计

首先，教育政策设计需要满足的第一原则是合理性。一项教育政策的讨论与制定方式的选择要么是基于对某种教育需求的回应，要么该政策回应的是人们对该需求的觉知。不论是何种情况，为了促使解决方案的生成、使之获得正当性并被成功执行，必须对该需求进行清晰的勾勒。教育政策应该具备什么特性才能第一时间被执行？主要涵盖以下两种情况：非常紧迫且被赋予优先权的政策以及表述最清楚或被很好地合理化的提案。事实上，理想状态下，教育政策针对的问题分析以及相关政策选项指向的结果性选择，应建立在证据以及良好的知识体系这两个重要基础上。这要求教育政策相关主体应该具有对教育领域、社会经济、文化、人口及政治环境的充分理解，同时也要熟知政策系统中诸如行动主体及其博弈策略等变化机制①。当然，理想与现实存在差距的客观事实使学者追求更高研究境界有其可能和空间。总之，在政策设计时，预先把政策执行作为一个重要环节纳入政策整体中考虑，在政策执行过程中，要将政策设计的愿景贯穿于执行的各个细节之中。在必要时刻，要对政策总体目标进行调试与修正。基于合理性原则，政策设计的核心任务主要包括对政策现实性基础、政策拟对症的问题特征以及政策决策者分析问题方式的澄清，这将触发有意义的执行并促使利益攸关者形成支持政策改革的共同体。同时，为了激发教育政策行动主体与支持者推进政策向前，政策合理化过程中还需要就政策执行的预期结果做清晰的观点呈现。

其次，就政策设计的逻辑性原则而言，着重厘清相关政策的三个关键方面及其内在逻辑性，即目标、目标群体以及政策演进规律。在实践中，有两组成对概念比较容易混淆，一组是愿景与目标（vision vs. goals）。二者如何区分？前者涉及理念与思想，通常指抽象的表达；后者着重与现实情境相联系，通常指具体的目标描述及其实现的可能性。另一组是目标与对象（goals vs. targets）。教育政策通常直接指向政策的使用者与受益者构成的具体目标群组。例如，课程改革涉及两个目标群体：教师与学生。同理，乡村教师专业发展政策涉及的主要目标群体是校长与教师。足见，在政策设计时为避免不必要的概念混淆，应该对政策愿景、总体目标、目标对象等事先做出规定，力求使其清楚而具体。此外，保证政策设计逻辑性的另一个重要条件是政策主体了解与掌握政策演进规律。政策的因果律不仅解释了其变迁的原因与方式，而且有助于相关人员参与进来并获得指导。在其早期的研究中，Sabatier 和 Mazmanian 就强调了“寻找将政策问题与决策者期望政策目标对象产生的行为变化联系的理论的重要性”②。这足以说明，研究者注重理论的探索由来已久。总的来说，政策设计的逻辑性原则规定了必须对政策总体目标及目标对象做具体化处理，同时，只有政策主体基于对政策变迁的理性认知，才能认同政策、积极参与并从中获得指导。以上三者无疑对理解政策执行前的挑战、执行中的走势以及执行后的结果意义重大。

---

① HADDAD W, DEMSKY T. Education policy-making process: an applied framework [R]. Paris: UNESCO, 1995.

② SABATIER P, MAZMANIAN D. The implementation of public policy: a framework of analysis [J]. Policy studies journal, 1980, 8 (4): 538-560.

最后，就政策设计的可行性原则而言，着重考虑现实的资源条件。富兰指出，在制定某项政策时，决策者面临诸多掣肘，其中，确保方案通过的必要性可能使其更多地聚焦于什么是政治可行而非实际可行①。人们普遍担忧的是，促使政策生效的资源或者技术可能无法获取。有研究者对可行性缺失可能造成的严重后果早有预见，他提出可行性缺失的政策设计“会使决策者与执行主体陷入被要求以无法实现的方式将某项政策付诸实践的艰难处境”②。以上两种观点说明，政策设计与政策执行不是互相孤立的环节，两者天然有联系。政策设计是政策执行的纲领，政策执行是政策设计的保障，但二者却有着本质的差异。大量实践表明，政策执行过程中，受现实条件的客观影响，于决策者而言，在尊重政策逻辑与使其发生之间往往有必要存在一个裁量空间。

通过对政策设计三个基本原则的阐发，旨在表明：在一定程度上，决策者早期发展的诸多政策要素将决定其后期执行过程。也就是说，厘清政策的缘起与基本原理以及决策者多大程度考虑执行的可行性，这些都影响着政策是否被执行及其执行方式。总之，政策设计在这三个原则的有力支撑下可以很大程度地提高政策效率并尽可能地规避未来政策实践中的主要风险。只有对政策进行合理、逻辑及可行的设计，才能进一步接近“智慧政策设计”的境界。

### （二）系统执行观视域下的乡村教师专业发展政策设计问题

以上重点探讨了政策设计之应然，接下来笔者将转向其实然呈现。以OECD可视化框架中的教育政策设计维度及其具体指标为参照，结合文献资料及数据统计分析，现阶段我国西部乡村教师专业发展政策执行可能存在以下不足：乡村教师专业发展政策设计的合理性程度有待提升、逻辑性程度有待突破、可行性程度有待精准化。其客观表现可概括为：其一，乡村教师专业发展政策设计没有回应乡村教师的主体性需求；其二，乡村教师专业发展政策设计的循证进路与知识体系搭建基础不够深厚；其三，乡村教师专业发展政策设计存在“一刀切”势头，缺乏层次性与多样性。

首先，教育政策设计主体性需求缺位。具体展开来说，就理论层面而

---

① FULLAN M. The new meaning of educational change [M]. New York: Teachers College Press, 2015.

② COMFORT L. Education policy and evaluation : a context for change [M]. New York: Pergamon Press, 1982.

言，乡村教师主体性需求是一个深层次的问题，但目前来说并不属于最紧迫的问题。由于区域及城乡发展不平衡等因素，能切实发挥促进乡村教师专业发展的保障性政策目前不够完善。这直接导致乡村教师长期以来在政治、经济、文化甚至专业方面处于边缘地位。有研究者提出乡村教师正在陷入“双边缘化”地位的论断。在其看来，一方面乡村教师对于城市市民而言表现出“向农”倾向，他们对城市生活的快节奏及都市文化的多样性感知等表现出不适应；另一方面，对于乡民来说，他们则表现出“离农”倾向。由于乡村学校的高耸围墙将乡村教师与乡村儿童、村民及乡民社区无形地区隔开来，乡村教师成为乡村社区的“城市人”，在生活习惯、行为方式、休闲娱乐、价值观念等方面表现出较为显著的差异。该学者无疑形象地描述了当前部分乡村教师心理及文化等方面的困境。

根据马斯洛的需求层次理论，人具有不同层次的需求，包括生理需求、安全需求、归属需求、尊重需求及自我实现需求。这五种需求从低到高呈“金字塔”形排列，一般情况下，只有较低层次的需求得到满足之后才可能产生较高层次的需求。按此推断，作为教育系统中显著弱势群体的乡村教师，当前阶段最紧迫的需求应该是满足较低层次的生理与安全需求，其客观指标表征为工资、生活补助、住房周转金等。事实上，自乡村教师群体成为国家战略政策的倾斜对象以来，党政机关、教育主管部门所颁布的以乡村教师为目标群体的诸多政策正是按照循序渐进的思路而设计的。

以《乡村教师支持计划（2015—2020 年）》为代表的乡村教师政策，从属性上讲，主要涉及乡村教师发展的外部支撑与保障，如生活待遇、职称评聘、职业吸引力提升等，体现的是党和国家从宏观层面的顶层设计对乡村教育的关怀、对乡村教师的关切，这是一个自上而下的持续“输血”过程，遵循的是“雪中送炭”的价值引领。当然，这并不意味着国家顶层设计完全没有考虑作为教育“短板”的乡村教师专业发展问题。客观上讲，国家对乡村教师队伍建设的部署工作要远远早于对其生活境遇的关注。如 2004 年的“硕师计划”、2006 年起开始实施的“农村特岗教师计划”、2007 年提出的“免费师范生计划”、2010 年起在全国推行的“国培计划”等诸多政策，有些侧重乡村教师的职前培养与补充，有些侧重乡村教师的职后培训与研修，其目标方向是一致的，即均以提升乡村教师师资质量为政策标的。各级各类政策经过一定时间的“发酵”正在持续发挥作用，乡村教师队伍建设在多套政策组合拳的影响下从外延拓建正在步入内涵式发展阶段。但政策过程中涌现的问题同样值得研究者审慎地思考，其中一些问题究其根源应该反映于政策设计的环节。

综观大多数乡村教师发展政策，从其设计的包容度来看，均存在一个问题，即乡村教师主体缺席。从理论的维度观之，并且假设政策设计不受任何政治力量的影响，最终能够顺利出台的政策必然至少具有两种特质：基于现实最好的选择（the best choice）或者未来导向的选择（the next choice）。这一情形较易使决策者秉持“上帝视角”误入“全知全能”的迷雾中而遮蔽了政策真正行动者——乡村教师的主体性。决策者理所当然地认为乡村教师是政策的目标对象，是被动接受者。这显然是从决策者的立场出发的，其潜在话语范式是“我们‘觉得’你们应该需要……”当我们尝试转换视角，从乡村教师的立场出发，其可能的话语范式却是“事实上我们真正需要……”理论与现实的矛盾给予决策者的启示是，乡村教师主体在场应该始于政策设计的最初环节，因为只有真正的行动主体才可能对其将要面临的问题与困境有切身的经验。

其次，政策设计知识基础不牢固。该问题主要涉及两个维度：证据与知识。其一，证据，其更学术的表达是循证。所谓循证（evidence-based practice，EBP），就是基于证据的实践，其理念始于20世纪末的循证医学，最初指“将当前所获得的最佳研究证据与自身的专业能力及患者的价值观整合起来进行治疗”。从这个界定的本源意义上讲，循证包含“诊断”的理念，这里的“诊断”既包括主体自发的诊断，亦包括来自他者的诊断。既有的乡村教师发展政策大多属于后者。这意味着乡村教师政策设计可能存在证据不够充分的局限，因为尽管决策者身后有智库、咨询团以及各种规范的程序，但其多半是基于理论研究者的“书斋式”的研究成果以及过往的经验教训，即便近年来关于乡村教师群体的实证研究大行其道，但现实依然是，乡村教师主体自发的诊断证据尚且没有受到应有的重视。

其二，知识。这里特指理想政策设计所需要的背景知识。应然的乡村教师专业发展政策要求政策主体应该不仅具有对乡村教育领域以及乡村社会经济、文化、人口及政治环境的充分理解，而且应该熟知政策系统中的诸如行动主体及其博弈策略等变化机制。然而现实图景却是，教育主管部门的决策者、专家、学者亟待增强关于乡村教师群体的知识储备。突出表现在于乡村教师发展政策设计环节的“向城性”显著。决策者、专家、学者所拥有的关于乡村教师群体的知识体系并不完备，他们处于“局外人”“旁观者”的角色，但常常将其主观视角过分代入乡村教师群体内生发展事务之中而不自知。乡村教师专业发展的困境问题有其复杂的历史、政治、经济及文化渊源，所以，在为乡村教师“量身打造”适切的专业发展政策时，政策主体应该有意识地基于更广阔的知识背景去决策。因为从客观层面讲，政策设计不可能脱离实践场域，只有亲自从其中搜集第一手资料，所做的决策才不至于与实践背道而驰。必须强调的是，乡村教师正是获取其发展政策设计第一手资料的源头。设计乡村教师专业发展政策时最不可或缺的知识就是关于乡村教师的知识。故而，乡村教师应该变被动为主动，积极参与到关乎切身利益的更多更广泛的决策之中。

最后，政策设计层次及形式单一。研究表明，我国的乡村教师是一个数量庞大的群体。数据显示，2019 年全国各乡村学校的专任教师有 244.8 万①。这个群体因区位、自然条件、地理环境以及学校等诸多因素的影响而内部存在较为显著的分化。尽管如此，乡村教师专业发展政策在设计理念方面目前较难做到“因材而设”。事实上，笔者在国家政府官网、教育部官网等权威网站政策库搜索，截至 2021 年尚未发现针对乡村教师专业发展的专门性政策，以与关键词“专业发展”的相关度来评判且对标乡村教师的政策近年有：教育部会同财政部等六部委联合出台《关于加强新时代乡村教师队伍建设的意见》，该政策明确提出“着力提高乡村教师的综合素质”以及“着力深化乡村教师管理改革”②；2021 年 7 月，教育部等九部门印发《中西部欠发达地区优秀教师定向培养计划》，提出“职前培养要构建政府—中小学—高校三方协同育人机制”与“重视并支持‘优师专项’计划师范生职后专业发展”，可见该政策的理论基础是终身教育理念，其具体表现为转向职前培养与职后培训一体化的教师教育，整体来看，乡村教师专业发展的前景是比较乐观的；当然，在乐观之余我们应该保有必要的警觉，因为既有的乡村教师政策多数与中小学教师共用一般性专业标准与规范，如《教师教育课程标准（试行）》《小学教师专业标准（试行）》

① 孟繁华. 构建指向欠发达地区教师培养的教师教育共同体［J］. 教育研究，2021（6）：28-30.

② 教育部. 教育部等六部门印发关于加强新时代乡村教师队伍建设的意见［A/OL］.（2020-09-04）［2021-10-28］. http://www.moe.gov.cn/jyb_xwfb/gzdt_gzdt/s5987/202009/t20200904_485110.html.

《中学教师专业标准（试行）》《中小学教师培训课程指导标准（专业发展）》以及《关于实施中小学幼儿园教师国家级培训计划（2021—2025年）的通知》，所列政策更多遵循的是普适性、标准化、规范性的价值旨趣。不以规矩，无以成方圆。但如果有必要，我们也需要在遵循标准的同时刻意关注特色，这样才有可能用创新的方法为特殊问题提供解决方案。既有研究中有足够的证据表明，一个学校内部教师与教师之间的差别甚至可能超过与另一所学校教师的差别。既然如此，我们有充分的理由相信，乡村教师群体中必然存在差异，其主要表现形式大体分显性与隐性，显性差异如学科、年龄、性别、生涯阶段等，隐性差异则可能是专业素养、综合素质、领导力、对外界变化的敏感度甚至更大范畴的文化多样性等。鉴于此，在设计乡村教师专业发展相关政策时，在遵循合理性原则、逻辑性原则及可行性原则的前提下，也许将乡村教师群体可能存在的特殊性及差异性纳入综合考虑的范畴，尽可能精准化地为其制定分层分类的专业发展政策也是值得尝试的。

## 二、政策执行主体参与度审视

同样，为了实现政策效益最大化，OECD可视化框架针对利益主体维度提出“全纳的攸关方参与（ISE）”。全纳（inclusive），其词性为形容词，该词有多种释义，此处其意取“包罗广阔的；范围广泛的”。“全纳的攸关方参与”主要包括四个关键因子（见图2-6），分别是主体确认，信念、利益及动机，能力，反应及行动。如果说政策设计维度主要解决政策的科学性问题，那么利益主体维度主要解决其价值性问题。原因在于：利益主体涉及的是人的维度，受利益的支配，人主动或被动地分为多个群体，不同的群体拥护不同的立场，有些立场在整体方向上是兼容的，但可能存在程度的差异，如集体主义立场与国家主义立场；有些立场可能在短期利益与长期利益上存在冲突，如个人主义立场与国家主义立场。在利益与立场之间存在张力进而决定政策的价值选择。该张力力量越大，政策选择的阻抗越强烈。也就是说，政策主体秉持的立场与其获得利益的张力越大，政策执行可能遭遇的阻抗越大。因此，将系统考虑政策利益主体贯穿于政策全过程是很有必要的。

### （一）可视化框架视域下的多元利益攸关方及其博弈

教育政策天然具有的复杂性规定了在其执行过程中必然存在多层次、

多维度、多领域的主体或主体群。其中，部分主体或主体群，如政府、教育主管部门、国际组织，因其对社会在政治及经济等方面具有强有力的影响为公众所熟悉，故而具有较强的辨识度，进而成为政策执行的主导性力量；与之形成鲜明的对比，另一些主体或主体群，如教师、学生、家长、社区，在社会中似乎处于失语状态，由于他们具有较低的辨识度故而往往处于权力的弱势一端，难免被动成为政策的目标对象。鉴于此，此处的主体身份确认包含两层含义：一是由外力牵引的被动确认；二是基于主体自觉的主动确认。需要强调的是，本书希望对那些传统意义上常处于被动确认的主体向自觉的主动确认主体转变做出一些努力。

由上可知，如果政策执行的本质就是对利益的分配与调节，那么利益即政策的最大杠杆。但事实上，这仅是一个基于政治学、经济学的过于绝对的假设。从文化学、心理学视角切入可能就会有完全不同的诠释。实践证明，基于利益追逐的动机在短时期可以被触发，但是从长远来看，对主体起持续性激发作用的力量是来自精神性的，如信念、意志或期望。尤其，当主体面临抉择的问题属于公共领域范畴或涉及公共利益时，文化、道德、集体认同、国家认同等更显形而上的观念将超越纯粹的利益立场。教育政策无疑是公共领域中一个典型的例子。教育不仅与每个人相关，且与个体的几乎整个人生都紧密相关，于人而言，教育既是目的也是手段。正因如此，不同的人获取教育的渠道不同，接受教育的程度与质量必然存在差异，这直接导致主体可能拥有不同的教育信念进而支持不同的教育政策选择。所以，假设要推进一项规模庞大、涉及诸多利益攸关方、社会影响深远的教育改革，从利益主体的维度，即从人的维度综合考量攸关方的信念、利益及动机，进而尽可能地消解攸关方之间的对立与冲突，最终指向一致性目标是有建设性意义的。

一切行动是建立在能力基础上的。能力建设是提升行动质量的最关键也是最有效的策略。遵循政策的主体逻辑要求，在妥善解决主体身份迷失、主体利益分歧两个棘手问题之后，攸关方的能力建设是必须始终持续关注的重要工作任务。在第二章已经提到，根据 Malen 的界定，能力指的是“主体拥有的资源、技能及其将资源转化为政治影响力的意愿，其中，资源指涉主体拥有的特权、关系及个体属性等”。可见，此处的能力取其广义，既包括具体的能力指标，也包括抽象的概念资本，因此，它具有丰富的内涵。由于政策主体复杂多元化，故在思考能力建设时应该采取分层分类的方略。

根据在政策运行各环节中其担当的角色差异判断，在教育政策领域首先应该注重能力建设的主体是正式的执行机构工作人员。于他们而言，能力的内涵应该包括政治权威、物质资源及专业水平。教育政策的另一类执行主体的能力建设也应当置于筹划之中，他们就是常常被锚定为目标群体的学校领导与教师，尤其是后者。事实上，以课程改革为例，在教育政策的微观层面，校长与教师是执行的关键主体，因此，其能力建设指向校长的领导力与教师的专业发展水平。并且，两个群体的能力建设有着密不可分的关系，事实上二者相互依存、互相成就。也就是说，校长的领导力提升对促进教师专业发展有正向作用，同时，教师专业发展水平提升将对校长领导力提出更高的要求。从发展的角度看，校长领导力的开发应以服务教师专业发展为出发点和落脚点，因为教师专业发展是学校提高教育教学质量的动力系统。当然，二者的能力建设无一例外地需要来自政府的外部支持，这合理解释了专家与研究者建议政府增加对教育改革关键行动者投入的缘由。此外，于教师与校长而言，他们有必要进行能力建设的另一个方面是其实施、不断推进、调整与发起新一轮教育改革的能力。以上三者共同构成了学校场域教育改革者能力建设的主要内容。在第二章已经明确指出，该能力建设可以依托一定时期内提升校长与教师能力的方式，也可以通过政策培训的方式。第一种方式对人力资源以及对时间的投入成本要求很高，但取得的效果是长效性、综合性、系统性的；第二种是决策部门惯常采用的方式，旨在较短期限内使政策目标群体尽可能了解给定政策的相关细节，如愿景、总体目标、组织机构、执行策略等，以便降低政策成本、提高政策效率。显然，其效果会在短期内显现，其有效性也确实获得了实践的证实。有研究发现，那些教师越能理解学习政策测评逻辑的学校，越有可能让政策更有效地被执行①。理想的能力建设路径应该既包括基于现实迫切需要的短期策略，又包括基于未来发展需要的长久之计。

能力建设的主体不仅包括“以人为中心”的能动主体，即正式的执行机构工作人员以及学校这一层级的校长与教师，还包括“以工作运转为中心”的职能主体，即组织，如学校与执行机构。这意味着能力建设范畴还

① HOPFENBECK T, PETOUR M F, TOLO A. Balancing tensions in educational policy reforms: large-scale implementation of assessment for learning in Norway [J]. Assessment in education: principles, policy & practice, 2015, 22 (1): 44-60.

需要涵盖组织能力建设。学校与执行机构的能力强弱一方面取决于其内部工作人员，另一方面由组织环境决定。组织环境一般由相对固定的组织原则、相对稳定的组织架构以及内部成员多数认可的运行程序有机构成。环境对组织有塑造作用，以此类推，于组织内部而言，政策是来自系统外部的作用力，组织环境必然影响组织对政策的回应方式。而其回应方式与程度正是该组织能力建设的客观表征。Bell 与 Stevenson 的研究无疑是对此的一个有力明证：其一，考察了组织程序、规则与政策执行过程的关系；其二，考察了组织程序的有效性及其对新政策反应能力与政策执行进度的关系。另有研究者对组织能力建设的更具体表征做了探讨，发现学校领导力、管理及文化深远地影响人们执行以及持续改革的准备程度与能力①。

于决策者而言，一项政策经历整套合法程序最终被正式发布仅仅是政策推进的起步。关于利益主体维度方面，影响政策是否得以执行及其执行方式的第四个重要变量是攸关方对政策的反应及行动。政策最终是由人来落实的，但并非所有与政策相关的人都理解、认同并从行动上支持政策的推进。一般情况下，政策的支持者数量越多，政策遭遇的阻力越小，其被执行的可能性越高。鉴于此，政策执行机构应尽可能通过更广泛的公共传播途径，如政策发布会、答记者问、媒体宣传、联席会议等，以增进其他利益攸关方对政策的了解与认同。

（二）系统执行观下的利益攸关方参与问题

上文详尽阐释了采取全纳攸关方参与的重要性与必要性，以此为对照，接下来笔者将重点梳理现实中政策利益主体维度可能存在的问题。以利益主体维度指向的四个具体指标为参照，通过文本分析，结合质性研究结果，现阶段我国西部乡村教师专业发展政策可能尚存在以下不足：乡村教师专业发展政策利益主体身份有待再确认、利益冲突有待平衡、能力建设有待加强以及政策受体反响有待关注。其对应的客观表现可概括为四个要点：其一，乡村教师专业发展政策主体不明确、权责不明；其二，乡村教师专业发展政策攸关方教育信念不统一，尚存在利益博弈；其三，乡村教师专业发展政策主体能力建设不足，协同意识阙如；其四，乡村教师专业发展政策主体沟通机制缺失，“独裁”与“冷漠”两极分化较为严重。

首先，政策主体的确认尚不明确。从政策主体的工作性质的视角切

① DATNOW A. The sustainability of comprehensive school reform models in changing district and state contexts [J]. Educational administration quarterly, 2005, 41 (1): 121-153.

入，乡村教师专业发展政策主要涉及教育主管部门、教师教育机构、中小学与教师四大类主体。我国现行的教育行政组织机构，在纵向上分为：中央、省（自治区、直辖市）、地（州、盟、省辖市）、县（县级市、旗）、乡五级教育行政组织机构。在横向上，每一级教育行政机构又有不同的设置，并具有不同的职能①。显然，采取自上而下的层级制是由我国的行政组织原则规定的，以上所列的五级组织机构根据其各自统辖的范围，从层级上可划分为宏观、中观与微观三级，分别对应国家层面、省级层面与地方层面。从以上说明可知，各级教育主管部门之间及其内部的组织架构是较为复杂的，因其职能设置存在差异，要使之步调一致、目标统一不是一件容易的事。退一步讲，即使各部门的目标一致，也可能因信息传递过程中的曲解、误用、挪移现象而出现执行不足、偏差甚至异化。

教师教育机构一般包括承担师资培养培训任务的高等师范院校及综合性大学、研究机构与教师培训机构，其中高等师范院校又可细分为部属师范大学、省属师范大学以及地方师范院校。传统意义上，以上主体的运行模式依托的是几乎封闭的系统，主体间有业务交集的仅是小部分且多半具有层级差异。各级师范院校的“归属”不同导致其“身份”与“待遇”不同，这在一定程度上造成主体之间缺乏平等交流、沟通合作的“感情基础”。到了学校一级，受传统科层制的影响，“无形”的等级依然存在。物以类聚，人以群分。学校内部自然分成了校长—中层干部—教师三级，甚至在教师一级还存在以学科与年级为划分标准的更细化的分级，如年级主任、教研室主任、学科带头人等。如此繁杂的层级是为了更细致地分工进而使各职能主体各司其职，上下贯通、有条不紊地推进工作。同时，我们也应该看到，政策的上传下达，如一项事关教师切身利益的政策从教育最高主管部门发出直至传达到教师个人，要直接或间接地经过很多媒介。在此过程中，信息是否百分百传递是要接受质疑的，即使政策文本是确定的，但解读与执行文本的行动主体具有或然性。

正因为有如此复杂、庞大的关系链存在，“认同政策执行的复杂性”这件事变得没有那么困难。承认政策执行的复杂并不意味着可以对其存在的问题视而不见。经过客观地考证，乡村教师专业发展政策执行主体不明确、权责不明晰的问题具体表现在三个方面。

---

① 张新平．教育行政组织的发展与创新［M］．南京：南京师范大学出版社，2003.

第一，教师教育机构各主体缺乏联动、各自为政。由于受封闭的传统师范教育范式影响，教育机构不仅彼此间的开放性不足，而且不同类型与层次的机构在师资、人才培养、办学理念等方面存在较明显的差距。造成如此差距的主要原因是国家政策对其的重视程度以及教育经费投入的多少。这样差别化的政治与经济待遇会造成教师教育机构各主体之间地位不平等。地位的不平等将引致参与权、话语权以及决策权的不平等。长此以往，这种不平等形成了顽固的信息壁垒，阻碍了各主体之间的信息沟通与资源共享，使之难以形成发展共同体。具体来说，部属师范大学在教师教育领域具有得天独厚的“顶端优势”，应该在理论引领、实践创新以及技术性支持方面发挥“排头兵”的作用；省级师范大学的教师教育传统优势也比较明显，可以对本辖区师资培养及为周边省份输送优秀师资发挥一定程度的辐射作用。相比而言，地方师范院校的发展囿于客观条件而受到诸多掣肘，但不可否认，地方师范院校有其特色及不可替代的区位优势，因为它们是乡村教师培养最直接也是最主要的阵地。此外，地方层面的教师培训机构主体是县级教师发展中心，该主体是在整合先前的教师进修学校、教研室、教科所、电教馆四部门资源的基础上建立起来的四位一体联动体系，其主要职能是加强本辖区在职教师队伍建设以及促进其教师专业发展。以上提及的教师教育主体分工明确、各司其职，各自运行在其正常轨道上，这既有其积极的一面，如降低运行成本、提高运行效率，但也有其消极的一面，即教师教育资源配置不均衡、教师教育资源使用效率与整合效率较低、教师教育师资质量参差不齐、教师教育课程迭代迟缓、教师职前培养与在职培训脱节等。这些消极表现与教师教育机构开放性不足、主体间缺乏联动、各自为政有较强的相关性。

第二，中小学校作为微观层面教师专业发展政策执行主体尚未得到确认。有人说，好校长造就好学校，亦有人说，好学校成就好校长。尽管人们对“好校长”与“好学校”的界定会存在差异，但这不足以妨碍人们对二者之间的关系达成共识：校长与学校的发展休戚相关。不过这只能代表部分真相。有充分证据表明，决定中小学学校发展的因素绝对不是物质投资，也不一定是校长及其领导力，而是教师质量且必须是教师的高质量。援用一句俗语：“铁打的营房，流水的兵。”这用在学校场域照样适用，因为乡村学校存在“铁打的教师，流水的学生以及流水的校长”的典型现象。最糟糕的现象莫过于“流水的学生、流水的校长以及流水的教师”。

这无疑充分揭示了学校发展与教师两者之间的休戚相关。学校与教师的应然关系是：前者是后者专业成长的摇篮、专业情感的归宿以及专业信念的坚强后盾，后者是前者高质量发展的关键、文化发展的灵魂以及理念发展的动力之源。

然而，在现实中，我国对中小学教师质量的关注大多还停留在理论层面，部分区域的乡村中小学甚至理论与实践都较为缺失。这意味着，现阶段部分乡村学校面临教师专业发展意识缺乏以及专业发展理论贫乏的困境，以至于无法为教师提供专业发展的物力、智力及文化支持。这从侧面反映出，教师专业发展政策在一定程度上还未进入乡村学校场域。虽然不排除校长一级已经接受过相关政策培训，但至少说明在乡村教育场域，教师专业发展政策输入较为不足，既没有生成游离的舆论导向，也没有形成广泛的规模效应。足见，良好的政策输入是乡村教师专业发展政策循环过程不可或缺的一环。

根据信息加工理论，人是对信息极其敏感的能动主体。人接收什么样的信息就会做出什么样的反馈。也就是说，一方面，如果学校未主动将自己确认为教师专业发展政策的执行主体，那么它将无法接收政策输入的“源信息”。按照应然的乡村教师专业发展政策设计，乡村学校本应该是政策执行的主体（这里的主体必须同时包含权威确认与自我确认两层，缺一不可），但事实上，乡村学校的政策执行主体地位既没有得到权威确认（政策），也没有得到自我确认（学校），这直接导致一个结果：乡村学校对教师专业发展政策执行的直接责任感知迟滞从而无法成为积极主动的政策代理（policy agents），即乡村学校缺乏教师专业发展政策所要求的专业发展理念与专业发展文化。乡村学校的主体确认失败使其无法塑造出具有高水平专业发展的乡村教师。另一方面，乡村教师作为应然的专业发展政策执行的另一个关键主体，其政策输入是缺失的，即使少数骨干教师与校长通过参与“国培计划”等项目成为政策的直接受益者，进而催生了一定程度的政策意识与认同，但也只是少数。乡村学校内部多数教师对专业发展政策无意识，致使学校对自身作为教师专业发展政策执行主体确认失败，进而阻隔了其对乡村教师下一步政策传导的进程。这意味着乡村学校无法给予乡村教师作为政策执行主体的权威确认，乡村教师囿于客观上的信息不对称以及主观上的政策知识储备局限，自然也无法完成自我确认，即这一目标群体在客观层面与主观层面均没有得到主体确认。这无疑使乡村教师与教师专业发展政策“绝缘”。

第三，乡村教师作为教师专业发展政策执行核心其主体意识尚未觉醒。事实上，这正是乡村教师无法完成自我确认的最根本原因。就乡村教师专业发展政策执行主体而言，以上所列的教育主管部门、教师教育机构及中小学校三类从其本质属性来说都属于外在主体，只有乡村教师属于内在主体范畴。从这个意义上讲，乡村教师才是其专业发展政策执行的核心主体。然而诸多证据表明，多数乡村教师目前尚未做好充分的角色准备，具体指向知识、能力以及心理等多元维度。综观乡村教师的群体画像，不论是媒体宣传，还是政策文本定位，抑或是研究者通过量化或质性研究方法得出的客观描述，大体都被框定在“薄弱”“短板”“困窘”等消极形象之内。此种局面有其历史、客观的主要原因，但也有其个体消极选择、主观的次要原因。同乡村学校面临的困境相似，乡村教师无法完成作为教师专业发展政策执行主体的确认，由上而知，一是因为信息不对称，二是由于政策知识储备的局限。实际上，还有一个重要的原因无法回避，即其主体意识尚未觉醒。也就是说，乡村教师错误地将以上所列的三类外在主体确认为教师专业发展政策的执行主体。与此同时，其认为自身只是被动执行的目标对象，且缺乏将自身与执行主体责任关联的意识。结果就是，乡村教师将专业发展政策执行解读为一种外力强加的义务，而不是自身应享有的权利或内在追求的价值。

其次，利益攸关方立场尚不一致。依据 OECD 可视化框架的阐述，教育政策执行的利益攸关方包括正式的机构与组织，也包括非正式的个体与团体。具体来说，学校一级主要有校长、教师、学生及家长；地方一级主要涉及地方政府、教育主管部门及社区；区域或国家一级涉及政府及教育主管部门，也包括培训机构与教育材料供给商。此外，利益攸关方还包括国家政府设立的相关机构，如行使评估、监督及改善职能的机构、研究机构、教师培训机构、国家领导力或师资机构、教育部及其职员与委员会。足见，在乡村教师专业发展政策执行过程中涉及的利益攸关方也是如此复杂。事实上，尽管乡村教师专业发展是一项利国利民的公共事业，但现实中的乡村教师专业发展政策利益攸关方在追求共同的教育理想、坚定共同的教育信念方面尚未达成一致。也就是说，利益攸关方可能存在不同的价值选择，因为信念对价值有中介效应。二者关系的表达式为：信念 ↔ 价值。

拥有不同信念系统的人必然在价值选择方面表现出差异，究其价值差异的本质是利益分歧的客观表征。由此可以推导出：利益决定价值，表达式为：利益→价值。综合省视利益、信念及价值三者之间的关系，利益是价值的前提与基础，它决定价值；同时，信念对价值有中介效应，信念作用于价值，价值也可能反作用于信念。因此，出于操作性需要，笔者将三者关系的表达式简单呈现为：

信念<br>
利益←——→价值

显然，攸关方利益具有复杂的内涵，不论从形式还是实质来看都是复杂结合体，这一点可以从 Malen 对其所作的定义得出，他指出，利益是“集合了价值观、观点、倾向、性格、偏好及信念的复杂网络，体现的是攸关方对公共问题与有关政策解决方案的觉知”。因此，识别各攸关方利益的弥合度可以预测给定政策是否可以顺利执行以及执行程度。攸关方利益对政策执行有动力作用，当政策愿景符合多数攸关方利益时，将正向增强政策执行的可能性；当政策愿景与多数攸关方利益相悖时，将负向减弱政策执行的可能性。鉴于此，推进政策执行的第一步就是要尽可能地调和多数攸关方的利益，进而使其与政策愿景的大致方向保持一致。

遗憾的是，目前看来，乡村教师专业发展政策的美好愿景与攸关方利益的弥合度不够，尚存在冲突。从攸关方的立场视角切入，乡村教师专业发展政策利益攸关方秉持的立场主要有国家立场、学校立场及教师立场。以上三种立场决定了三种不同的利益分化表现形式：国家利益、集体利益及个体利益。三者中，前二者均具有公共属性，但其范围与程度有所区别，将两者相比较，国家利益除自身具有的特定属性之外，其统摄性必须加以强调，而集体利益更突出的属性是其地方性，第三者个体利益从其范畴而言具有私人属性。可见，理论上只有合理回应了以上三者的利益诉求，才能平衡三方的利益分歧进而顺利推进政策执行。也就是说，乡村教师专业发展政策执行需要综合考虑国家立场、学校立场与教师立场三者之间的利益融合点。

然而对照现实，尽管乡村教师专业发展政策是基于国家立场制定的宏观顶层设计，但由于行政组织机构存在事权、财权及人事权等复杂关系网络的纵横交织，国家立场与学校立场在现实情境中会产生冲突甚至错位。国家立场必须着眼于保障长期、整体的系统性利益，而学校立场可能更关注短期、局部的紧迫性利益，长期来看，后者必须与前者保持高度的一致，但允许在国家立场与学校立场之间存在一定的自由裁量空间，即学校可依据地方性需要以及自身运行情况制定乡村教师专业发展实施方案。以国家立场为导向也好，秉持学校立场也罢，乡村教师专业发展实施方案最终要由乡村教师来落实，这意味着在将政策理想变为政策现实的过程中必须权衡考虑乡村教师的立场。但在现实中，我们往往看到学校立场与教师立场或多或少存在矛盾与冲突。学校方面存在的比较突出的问题有：乡村学校管理理念落后、组织结构松散、运行效率低；教师方面存在的比较突出的问题有：工学矛盾、发展意识淡薄、内生动力疲软。

再次，政策主体能力建设尚不强。由上而知，在政策执行领域，政策主体这一维度的第三个重要影响因子是执行主体的能力。Malen 将其概括为“主体拥有的资源、技能及其将资源转化为政治影响力的意愿”，足见该能力具有丰富的内涵。不仅如此，针对不同主体在执行过程中扮演的不同角色，其能力所指有所区分。既有研究主要关注以下三类政策执行关键主体的能力及其内涵：正式执行机构工作人员、教育者队伍以及组织。其中，正式执行机构工作人员的能力指其具有的政治权威、物质资源及专业水平；教育者队伍的能力指教师的专业发展与校长的领导力；组织的能力指两个方面，即内部工作人员具备的能力与组织环境，其中后者由组织原则、相应的组织架构以及内部程序构成。需要强调的是，此处的能力既包括存量也包括可能的增量，即既指主体已经具有的能力及影响力的大小，也指通过手段对能力进行建设与提升。

据此反观现实，不难看出当下乡村教师专业发展政策执行主体能力建设尚显不足，协同意识也较为欠缺。第一，就正式执行机构工作人员而言，其具有政治权威，但可能存在“政治权威较大，民主氛围不够”的问题。其物质资源通常是按不同层级逐级分配的，因此资源的配置与执行主体层级成正比。但现实中问题往往出现在层级的最底端，可是其得到的资源却是最少的。据此不难看出问题的所在，物质资源的配置不是按需分配而是按等级分配，这违背了事物发展的规律。至于其专业水平，还有很大的进步空间。事实上，研究表明，从一定程度而言，当下的政策理论研究与政策实践是脱节的，具体表现在，政策决策者及执行者并不一定具备政策理论知识体系，而政策研究者大多缺乏直接的政策经验或基层政策实践。也就是说正式执行机构工作人员的专业水平有待提高，应该加强其专业意识、专业知识、专业策略等方面的学习与培训。第二，就教育者队伍而言，乡村教师专业发展的水平尚处于较低层次，教师专业发展意识普遍较为淡薄，“乡村教师专业发展水平调查问卷”中“专业发展理解”题项的结果显示，被试236人中，选择一级水平的18人，占7.63%，选择二级水平的69人，占29.24%，两部分相加占36.87%，据此判断，专业发展意识淡薄的乡村教师占一定比重。乡村校长尽管有丰富的各级各类培训经历，但其领导力仍然有待加强。其中比较凸显的问题是，如何由传统的“管理思维”向“治理思维”转变，由“重知识”向“重能力”转变，由“重硬件”向“重软件”转变。第三，就执行组织而言，一方面，其内部工作人员的能力建设同正式执行机构的工作人员一样，在物质资源与专业水平两方面尚有欠缺。另一方面，由组织原则、组织架构以及内部程序构成的组织环境需要进一步优化，具体表现为组织架构冗余，一定程度上还保留着垂直的层级制传统，其内部程序开放性不足、民主氛围不浓厚，教师的知情权、参与权、话语权等权利的保障力度不足。

最后，政策主体沟通机制尚缺失。由上而知，政策利益攸关方这一维度的第四个重要影响因子是其对政策的响应。上文已经提到，乡村教师专业发展政策的利益攸关方目前仍然面临“主体身份有待再确认”“利益冲突有待平衡”“能力建设有待加强”等比较严峻的问题，这些问题的存在对政策是否执行及其如何被执行产生了较强的负向影响。同时，这些问题将综合作用到政策主体对政策的反应之上。在OECD可视化框架中，根据Viennet与Pont的观点，服务供给者、教师、校长以及家长目标一致地支持改革可以显著增加给定政策被有效执行的概率。同样，对于乡村教师专业发展政策执行，其利益攸关方中的重要执行主体——政府、教育主管部门、教师教育机构、中小学校与教师若能就政策目标达成一致并用实际行动支持政策的推进，相信政策执行的效果会让多数利益攸关方满意。也就是说，面对利益攸关方存在利益博弈的事实，政策决策者及正式执行机构应通过协商与沟通等方式平衡其利益分歧，进而使之形成利益共同体、执行共同体以及发展共同体。

遗憾的是，在现实情境中，各利益攸关方因秉持不同立场而对政策做出不同的响应，甚至可能出现矛盾与对立。就政府而言，尤其是地方政府，依照《教育部等六部门关于加强新时代乡村教师队伍建设的意见》的规定，地方党委和政府是乡村教师队伍建设的责任主体。同时，该意见明确提出必须把乡村教师队伍建设纳入对其履行教育职责评价内容，对落实不到位的严肃问责。但由于传统的行政体系遵循自上而下的组织原则，地方政府采取“对上级负责，对下级管理”的运行机制。加强新时代乡村教师队伍建设的政策文本虽然明确提出要“建立教育主管部门牵头，编制、发展改革、财政、人力资源和社会保障等部门协同机制，形成工作合力”，但建立协同机制不可能一蹴而就，它是一个耗时费力的系统性工程。加之教育部门与政府其他行政部门因事权、财权、人事权等权限不统一而产生信息壁垒，导致信息分享渠道不通畅，进而其对政策响应可能产生的消极作用得不到重视。

于教师教育机构而言，与乡村教师群体有关的事务主要集中在培养定向公费师范生与培训在职教师。这一攸关方对于政策的响应是能够理解政策愿景并遵照政策要求开展相关工作，但教师教育机构在理念更新、培养培训课程设置、教师教育师资等方面存在较明显的局限。就中小学校而言，如果政策缺乏对其学情与校情现实性的关照，那么学校就会对政策无响应或作出消极响应。学校更多综合考虑政策执行成本与维持正常教学秩序的关系。一些时候，学校出于便于管理及压缩培训培养成本的需要，不鼓励且不支持教师外出培训或脱产提升学历。校内虽然有校本研修、教研室、集体备课等专业发展实践活动，但是有些都流于形式。

于乡村教师而言，似乎专业发展政策对其不产生任何影响，除校长与部分专门负责的行政人员以外，普通教师基本没有接触政策的机会，不仅如此，多数教师并不关心专业发展政策，甚至部分乡村教师对专业发展没有概念，更不用说教师专业发展政策。不夸张地说，对专业发展政策持冷漠态度的乡村教师并不是少数。

综上所述，乡村教师专业发展政策各利益攸关方对政策表现出不同的反应，政府与教育主管部门给乡村学校与教师派发了许多非教育性指标与任务，使其疲于应付；另外，部分乡村教师专业发展意识落后，不关心国家关于教师专业发展的宏观设计，即对相关政策做出“冷漠”的响应。

## 三、政策执行环境支持度审视

政策的有效执行离不开有利环境的加持，由上一章内容可知，OECD可视化框架就政策执行外部保障提出了营造“有利环境（CC）”的提案。该环境维度指向对政策产生直接或间接影响的情境性决定因素，主要包括制度安排、政策互补性及社会趋势与冲击三个关键因子。可以这样说，如果政策设计维度试图阐明理想的政策是什么以及如何使其变得“智慧（smart）”，利益攸关方维度厘清谁是责任主体并通过分析“利益”“能力”与“响应”三要素对政策产生的可能影响进而提炼出“全纳的攸关方参与”方案，那么有利环境维度则是对政策运行的社会文化生态给出一般性的描画。

（一）可视化框架视域下的环境三要素

1. 制度安排

根据 Jenkins-Smith 的定义，制度安排是在某一特定教育系统中控制执行过程的那些正式及非正式的社会约束，且通常被认为是相当稳定的参数。由此可见，制度是内嵌于政策的。一般认为，正式的制度性约束包括宪法、法律及规则等；非正式的社会约束包括传统、规范及习惯等。二者共同作用决定着一项政策被执行的速度与程度。关于制度的分类可以遵循新制度经济学对其的划分，即正式制度与非正式制度。有研究者借此分类视角为基本框架，结合我国教育政策执行实际，提出影响和制约教育政策执行的正式制度包括教育法律制度、教育组织制度与教育运行机制三个维度，而非正式制度包括非权力影响力、人际关系与潜规则、教育信念三个维度①。该研究者认为，以上六个维度共同构成了教育政策执行网络：教育法律制度是基石，教育组织制度是基本框架，教育运行机制是动力系统，非正式制度因素的三个维度构成了教育执行的内在要素。由此可见，就执行环境这一维度而言，制度安排对其起根本性的决定作用。可以说，有什么样的制度安排就会酝酿什么样的执行环境，后者是前者与社会中的人发生互动的直观表现，即制度安排通过执行环境对人施加影响，但必须强调的是，人对制度安排有能动作用，这意味着人可以通过其来改变与调整执行环境。这无疑从辩证的角度印证了人是一切事务与关系的中心。

2. 政策互补性

有道是：独木不成林。政策也不例外，一般来说，在相同的领域，政策之间或多或少均有直接或间接的关系，或者是某一成功政策的延续，或者是某一失败政策的终结，除非遇到突发性事件，政策才有可能是即兴采取的紧急预案，但这种情况毕竟发生概率较低。政策互补性的存在非常必

---

① 邓旭. 教育政策执行研究：一种制度分析的范式［M］. 北京：教育科学出版社，2010：67.

要，因为完美政策存在的概率几乎为零。好比人的手指与手掌的关系，虽然各自有其独特的功能，但须有机聚合在一起才是完整的一体。政策复杂性的固有存在使得不可能仅仅依赖某项单一政策解决复杂问题。事实上，政策是以“丛林”的形式存在于社会场域的。这大概解释了为什么有研究者提出必须打出“政策组合拳”的原因。

互补性的政策可使彼此取长补短、相得益彰，进而发挥促进政策执行、提高政策执行效率以及激发政策执行增值等积极作用。政策的互补性既体现在理论维度，又表现在实践维度。就理论维度而言，从经验与实践中提炼对既有政策理论的互补；就实践维度而言，基于经验总结、理论驱动（theory-driven）的基础探寻对政策实践的互补。政策互补可以创造更有利的政策执行环境，因此它是有利环境维度的重要影响因子。通常政策类型可划分为三类：总体性政策、综合性政策以及专门性政策[①]。这是按照从一般到特殊的规律排序的，三者的作用力范围依次递减，存在包含与被包含的关系，若援用数学的包含符号“⊇”表示，即总体性政策⊇综合性政策⊇专门性政策。鉴于此，可以推断，同质政策之间具有互补或然性，异质政策之间也不排除互补的可能。具体而言，政策的互补性按整体—局部—个案三个层次存在以下几种可能：整体与整体的互补、整体与局部的互补、整体与个体的互补、局部与局部的互补、局部与个体的互补、个体与个体的互补；从数量判定，存在一一互补、一多互补以及多多互补等。总的来说，政策互补性是执行环境维度必须考量的第二个重要因素。

3. 社会趋势与冲击

由上而知，就执行环境这一维度，笔者重申了将制度安排与政策互补性纳入其中的重要性与必要性，第三个需要纳入考虑范畴的重要因子是社会趋势与冲击。人们逐渐接受这样一个“经验实在”（experiencial reality）：政策并不是价值无涉的。不仅如此，政策随价值的变化而变化。价值是亘古不变的吗？答案必然是否定的。正如一个哲理性名句所说：唯一不变的是改变。就此意义而言，时间是价值的最大变量。按照“政策是关于价值的分配”这个观点来梳理，如果时间影响价值，那么它必然影响政策。既然如此，当我们复归教育场域，一个根本性问题无法回避，即什么教育政

---

① 罗生全. 学业负担解决：模型构建与治理机制［M］. 北京：人民出版社，2017：37.

策最有价值？结合执行环境维度，问题可以进一步聚焦为：什么环境对教育政策执行最有利？

探究这个问题的一个有力切入视角是关注历史大背景。教育政策执行环境的更广阔背景是现阶段社会的主流趋势与可能面临的冲击。第一，社会主流趋势对执行环境的影响具有两面性，一方面，当政策执行符合社会主流趋势时，后者将强化前者，使其朝利于政策实现的方向发展；另一方面，当政策执行与社会主流趋势相悖时，后者将抑制前者，使其寸步难行，甚至中途夭折。具体而言，教育政策就是通过政策工具为教育带来好的变化。教育政策必须回应社会对教育的需求，因此只有教育政策顺应了社会主流趋势，其执行环境才是友好的。换言之，如果教育政策与当下的社会主流趋势存在较大的疏离，那么政策执行环境会变得萧瑟、凋敝。也就是说，教育政策执行失败的概率较高。第二，社会冲击对执行环境的影响通过执行主体对教育系统相关问题觉知的方式来展现。教育政策在社会政治环境与社会文化力量的共同作用场中诞生，其执行环境自然无法与该作用场剥离。教育执行环境虽然自成一个微型的“生态系统”，但来自外部的力量会对其产生深远的影响。回到“什么环境对教育政策执行最有利”这个最初的问题，若将其比喻为一把密码锁，似乎“制度安排”“政策互补性”“社会趋势与冲击”就是开这把锁所需的三个密码。

综上所述，若想将政策理想转化为政策现实，除了注重把握政策的设计维度与利益主体维度，执行环境也是一个必须重视的关键维度。并且同前两个维度一样，环境维度这一概念由“制度安排”“政策互补性”“社会趋势与冲击”三个重要的变量构成，这无疑是对政策执行复杂性的二次确认。对此具备一个清晰认识之后，接下来笔者将重点梳理现实中执行环境维度可能存在的问题。以该维度指向的三个重要变量为参照，通过文本分析，结合质性研究结果，现阶段我国西部乡村教师专业发展政策执行环境尚且存在以下掣肘：乡村教师专业发展政策相关制度安排有待完善、政策互补性有待增强、社会趋势与执行环境有待融合。其对应的客观表现可概括为三个要点：其一，乡村教师专业发展政策体制不完善、机制动力不足；其二，乡村教师专业发展政策互补性不足、联动系统缺失；其三，乡村教师专业发展政策与社会趋势及冲击呈离散性相关，政策实践滞后较为严重。

（二）系统执行观下的执行环境问题

1. 制度安排不完善

在中文语境中，所谓体制，根据《现代汉语词典》的释义是“国家、国家机关、企业、事业单位等的组织制度”，如学校体制、领导体制、政治体制等。论及体制，另一个必须予以澄清的概念是“制度”。《辞海》中对其的解释为：要求成员共同遵守的、按一定程序办事的规程或行动准则，如工作制度与学习制度以及在一定历史条件下形成的政治、经济、文化等各方面的体系，如社会主义制度①。由此可见，“组织”和“制度”是两个独立的词汇和概念。在西方语境下则不尽然，根据《牛津高阶英汉双解词典》，“制度”涉及两个词义解释，一为“system”［（思想或理论）体系；方法；制度；体制］，二为“institution”［（由来已久的）风俗习惯，制度］。从各自的释义可以判断，作为“system”的制度侧重宏观的、社会整体的或抽象意义上的制度体系，作为“institution”的制度倾向于包括惯例及习俗在内微观的、具体的制度和规则②。过去许多西方学者倾向于认同制度既是规则又包含组织的理解，往往对组织与规则不加以区分。直到诺斯（North）的研究改变了此种格局，他是将制度与组织加以区别的第一人，他鲜明地提出：制度是规则，组织则是受规则约束的行动者③。明晰相关概念的旨趣在于为更好地理解现实境遇做铺垫。

以体制—制度—组织三者关系为观察现实的棱镜，我们常常看到教育政策落实过程中矛盾频发，也直接或间接地感受到政策制定及执行过程中发生的矛盾与冲突，它们无疑是制度不完善或缺失的客观反映。制度建设是保障教育政策执行的基础和命脉，依照新制度学派的分类标准，制度由正式制度与非正式制度两部分有机构成，其中正式制度是“适应制度环境的产物”；而非正式制度即那些无时无刻不在影响人类社会的习俗、习惯、信仰等行为规范，是“组织运作的实际机制”④。鉴于此，笔者基于既有研究关于制度理解的维度划分范式，将教育场域中的正式制度限定在教育法律制度、教育组织制度及教育运行机制⑤三个维度，三个系统共同作用构

① 辞海编辑委员会. 辞海［Z］. 上海：上海辞书出版社，2000：14.
② 邓旭. 教育政策执行研究：一种制度分析的范式［M］. 北京：教育科学出版社，2010：13.
③ 姚洋. 制度与效率：与诺斯对话［M］. 北京：商务印书馆，2001：79.
④ 邓旭. 教育政策执行研究：一种制度分析的范式［M］. 北京：教育科学出版社，2010：14.
⑤ 同④：136.

成了教育政策执行生态，即制度环境。

现实中，依次对以上三个维度进行检视发现，在一定程度上，制度环境对乡村教师专业发展政策执行的保障力度亟待增强。具体而言，乡村教师专业发展政策制度保障不完善主要体现在三个方面。

（1）教育法律体系不健全，乡村教师专业发展政策执行较难得到合法保障

依据其属性与职能判断，对教育政策执行起到保障与规约作用的教育法律制度主要有四种：教育立法制度、教育执法与司法制度、教育执法督察制度及教育申诉制度。SPSS 中的频数分析显示，从“乡村教师政策执行调查问卷”第 84~87 题可以看出，填写问卷的 130 名乡村教师认为我国四种主要教育法律制度——教育立法制度（Q84）、教育执法与司法制度（Q85）、教育执法督察制度（Q86）及教育申诉制度（Q87）在乡村教师政策执行中的重要性比率依次为 72.309%①、76.924%、76.924% 及 72.308%。可见，被试对教育法律制度促进乡村教师政策执行的重要性已经有了充分认识。同时，被试对四种教育法律制度存在疑惑或认为不重要的比率依次为 13.845%②、11.538%、11.538% 及 13.846%。可见，一方面，政府及政策执行部门对教育法律制度重要性的宣传力度不够，需要对目标群体开展进一步的政策宣传及培训；另一方面，部分乡村教师信息闭塞，对基本的教育法律制度缺乏关注与了解。

客观而言，我国教育法律制度建设相对较为落后，一方面，政策执行到可行尚且有一定距离，教育法制还需要继续完善；另一方面，随着中国特色社会主义建设踏上新征程，既有法律法规中一些条文与内容规定已经过时或与演进中的新制度设计不符，应与时俱进对其加以修订或修正。具体来说，现实中政策性、行政性措施的通知、意见及决定等规范性文件居多，而规范化、标准化的条例、规定及标准等正式法律较少；低层次的单项、具体的规定较多，高层次的综合性、可担当上位法的骨干法律较少。

举例来说，就可作为乡村教师专业发展参照的教育法律而言，在 2018 年 12 月对《中华人民共和国义务教育法》的第二次修正以及 2021 年 4 月对《中华人民共和国教育法》的第三次修正中，对一般教师培养和培训做了

---

① 计算公式：重要性比率＝（非常重要%＋比较重要%）－（说不清%＋不太重要%＋完全不重要%）。

② 计算公式：不重要比率＝不清楚%＋不太重要%＋完全不重要%。

基本规定，如《义务教育法》第四章“教师”第三十二条规定：“县级以上人民政府应当加强教师培养工作，采取措施发展教师教育。县级人民政府及教育行政部门应当均衡配置本行政区域内学校师资力量，组织校长、教师的培训和流动，加强对薄弱学校的建设。”又如《教育法》第四章“教师和其他教育工作者”第三十五条规定的国家通过培养和培训提高教师素质的条文同样适用于乡村教师。从一定程度而言，对以上两部重要法律的数次修正是教育法律体系与时俱进、不断完善的力证。在《教师法》中，除了对教师的一般性权利与义务确立了法律性规定以外，对其法律赋予专业发展方面的权利与义务也进行了明确，就权利而言，在第二章第七条第（二）、（五）及（六）款中做如下规定：“从事科学研究、学术交流，参加专业的学术团体，在学术活动中充分发表意见”；“对学校教育教学、管理工作和教育行政部门的工作提出意见和建议，通过教职工代表大会或者其他形式，参与学校的民主管理”；“参加进修或者其他方式的培训”。就义务而言，在第二章第八条第（六）款中做如下规定：“不断提高思想政治觉悟和教育教学业务水平”。此外，在第二章第九条中明确了各级人民政府、教育行政部门、有关部门等必须履行保障教师专业发展的主体责任，规定其“对教师在教育教学、科学研究中的创造性工作给以鼓励和帮助”。

值得强调的是，在《教师法》第四章“培养和培训”第二十一条中明确提出“各级人民政府应当采取措施，为少数民族地区和边远贫困地区培养、培训教师”。这是以上三部教育法律唯一一条与乡村教师专业发展直接相关的表述。梳理我国既有教育法律，不难发现其体系尚不健全，部分法律范畴还存在空白，如终身教育法、教师教育法、财务法、教育信息法、学校法、教育行政法、学校内部治理法及学校外部治理法等①。对既有教育法律制度做文本分析，发现我国现行的教育法律从构件上缺少“罚则”，即欠缺对法律后果的明晰。相关法律范畴的空白与罚则的缺失所导致的后果就是教育政策执行缺乏具体法律依据支撑，这可能会使执法过程出现软化与缺位现象，引致教育政策执行得不到“合法性”保障而陷入“无法可依”的僵局。

囿于篇幅限制，其他属性的政策性、行政性措施的相关细节在此不再展开，笔者仅列举部分与乡村教师专业发展议题有一定相关度的典型教育政策及内容（见表3-3）。

① 邓旭. 教育政策执行研究：一种制度分析的范式［M］. 北京：教育科学出版社，2010：116.

**表 3-3　关于教师专业发展的部分教育政策**

| 属性 | 名称 | 条文 |
| --- | --- | --- |
| 教育法律 | 《中华人民共和国教育法》（2021-04-29） | 第四章第三十五条：国家实行教师资格、职务、聘任制度，通过考核、奖励、培养和培训，提高教师素质，加强教师队伍建设 |
| | 《中华人民共和国义务教育法》（2018-12-29） | 第四章第三十二条：县级以上人民政府应当加强教师培养工作，采取措施发展教师教育。县级人民政府教育行政部门应当均衡配置本行政区域内学校师资力量，组织校长、教师的培训和流动，加强对薄弱学校的建设 |
| 教育法律 | 《中华人民共和国教师法》（2009-08-27） | 【权利】<br>第二章第七条：（二）从事科学研究、学术交流，参加专业的学术团体，在学术活动中充分发表意见；（五）对学校教育教学、管理工作和教育行政部门的工作提出意见和建议，通过教职工代表大会或者其他形式，参与学校的民主管理；（六）参加进修或者其他方式的培训 |
| | | 【义务】<br>第二章第八条：（六）不断提高思想政治觉悟和教育教学业务水平<br>第九条：为保障教师完成教育教学任务，各级人民政府、教育行政部门、有关部门、学校和其他教育机构应当履行下列职责：（三）对教师在教育教学、科学研究中的创造性工作给予鼓励和帮助<br>第四章第二十一条：各级人民政府应当采取措施，为少数民族地区和边远贫困地区培养、培训教师 |
| 专业标准 | 《中学教师专业标准（试行）》《小学教师专业标准（试行）》 | 各级教育行政部门：深化教师教育改革，建立教师教育质量保障体系，不断提高中小学教师培养培训质量 |
| | | 教师教育院校：完善中小学教师培养培训方案，科学设置教师教育课程，改革教育教学方式 |
| | | 中小学校：开展校本研修，促进中小学教师专业发展 |
| | | 中小学教师：制定自我专业发展规划，爱岗敬业，增强专业发展自觉性；大胆开展教育教学实践，不断创新；积极进行自我评价，主动参加教师培训和自主研修，逐步提升专业发展水平 |
| 规定/通知/意见 | 《中小学教师继续教育规定》（1999-09-13） | 第一章总则第四条：参加继续教育是中小学教师的权利和义务 |

表3-3（续）

| 属性 | 名称 | 条文 |
|---|---|---|
| 规定/通知/意见 | 教育部教师工作司关于印发《教师培训者团队研修指南》等11个文件的通知①（2020-03-27） | 推动各地创新教师培训模式，提升教师培训针对性和实效性 |
| | 《关于加强新时代乡村教师队伍建设的意见》（2020-09-04） | 要求加强乡村教师培训，构建各级教师发展机构、教师专业发展基地学校和“三名”工作室五级一体化乡村教师专业发展体系 |

对于以上内容，笔者着重关注的是教育法律体系。所谓体系，观察视角是由外而内并聚焦其内部。接下来，观察视角将切换为从内而外且聚焦其外部。教育法律体系需要内部不断完善，同时还需要科学有效地配套实施细则，以之关照现实。遗憾的是，与乡村教师专业发展政策配套的实施细则整体而言是比较缺失或相对滞后的。我国教育法律渊源是成文法律体系，其基本特征是对社会关系中的人、事及物进行了高度概括。从“法律适用”的角度，为了覆盖尽可能大的适用范围，它具有高度抽象性。显然，依照“物极必反”的基本原理，这既是其显著优势又是其先天不足。故教育法的施行及其法律生效须依托“下位法律法规、规章来支撑以期形成协调一致、层次有序、完整统一的教育法律体系”②。现实中与法律制度配套的细则以原则性条文居多，程序性、操作性、具体化的规范缺失或滞后。如在相关教育法及实施细则中对教师专业发展政策执行过程中遭遇的困境与瓶颈没有做出明确规定与回应，如各级政府、各级各类教育主管部门、教师教育机构、中小学校及教师各主体的具体责任义务与培养和培训经费投入如何保障等。这些现实、具体的问题使乡村教师专业发展政策执行行为“无法可依”。以上均充分表明，当前我国教育法律制度在一定程

① 教育部．教育部教师工作司关于印发《教师培训者团队研修指南》等11个文件的通知[A/OL]．(2020-03-30) [2021-11-22]．http://www.moe.gov.cn/s78/A10/tongzhi/202003/t20200330_436306.html.

② 劳凯声．改革开放30年的教育制度法制建设[J]．教育研究，2008（11）：3-10.

度上缺乏“程序性制度保障”①，也从侧面反映出乡村教师专业发展政策执行存在“公权力缺失、制度治理与政策改良遭到解构”② 的疑难杂症。

以上矛盾是具有双向性的，其两极分别是政府与目标群体。在理想状态下，一方面，我们期望“将权力关进制度的笼子”，政府权力成长为公权力；另一方面，我们亦希冀公民为建设权责共享的公民社会贡献其应有的力量。简而言之，各在其位，各谋其政。将之牵引到教育领域，这意味着利益攸关方须基于话语平等致力于共同认可的博弈规范甚至是协商准则，也就是说，未来的工作方向是追求教育政策全过程人民民主。这无疑是教育法律应当肩负起的光荣而神圣的使命。

（2）教育组织制度政治化，乡村教师专业发展政策执行较难得到专业保障

一言以蔽之，教育法律制度完善是一个进行时态而不是完成时态，换言之，其健全与完善是一个持续性过程。此为正式制度的第一主要构成。接下来讨论的重心将转向其第二主要构成：教育组织制度。它与其组织是一体两面，制度体现的是内容，代表其抽象的一面，而组织体现的是形式，代表其具体的一面。抽象的制度内容须以具体的组织形式为载体。鉴于此，政策执行组织在我国教育政策执行实际过程中分别形成了两种执行结构：正式执行机构与非正式执行网络。前者是经过正式筹划的结构，通常是明确决策与合法程序的产物。此种执行机构基于行政权力分配，以正式制度安排为保障，其旨趣为追求合法合规。它具有法规性质，确定教育行政组织的总格局，表述与规定其职能、职责、职权及其关系。除上述属性外，“有一定行为规范”与“成员拥护共同目标”也是正式执行机构具有的特征。后者以非正式职业规范为约束，政策执行的实现方式主要依托关系网络。二者共同塑造了教育政策执行组织环境，正式执行机构是其显性的组织架构，非正式执行网络具有隐蔽性，二者在教育政策执行过程中互相作用、相互博弈，共同影响着政策执行结构、过程及结果。就其结构而言，我国教育政策执行组织自上而下依次为：教育部—教育厅—市教育局（教委）—县（区）教育局（教委）—中小学校；就其方式而言，我国教育政策执行以科层制（bureaucracy）的层级规制为主，其主要形式为

① 邓旭. 教育政策执行研究：一种制度分析的范式［M］. 北京：教育科学出版社，2010：120.
② 同①。

“上传下达”“垂直控制与规制”①；就其职能关系而言，我国教育政策执行组织主要呈现政治化、行政化取向。

在实践情境中，教育政策执行的主要组织机构是教育行政部门与学校。从政策传导流程来判断，具备担当教育政策执行任务的关键主体是地方教育行政组织。但它不具有独立的财权与事权，而是受同级地方政府领导。事实上，地方教育行政组织与同级地方政府存在两种政治关系：第一，从纵线看，同级政府与教育行政组织是领导与被领导的行政关系，后者虽作为“被领导者”，但既是教育政策的执行机构又是前者制定重大教育政策的智库机构，显然承担着“谋”与“断”的双重角色②。第二，从横线看，上级教育行政组织对地方教育行政组织是指导与被指导的业务关系，但在教育政策执行之时首先要获得政府的授权，即政策执行的先决条件是获得合法性地位。如此一来，象征权力关系博弈的“行政关系”与“业务关系”，孰轻孰重，不证自明。实际上，地方教育行政组织确实表现出在同级政府授权的基础上服从、维护及捍卫地方政治、经济利益的倾向，其消极结果就是催生了“官本位”主导的组织文化心理。此种心理的一个显著缺陷就是“专业人”在组织文化中缺位，导致教育政策执行缺少专业化指导与监督。

从学校层面看，作为一个微型的内部执行系统，它具有完整的行政性机关设置，各机关负责学校领导决策，并通过日常教育教学管理活动将各级领导的决策转化为具体的管理行为。它们至少在形式上看起来各司其职，有序运作，且已将一定的行为规范融入日常惯例之中。相比而言，学校中的年级组、教研室、备课组，甚至是“三名”工作室的工作职能也仅限于定期或不定期地集体备课、教研交流。部分集体备课、教研交流有时甚至异化为“诉苦会”或“吐槽会”，没能发挥专业引领、专业提升的作用，也未作为专业组织参与学校民主决策和政策执行。学校内缺乏专业组织建设与专业组织力量导致专业共同体成长迟滞。加之一定程度上行政话语处于垄断地位，而专业话语陷入失语境地，这使得教育政策执行被行政力量主导的自上而下的执行模式充斥，而以专业力量牵引的自下而上的执行模式无立锥之地。至于校长和教师，理论上二者应当作为教育政策决策

① 邓旭．教育政策执行研究：一种制度分析的范式［M］．北京：教育科学出版社，2010：129.

② 同①：134.

参与者与执行自主创建者，却主观上被定位为具体执行者。首先，校长在联通教育行政部门与校内治理事务中扮演着双重角色：对上是教育政策具体执行者与落实者，对内是执行领导者与监督者，其具体职责更多是政策传达与落实，并对政策在校内的实现程度进行监督与考察；其次，教师在校长眼里是绝对的"被管理者"，因而对其的角色期待是"服从""理解""接受"。可见，在整个教育运行系统中，校长是教育行政部门与学校联通的代理（agent）且是唯一的桥梁。其直接结果就是形成了以校长为代理的"教育行政部门—校长—中层干部—教师—学生"的线性、单向作用①的教育政策执行组织路径。

（3）教育运行机制单调僵化，乡村教师专业发展政策执行无法得到动力保障

前文谈论了为乡村教师专业发展政策提供制度保障的第二主要构成——教育组织制度及政策执行中的现实困境。接下来笔者讨论的重心将转向其第三主要构成：教育运行机制。援用相关研究者的定义，教育运行机制指"教育现象各部分之间的相互关系及其运行方式"②。就其分类而言，依据教育现象运行的基本方式与内在逻辑结构，教育运行机制有层次、形式及功能之分。具体而言，教育层次机制又可进一步分为宏观、中观及微观；教育形成机制主要包括行政-计划式、指导-服务式及监督-服务式；教育功能机制主要涵盖激励、制约及保障。教育层次机制的宏观层面、中观层面及微观层面既可能存在于整个教育系统，又可能存在于单个的教育子系统，如大宏观、大中观及大微观对应的是国家—地方—学校三级系统，小宏观、小中观及小微观对应的是学校—中层—教师三级子系统。足见，教育层次机制内嵌于政策全过程，故从操作层面不便于将其人为分割。对教育运行机制在教育政策执行作用力的施者与受者加以辨析，笔者发现其存在以下一般规律：形成机制的运行更多的由执行主体来操作与维护；功能机制的结果更多的是由执行目标群体来接收与承载。鉴于此，下文将着重对乡村教师专业发展政策执行中教育形成机制与功能机制方面涌现的问题进行剖析。

关于教育形成机制的问题。由上而知，教育形成机制根据执行主客体关系虽然理论上有行政、计划、指导、服务及监督等多种表现手段，但在

---

① 邓旭. 教育政策执行研究：一种制度分析的范式［M］. 北京：教育科学出版社，2010：135.

② 孙绵涛，康翠萍. 教育机制理论的新诠释［J］. 教育研究，2006（12）：22-28.

实际中所采用的方式依然以行政、计划为主导。当前我国正处在社会主义政治建设的新阶段，随着行政体制改革的深入，教育主管部门与学校在推进政事分开、管办分离等方面将迈上新台阶，并将着力提高教育治理体系和治理能力现代化水平。这些对教育政策执行无疑是非常有利的条件。与此同时，不可否认，教育场域发生的有利变化对乡村教育的边际效用递减。从乡村教师专业发展政策执行的现实境况来说，首先，执行主体较少采用或考虑诸如合作、竞争、协同及创新等良性机制，更多的是倾向于对自上而下的行政驱动手段，即行政-计划式的偏好。此种方式仅能保证执行主体完成形式上的任务和满足目标群体的基本需要，不得不说这过于单一。其次，执行主体采取线性、单向的政策推进路径，此方式颇显“简单粗暴”，无法使政策效用最大化；更重要的是，政策目标群体的行为在主观层面与客观层面都是绝对被动的，执行主体客观上无法调动其主观能动性与创造性，且在主观层面缺乏将客体主体化的意识。最后，执行主体拥护处于霸权地位的行政话语可能会导致目标群体不论在主观层面还是在客观层面都缺失意愿表达渠道，这足以证明，乡村教师的专业话语权较小，其公共性未能得到彰显。事实上，乡村教师的社会地位、职业地位、专业地位及文化地位尚未得到应有的认可与尊重。

关于教育功能机制的问题。前文列举的教育功能机制有激励、制约及保障。不论理论、经验还是实践都有力地告诉我们，政策目标的实现、效能的提升与其目标群体有着天然不可分割的关联，它是一切执行工作的中心。在政策执行过程中，执行主体需要制约机制来规范目标群体的价值取向、利益分配及行为表现，尤其是当给定政策要求的公共属性远远大于目标群体的集体属性或多数个体的私人属性时。同时，保障机制于执行主体而言也是非常必要的，特别于目标群体而言。前文多处提及，“政策通常是为了回应某种需求或是回应人们对该需求的觉知”，由此做一个一般性的推断：其目标群体所面临的境遇通常不外乎以下三种，处于相对边缘地位、困在问题之中或是需要发展与更新。无疑执行主体无论从法理还是道义层面均有义务与责任为其提供各种外部保障，如制度保障、法律保障、物质保障、组织保障等。由上可知，制约机制与保障机制在教育政策执行过程中各有用武之地。然而，还需要直面另一些更现实的问题，如上述两个机制是否足以解决执行中不断遭遇的问题，或是否还有更有效的选择存在。令人遗憾的是，在乡村教师专业发展政策执行过程中，执行主体相比而言，对目标群体采用激励机制的概率较低。这样一来，执行主体无法调动目标群体的积极性，自然无法使其完成客体主体化的身份蜕变。具体而言，一方面，教育教学工作的复杂性及教师社会属性的复杂性被忽略、淡化，使得对教师的管理及如何促进其发展缺乏明确和公认的激励手段与专业指导；另一方面，高成本和高复杂性使教育行政部门“对学校的管理自然采取规避责任的行为”①，导致教师在政策执行中无法获得参与感与存在感。正如前文提及的一项实证研究结果所示，当教师感觉政策规定的责任上移，应该由学校、地方教育行政部门全权负责，其对政策执行的责任感就会减弱，进而丧失行动的主体性与积极性；相反，如果政策赋予的责任下移，落在教师自身，其对政策的反应与采取的执行行动则完全不同。

上文分别就正式制度范畴的教育法律制度、教育组织制度及教育运行机制三个重要构成，对当前乡村教师专业发展政策执行环境的重要维度——制度安排层面所面临的困境、遭遇的瓶颈及涌现的现实问题作了细致的剖析。通过文献梳理、政策文本分析及问卷调查发现，保障乡村教师专业发展政策的制度安排存在的不足集中表现在以下三点：其一，教育法律体系不健全，使得乡村教师专业发展政策执行较难得到合法保障；其二，教育组织制度政治化，使得乡村教师专业发展政策执行较难得到专业保障；其三，教育运行机制单调僵化，使得乡村教师专业发展政策执行较难得到动力保障。

2. 政策互补性不强

由上而知，制度安排是执行环境维度最重要的变量，此为第一关键要素。继探寻乡村教师专业发展政策的制度安排存在的问题之后，笔者将转向对执行环境的第二变量——政策互补性在乡村教师专业发展政策执行中的问题与不足的探究。关于教育政策执行，决策者与研究者已逐步达成一定共识：每一个政策都不是一座孤岛，它并不孑然独立，而是与其他政策存在共生关系，它们凭借时空二维产生交叉与重叠，进而生成政策连续体（policy continuum）并最终构建了“政策丛林”。“政策之间须建立互补关系”这一重要观点从“乡村教师政策执行调查问卷”中第 70 题“全盘考虑已有政策和借鉴有益经验”的结果得到正向回应。被试者作答情况如下：非常重要（48.46%）、比较重要（32.31%）、说不清（16.15%）、不

① 邓旭. 教育政策执行研究：一种制度分析的范式［M］. 北京：教育科学出版社，2010：140.

太重要（3.08%）、完全不重要（0）。足见，认同政策互补的重要性的人数占绝对多数，比例已经达到80.77%，对其持否定态度的仅有3.08%，且程度仅属于较弱范畴，因为结果显示没有持绝对否定的被试者。

笔者将其做进一步延伸，显然，若想实现乡村教师专业发展的政策理想不仅需要构建乡村教育系统的小型“政策丛林”，而且需要整个教育系统的大型“政策丛林”，甚至需要整个社会及国家的超级“政策丛林”。以上表述似乎有夸张的成分，但如果从系统论的视角来看，它并没有言过其实。我们已知政策类型可划分为总体性政策、综合性政策及专门性政策三类。按政策适用范围来讲，制定第三类政策可能对乡村教师群体更具有针对性与适切性。但对照现实，增强与完善乡村教师专业发展政策的互补性及体系尚有较大改进空间。具体来说，其主要表现如下：其一，小型“政策丛林”规模有限，针对性与适切性不足；其二，大型“政策丛林”发展欠缺，均衡性与公平性不高；其三，超级“政策丛林”壁垒森严，融合性与跨域性不强。

（1）小型“政策丛林”规模有限，针对性与适切性不足

其主要依据为：就当前而言，针对乡村教师群体的教育政策多为总体性政策与综合性政策，且多数聚焦乡村教师的薪酬待遇、编制、职称评聘等外部保障，同类政策倾向于以满足乡村教师的一般性需求为标的，对其专业需要与精神需要作为次要考虑或选择性延迟。客观而言，教育政策对乡村教师群体确实给予了前所未有的关注、关怀与倾斜。但主观而言，其政策立场与话语对乡村教师群体更多的是同情，甚至于在专业要求层面还含有“哀其不幸，怒其不争”的意味。以2015—2022年颁布的各项与乡村教师相关的重要政策（见表3-4）为例，其内容表述与专业发展直接相关的较少，如《乡村教师支持计划（2015—2022年）》中八项措施仅有“全面提升乡村教师能力素质”有所涉及；《教师教育振兴行动计划（2018—2022年）》中针对乡村教师群体的措施是“素质提高行动”。根据政策的主题与内容，近年指导乡村教师队伍建设最重要的纲领性文件是教育部等六部门联合颁发的《关于加强新时代乡村教师队伍建设的意见》，该文件为新时代乡村教师队伍建设及其专业发展提供了根本遵循与更详尽的操作路径。

表 3-4 乡村教师相关重要政策（2015—2022 年）

| 政策 | 内容提要 |
|---|---|
| 《乡村教师支持计划（2015—2020 年）》 | 实施乡村教师支持计划，对于解决当前乡村教师队伍建设领域存在的突出问题，吸引优秀人才到乡村学校任教，稳定乡村教师队伍，带动和促进教师队伍整体水平提高，促进教育公平、推动城乡一体化建设、推进社会主义新农村建设、实现中华民族伟大复兴的中国梦具有十分重要的意义 |
| 《关于统筹推进县域内城乡义务教育一体化改革发展的若干意见》 | 对城乡义务教育一体化发展做了进一步的阐释，明确指出要加快推进县域内城乡义务教育教师编制标准统一等内容 |
| 《关于加快中西部教育发展的指导意见》 | 全面加强乡村教师队伍建设。扩大农村教师特岗计划中乡村学校特设岗位数量，增加优秀大学毕业生到乡村学校任教比例 |
| 《国家教育事业发展“十三五”规划》 | 加强乡村教师队伍建设。推动省级政府建立统筹规划、统一选拔的乡村教师补充机制。逐步扩大农村教师特岗计划实施规模，鼓励地方政府和师范院校加强本土化培养，采取多种方式定向培养“一专多能”的乡村教师。探索建立新聘教师农村学校任教服务期制度，将在乡村学校或薄弱学校任教经历作为城镇中小学教师晋升高级教师的必要条件。鼓励支持教学效果好、身体健康的退休特级教师、高级教师到乡村学校支教讲学。推动地方实行城乡统一的中小学教职工编制标准，对村小学和教学点采取生师比和班师比相结合的方式核定教职工编制。全面落实集中连片特困地区乡村教师生活补助政策，依据学校艰苦边远程度实行差别化的补助标准。建立乡村教师荣誉制度，对长期在乡村学校任教的优秀教师按照国家有关规定进行表彰 |
| 《县域义务教育优质均衡发展督导评估办法》 | 县域内城乡义务教育学校建设标准统一、教师编制标准统一；教师 5 年 360 学时培训完成率达到 100%；专任教师持有教师资格证上岗率达到 100%；教师能熟练运用信息化手段组织教学，设施设备利用率达到较高水平 |
| 《关于实施乡村振兴战略的意见》 | 优先发展农村教育事业。高度重视发展农村义务教育，推动建立以城带乡、整体推进、城乡一体、均衡发展的义务教育发展机制 |

表3-4(续)

| 政策 | 内容提要 |
| --- | --- |
| 《关于全面深化新时代教师队伍建设改革的意见》 | 大力推动研究生层次教师培养，增加教育硕士招生计划，向中西部地区和农村地区倾斜；开展中小学教师全员培训，促进教师终身学习和专业发展；继续实施教师国培计划 |
| 《教师教育振兴行动计划（2018—2022年）》 | 加强中西部地区和乡村学校教师培养，重点为边远、贫困、民族地区教育精准扶贫提供师资保障。支持中西部地区提升师范专业办学能力。推进本土化培养，面向师资补充困难地区逐步扩大乡村教师公费定向培养规模，为乡村学校培养“下得去、留得住、教得好、有发展”的合格教师。建立健全乡村教师成长发展的支持服务体系，高质量开展乡村教师全员培训，培训的针对性和实效性不断提高 |
| 《关于加强新时代乡村教师队伍建设的意见》 | 紧紧抓住乡村教师队伍建设的突出问题，促进城乡一体、加强区域协同，定向发力、精准施策，破瓶颈、强弱项，大力推进乡村教师队伍建设高效率改革和高质量发展。力争经过3~5年努力，乡村教师数量基本满足需求，质量水平明显提升，队伍结构明显优化，地位大幅提高，待遇得到有效保障，职业吸引力持续增强，贫困地区乡村教师队伍建设明显加强 |
| 《中华人民共和国乡村振兴促进法》 | 加大乡村教师培养力度，采取公费师范教育等方式吸引高等学校毕业生到乡村任教，对长期在乡村任教的教师在职称评定等方面给予优待，保障和改善乡村教师待遇，提高乡村教师学历水平、整体素质和乡村教育现代化水平 |
| 《关于加快推进乡村人才振兴的意见》 | 加强乡村教师队伍建设。落实城乡统一的中小学教职工编制标准。继续实施革命老区、民族地区、边疆地区人才支持计划、教师专项计划和银龄讲学计划。加大乡村骨干教师培养力度，精准培养本土化优秀教师。改革完善“国培计划”，深入推进“互联网+义务教育”，健全乡村教师发展体系。对长期在乡村学校任教的教师，职称评审可按规定“定向评价、定向使用”，高级岗位实行总量控制、比例单列，可不受所在学校岗位结构比例限制。落实好乡村教师生活补助政策，加强乡村学校教师周转宿舍建设，按规定将符合条件的乡村教师纳入当地住房保障范围 |

表3-4(续)

| 政策 | 内容提要 |
| --- | --- |
| 《中西部欠发达地区优秀教师定向培养计划》 | 从 2021 年起，教育部直属师范大学与地方师范院校采取定向方式，每年为 832 个脱贫县（原集中连片特困地区县、国家扶贫开发工作重点县）和中西部陆地边境县中小学校培养 1 万名左右师范生，从源头上改善中西部欠发达地区中小学教师队伍质量，培养造就大批优秀教师 |

从属性判断上表中所呈列的政策，既有总体性政策、综合性政策，也有专门性政策。从中可以看出，政府及教育主管部门为乡村教师专业发展打造的小型“政策丛林”在数量与质量层面均稍显不足，相关决策者对乡村教师专业发展的制度支持与政策保障关注度亟待提升，也就是说，乡村教师专业发展政策内部规模还有待扩展。同时，通过分析政策内容，不难发现，针对乡村教师专业发展的专门性政策目前处于空缺的状态，即便已经颁布了零星的几项政策，但其对提升乡村教师的专业发展意识、专业知识学习及专业实践研修的针对性与适切性仍然有待商榷。总的来说，虽然就数量而言，2021 年的数据显示我国各级各类乡村教师总人数约为 244 万，不算是小众群体，但就其社会地位、职业地位、专业地位及文化地位而言，乡村教师仍然是一个式微的群体。

（2）大型“政策丛林”发展欠缺，均衡性与公平性不高

就其作用范围而言，乡村教师专业发展的小型“政策丛林”对应的是省级统筹、以县为主的地方教育系统，其涉及的政策执行主体上至省教育厅，下到乡村教师；以此类推，乡村教师专业发展的大型“政策丛林”对应的是整个教育系统，其涉及的政策执行主体上至教育部，下到乡村教师。承上，乡村教师专业发展“政策丛林”内部规模有限的根源可能来自整个教育系统。同样地，从表 3-4 中可以获取关于乡村教师专业发展大型“政策丛林”建设成效的些许端倪。尽管社会对乡村教师群体的关注已经上升到较高程度，乡村教师的队伍建设已经提升到国家战略高度，但就发展论层面而言，决策者与研究者对其大型“政策丛林”的打造仍须谨慎地评估。前文已有所提及，乡村教师专业发展政策的执行环境维度还存在一些棘手、现实的困境，如教育法律制度体系不够整合、教育组织制度行政化与政治化、教育运行机制单调与僵化等。因此，就这层意义而言，乡村教师专业发展政策执行的系统性大背景，即其大型“政策丛林”发展存在

一些漏洞与瑕疵。

继2010年教育部颁布《国家中长期教育改革和发展规划纲要（2010—2020年）》十余年以来，国家修订或修正的教育法律加之教育主管部门颁布与出台的各级各类教育政策其数量较多、名目繁杂。在教育改革不断深化的进程中，“均衡”与“公平”是国家教育政策设计的最根本价值遵循。以现实为比照，诸多教育政策确实对促进我国教育均衡、公平而有质量地发展贡献了强大的杠杆性力量。这充分体现了国家宏观调控这只“看得见的手”的力量。与此同时，应该注意到，以自上而下行政驱动式为主的教育政策执行往往仅起到规范政策目标群体的效果，而无法激励其发展与更新。这可能意味着，政策设计者及执行主体致力于“均衡”与“公平”的追求更大程度局限于形式上的规范化、标准化、可视化及可测度化。故而，对教育政策执行结果在内容及本质层面是否符合“均衡”与“公平”价值尺度应该抱有怀疑。事实证明，现阶段为乡村教师专业发展政策提供系统性保障的大型“政策丛林”依然在其发展程度层面还有进步空间，现实集中表现为教育系统为其打造的大型“政策丛林”在内容及本质层面保障“均衡”与“公平”的兑现程度不高。

（3）超级“政策丛林”壁垒森严，融合性与跨域性不强

继小型、大型“政策丛林”之后，在教育系统之外还有诸如政治、经济、文化等其他平行系统存在与运行，这些系统彼此镶嵌、相互耦合，构成了公共政策的执行生态，即持续打造着维持国家及社会正常运转的超级“政策丛林”。这一层级事关整个国家及社会未来前景的“宏大叙事”，因此很大程度与国家治理模式有关。有研究者对国家治理能力与其采用的教育治理模式之间的关系做了深入的研究。该研究指出，自新中国成立以来，政府根据具体的国情与教情在不同历史时期采取了不同的教育治理模式，根据其执行特征分为简约型治理、过渡型治理及精细型治理。就国家治理能力与教育治理模式选择的关系而言，往往出现如下现象：当国家治理能力较弱时，其倾向于采用简约型教育治理模式，反之就采用精细型教育治理模式；当国家处于社会转型期时，则有可能采用过渡型教育治理模式。我国已经具备采用精细型模式对教育进行治理的条件。

大量研究与实践证明，因其固有的高复杂性，对教育进行精细化治理并不是一件轻松容易的事，想要解决教育难题不能只借助其内部力量，也无法找到“屡试不爽”的独门秘诀。理性地来看，对教育进行精细化治理

是一项长期、连续、复杂的系统性工程。即便是像乡村教育、乡村学校这样的微型子系统，也可能有“牵一发而动全身”的现象发生。因此，在审查乡村教师专业发展政策执行环境系统是否存在异样时，有必要从小型、大型“政策丛林”中“跳出来”，将其纳入社会的整个公共政策系统来考量。以全息之视角看乡村教师专业发展政策的超级“政策丛林”，尽管社会行政体制机制改革已经有一定年份且全面深化教育改革也不再是一个新课题，可是社会各子系统之间的相互了解、相互支撑、相互开放及相互联动的程度还不太令人满意，如一定程度上还存在政治、经济话语强势，教育、文化话语式微的不平衡现象；各平行系统之间存在无形的信息壁垒，横亘在它们之间的信息鸿沟较难逾越。

复归乡村教师专业发展政策执行议题。具体而言，首先，理论上应当为乡村教师专业发展政策执行提供环境保障的超级“政策丛林”实际上一定程度仍然壁垒森严。其次，教育部与其他部委联合颁布的法律或政策在现实层面与其他子系统的法律或政策的融合性与跨越性仍显不足。笔者将分别以教育部联合其他部委颁布的《关于加强新时代乡村教师队伍建设的意见》(2020）和《中西部欠发达地区优秀教师定向培养计划》(2021）中提及乡村教师专业发展的相关内容为例证。第一项政策为乡村教师专业发展设计的主要措施有：交流轮岗机制、城乡一体流动、多种形式配备、抓好培训、发挥新技术助推作用、培育乡村教育带头人、坚持创造多元发展空间、促进青年教师专业成长并丰富其精神文化生活。第二项政策涉及乡村教师专业发展的表述要点为：各地各校要重视并支持优师计划师范生的职后专业发展工作；优先安排履约任教的优师计划师范生参加“国培计划”、访学交流、教学技能竞赛等；实施计划高校要建立跟踪指导机制，提供线上优质教育教学资源，开放学校举办的培养培训活动，持续支持优师计划师范生提升教书育人本领。

以上内容就乡村教师专业发展相关政策的互补性方面涌现的现实问题展开讨论，从乡村教师专业发展政策执行的内部政策互补性、教育系统政策互补性及社会系统互补性三个层次依次做了简明扼要地呈现与剖析，进而发现当前阶段乡村教师专业发展政策互补性不足，且联动系统缺失。

3. 政策适应性不足

继探寻乡村教师专业发展政策互补性存在的问题之后，笔者将转向对执行环境的第三变量——社会趋势与冲击对乡村教师专业发展政策执行影响的探究。将社会趋势与冲击作为一个重要变量纳入政策执行环境范畴考虑的最根本目的，在于对“什么环境对教育政策执行最有利”这一关键问题的回应。社会趋势与冲击，依据其词性来解释，“趋势”是中性词，而“冲击”大多与“猛烈的震动”“伤害”等负面词汇有关，故其引申义常常具有贬义意味。鉴于此，笔者将从社会趋势、社会冲击两个侧面来厘清二者对乡村教师专业发展政策执行的消极影响。

其一，由前文可知，社会趋势对教育政策执行环境的影响具有正反两面性，本部分的焦点是挖掘社会趋势对乡村教师专业发展政策执行的反向抑制作用。似乎比较难理解社会趋势何以对乡村教师专业发展政策执行产生反作用力，然而事实证明，这是当前乡村教育场域客观存在的现象。以新技术要素与教育领域融合的实现程度为例，尽管整体上我国教育信息化建设取得了历史性成就，中小学校园网建设及使用几乎已经全面覆盖，但是乡镇中小学的发展水平一般均低于同期的城市学校。

就硬件而言，量化乡镇中小学教育信息化建设程度的具体指标主要看其办学条件下辖的三类重要数据：一是教学用计算机的数量；二是网络多媒体教室占教室的比例；三是网络多媒体教室占普通教室的比例。2020 年教育统计数据显示，首先，在“初中办学条件（二）”① 的“教学用计算机”指标中，镇区小计 3 499 747 台，乡村小计 1 186 617 台，其中平板电脑镇区 247 783 台，乡村 80 285 台；在“小学办学条件（二）”② 的“教学用计算机”指标中，镇区小计 4 189 192 台，乡村小计 3 586 311 台，其中平板电脑镇区 301 632 台，乡村 206 818 台。将以上数据进一步计算得出：镇区与乡村初中、小学用于教学的计算机台数合计分别为 4 686 364 台与 7 775 503 台，其平板电脑台数合计分别为 328 068 台与 508 450 台。其次，据统计，镇区与乡村初中的教室数分别为 959 129 间、362 046 间，合计 1 321 175 间；镇区与乡村小学的教室数分别为 1 336 836 间、1 598 768 间，合计 2 935 604 间。而镇区与乡村初中建成的网络多媒体教室数分别为 665 275 间、229 404 间，合计 894 679 间；镇区与乡村小学建成的网络多媒体教室数分别为 934 212 间、869 191 间，合计 1 803 403 间。通过计算

① 教育部. 初中办学条件（二）[EB/OL].（2020-06-11）[2024-07-06]. http://www.moe.gov.cn/jyb_sjzl/moe_560/jytjsj_2019/qg/202006/t20200611_464839.html.

② 教育部. 小学办学条件（二）[EB/OL].（2020-06-11）[2024-07-06]. http://www.moe.gov.cn/jyb_sjzl/moe_560/jytjsj_2019/qg/202006/t20200611_464894.html.

可以得出，镇区与乡村初中、小学网络多媒体教室占教室总数的比例分别是67.718%、61.432%，其占普通教室的比例分别是80.748%、71.843%。由上而知，相同区域或经济发展水平相近的镇区与乡村初中、小学的以上三项指标一般均低于同期城市学校的水平。

就软件而言，相同区域或经济发展水平相近的镇区和乡村初中、小学与城市学校相比也呈现出相同的趋势，即镇区和乡村初中、小学的办学软件弱于城市学校。通过“乡村教师专业发展水平调查问卷”（$N=236$）也可以找到一些相关线索，“关于信息素养提升，你最像下面哪一种”的结果显示，选择较低水平（一、二级）的教师数均为32人，合计64人，认为符合三级水平的有103人，符合高级水平（四级）的有69人，通过计算，其各自对应的占比依次为13.56%、13.56%、43.64%及29.24%。虽然该问卷题项设计援用的是《中小学教师培训课程指导标准（专业发展）》中的“发展水平级差表”，乡村教师受主客观条件影响，对其专业发展程度的自我觉知存在主观性，但在某种程度上也足够表明，乡村教师的信息素养处在较低水平的人数依然占一定比例（27.12%），已然超过四分之一，其中还包括个别骨干教师其结果也不理想，而达到高级水平的人数接近30%。值得注意的是，本次问卷调查对象中，校级骨干37人，县名师16人，市名师4人，合计57人，占总人数的24.15%，据此推断，中西部乡村教师的实际专业发展水平低于本次调查结果的可能性较大。

呈列以上数据旨在证明，乡村中小学的办学硬件与师资软件目前尚存在不同步现象。足见，仅凭增强配足乡村中小学的办学硬件无法实现真正的教育信息化，其关键还是在于师资软件的提升与迭代，其中一条有效路径就是促进乡村教师专业发展。而其专业发展程度及其相关互补性政策保障，似乎与当下的5G、大数据（big data，BD）、区块链及人工智能（artificial intelligence，AI）等新技术要素融入社会生产与生活并使之发生革命性改变的社会趋势还有较大的差距。这从一个侧面也反映出，当前的乡村教师专业发展政策与社会趋势呈离散性相关，其相关政策实践较为滞后。

首先，以中共中央、国务院发布的《关于实施乡村振兴战略的意见》为例，该政策的颁布为乡村教师专业发展构建了宏大的时代背景，就此种意义而言，该政策可以说是将对乡村教师专业发展产生重要影响的社会趋势。然而就与乡村教师专业发展政策的相关性而言，其政策互补性体现得不够充分，主要依据为：该文件中针对乡村教师提及的振兴措施概括起来是“统筹配置城乡师资，并向乡村倾斜，建好建强乡村教师队伍，制定充分向其倾斜的职称改革制度”，显然这是从队伍建设的角度切入的。其次，以《关于加快推进乡村人才振兴的意见》为例，与上一政策相比，该政策聚焦到“乡村人才振兴”议题上，并在“人才”范畴内提出针对乡村教师的措施，其要点包括“加大乡村骨干教师培养力度，精准培养本土化优秀教师；改革完善‘国培计划’，深入推进‘互联网+义务教育’，健全乡村教师发展体系”。最后，以《中西部欠发达地区优秀教师定向培养计划》为例，与上两项政策相比，该政策在其区域范围上进一步缩小到中西部欠发达地区，并将政策受益者限定于入围“优师计划”的公费师范生。其明确提出，促进教师专业发展措施的要点是：各地各校要重视并支持优师计划师范生职后专业发展工作；优先安排履约任教的优师计划师范生参加“国培计划”、访学交流、教学技能竞赛等；计划实施高校要建立跟踪指导机制，通过在线平台等提供优质教育教学资源，开放学校举办的培养培训活动，持续支持优师计划师范生提升教书育人本领，造就“四有”好老师。从中推断，涉及的政策受益群体与乡村中小学教师将会出现一定程度的交叉，这意味着入围“优师专项”计划的乡村教师未来会享有更全面、更完善的专业发展支持体系。同时，这从一定层面上也说明，一部分乡村教师群体缺乏专业发展支持体系保障，故其专业发展政策执行与社会趋势的互动尚待增强与融合。

其二，由前文可知，社会冲击对教育政策执行环境的影响通过利益主体，尤其是目标群体对教育系统相关问题觉知的方式来展现。前文已提及，就教育政策执行而言，教育形成机制的主要作用主体是正式执行机构及其职员，而教育功能机制主要作用于目标群体，如学校、教师及学生。当然，学校作为一个教育微型系统（mini education system），它属于最基层的执行机构范畴。纵观历史发展规律与趋势，社会冲击往往对处于不利处境群体（the disadvantaged group）的消极影响更显著。具体而言，一方面，城市现代化扩张、城市学校发展向“星辰大海”进发、城市教师知识装备“前卫而时尚”；另一方面，农村空心化、农村学校走向撤点并校乃至“消失”、农村教师知识装备“保守而陈旧”。城乡的教育图景确实形成了较为鲜明的对照。显然，乡村教师也同样需要面对这些冲击。

回到乡村教师专业发展政策执行上来，客观而言，乡村教师对其做出的回应整体上是消极大于积极的。实际上，乡村教师在教学及日常工作中要主动或被动地处理许多非教育性事务，如迎接上级部门的行政检查、应付上级分派的各级各类非教育性考评任务等，加之其教育教学对象大概率是留守儿童，需要从教学关注、安全关注及心理关注等方面增强责任心。诸般种种从客观层面上使得乡村教师的工作属性朝愈加复杂的方向发展。访谈中，一位受访教师表达了其对乡村教师多种角色交织的困惑与无奈：试问，生活几乎“连轴转”的乡村教师如何挤出时间主动地投入耗时、劳心劳力的专业发展之中？乡村教师有孩子与家庭，也应该有自己的生活。更不用说那些工作在乡村、生活在城市的“候鸟一族”。其答案是令人沮丧的。显然，他们已经分身乏术，无暇东顾。此时，专业发展于其而言，并不是最重要的。同样地，试问观念守旧、知识迭代迟缓的乡村教师如何转变角色，能动地参与到专业发展政策执行之中？其答案亦是让人挫败的。他们缺乏内生驱动，专业发展政策执行于其而言，只不过是“空中楼阁”。从第一个答案不难看出，乡村教师欠缺“身体自由”，从第二个答案则不难看出他们的“专业自由”缺位。可见，社会冲击往往携其负面力量向乡村教师“碾压”而来，使其无暇周旋、无力而为。以此为据，不可否认，当下的社会冲击与现阶段乡村教师对教育系统相关问题的觉知方式之间存在张力。也就是说，当前社会冲击在现实性层面对乡村教师在其专业发展政策执行过程中施加了负面影响。

综合以上对现阶段我国西部乡村教师专业发展政策执行环境维度所遭遇之困境的详细分析，笔者发现乡村教师专业发展政策执行相关制度安排有待完善、政策互补性有待增强、社会趋势与执行环境有待融合。其对应的客观表现主要包括：乡村教师专业发展政策体制不完善，机制动力不足；乡村教师专业发展政策互补性不足，联动系统缺失；乡村教师专业发展政策与社会趋势及冲击呈离散性相关，政策实践滞后较为严重。

## 四、政策执行策略灵活度审视

可以这样说，如果政策设计维度试图阐明理想的政策是什么以及如何使其变得“智慧”，利益攸关方维度厘清谁是责任主体并通过分析“利益”“能力”与“响应”三要素对政策产生的可能影响进而提炼出“全纳的攸关方参与”方案，执行环境维度是对影响政策执行的制度安排、政策互补性及社会趋势与冲击三者发生“化合作用”而生成的社会文化生态给出的一般性描画，那么执行策略维度则好比工人有了建筑图纸并即将开始动手盖房子之后可能发生的一切行动。

政策理想转化为政策现实必须遵循一定的方略并借助行动来执行。由上一章内容可知，OECD 可视化框架最后对政策执行路径的“疑难杂症”开出了“连贯的执行策略（CIS）”的药方。这是该行动指南的最后一个维度，也是保障打通政策执行“最后一公里”的操作说明书。这一维度指向与给定教育政策有关的一切行动，而这些行动又存在于教育政策执行方方面面的细节。OECD 可视化框架在既有研究基础上对影响教育政策执行的要素做了归纳与提取，提出在行使执行策略时应该从七个重要方面考虑行动方案的可能性与合理性，涵盖了分工、目标、政策工具、沟通与参与、资源、进度等。鉴于此，对乡村教师专业发展政策执行策略层面所遭遇的困境做细致的考察，发现该维度的七个方面存在的局限与不足的具体表现可概括如下。

### （一）分工与机制亟待统筹与改进

由上而知，从教育政策执行责任主体来看，关涉乡村教师专业发展政策执行的责任主体主要集中在中观到微观层面，其涉及的行政部门有省级人民政府、市级人民政府及县（区）级人民政府；其涉及的教育主管部门涵盖教育厅、市教育局（委员会）、县（区）教育局（委员会）；其涉及的教师教育机构有省级高水平师范大学、地方师范院校、地方教师发展中心、地方教师发展学校。事实上，学校是最基层的教师培训机构，它是校本培训（school-based training）的主阵地，现阶段，它主要依托“三名工作室”（名校长、名班主任、名师）建构校本教师研训体系。自《乡村教师支持计划（2015—2020 年）》颁布以来，乡村教师政策与我国基础教育治理模式深度融合，逐渐形成了“省级统筹，以县为主”的地方乡村教师治理格局。就此意义而言，乡村教师专业发展政策执行的直接责任主体是地方政府、地方教育局、地方师范院校、地方教师发展中心以及中小学校，其中地方政府与地方教育局是乡村教师治理主体，地方师范院校与地方教师发展中心是乡村教师培养培训主体，而中小学校是乡村教师发展主体。以上各类主体中还有一个最不应该被忽视，也最不能缺位，那就是乡村教师。从本体论的视域来看，乡村教师才是其专业发展政策执行的真正主体。

然而，笔者通过省视乡村教师专业发展政策执行的相关理论、经验及实践，发现既有政策执行过程中各主体在权、责、利等方面尚缺乏明晰的规定，这在一定程度上说明其执行任务分工有待进一步统筹谋划，各组织机构代表的立场存在分歧，各利益主体履行其责任的保障机制亟待改进。于乡村教师而言，以政策作为强大杠杆来促进其专业发展的专门性教师政策主要有“交流轮岗”“县管校聘”“国培计划”等，如《关于推进县（区）域内义务教育学校校长教师交流轮岗的意见》是第一个关于“交流轮岗”的专业专门政策；国务院印发的《关于统筹推进县域内城乡义务教育一体化改革发展的若干意见》中明确提出，全面推进教师“县管校聘”改革，加强校长教师轮岗交流；教育部等六部门发布《关于加强新时代乡村教师队伍建设的意见》，在既有政策基础上提出了以下更细致、更可行的乡村教师发展措施：健全县域交流轮岗机制、加强城乡一体流动、多种形式配备乡村教师、抓好乡村教师培训、发挥新技术助推作用、培育乡村教育带头人、拓展多元发展空间、促进青年教师专业成长、丰富青年教师精神文化生活。总的来说，乡村教师专业发展政策正在发生一个明显的转向，即从注重外部保障向关注其内涵式发展转变，教育治理模式由过渡型转向精细型。即便如此，需要强调的是，乡村教师专业发展政策执行在其任务分工与责任机制方面依然还有一定的改进空间。

从“乡村教师政策执行调查问卷”中乡村教师对“任务分工”“责任机制”感知的结果中也得到对上述问题的一些印证。第 45 题“对乡村教师政策执行监察不够”的回答情况按“完全认同”到“完全不认同”的比例依次为：17. 69%（完全认同）、46. 15%（基本认同）、20. 77%（说不清）、10. 00%（基本不认同）及 5. 39%（完全不认同）。可见，参与问卷的乡村教师多数（63. 84%）① 认为乡村教师政策执行监察不够，而持否定态度的仅占 15. 39%，这在一定程度上说明乡村教师专业发展政策执行的责任机制尚不完善。再以第 49 题“教育权力过于集中”的回答详情为例，从“非常严重”到“没有影响”的比例依次为：10. 77%（非常严重）、32. 31%（比较严重）、36. 92%（说不清）、18. 46%（不太严重）及 1. 54%（没有影响）。可见，在乡村教师专业政策执行中集权式的治理模式依然是主导，占比是 43. 08%②，虽不及一半，但其影响不容小觑。加之，持保留态度的教师占 36. 92%，这从一个侧面反映，政策权力的运行

① 计算公式：认为监察力度不够的比率=完全认同%+基本认同%。

② 计算公式：教育权力集中程度=非常严重%+比较严重%。

存在“黑箱效应”，于大多数普通教师（80%）① 而言，教育权力不可企及。

（二）目标与需求亟待调试与瞄准

承上而知，OECD 可视化框架始终在传达这样的讯息：一项策略通常需要设定若干目标以及初步拟定实现目标的具体方案，且必须注意策略的总体一致性及预先排序优先事项。这意味着，在制定乡村教师专业发展政策执行策略时，需要对政策具体目标的设定做出审慎考量。在此之前，须预先回答一个根本性问题：政策具体目标设定究竟要基于何方主体的立场？探究这一问题的答案可以从政策的实际受益者切入。在乡村教师专业发展政策执行范畴中，显而易见，乡村教师理应是最直接同时也是最大的受益者。但事实并非如此简单。前文已有所提及，呈垂直金字塔的科层制度在我国主要政治场域及公共场域依然占据主导地位，这使得乡村教师专业发展政策决策者与执行主体在设定政策远景目标与具体目标时，常常受习惯与思维定式的影响，将权力与责任上移，实际操作中将对“上级负责”作为首要价值取向，对下注重宏观调控，遵循规范逻辑，而不太注重促进其发展与更新。具体而言，当前乡村教师专业发展政策虽然在政策设计中将乡村教师作为主要目标群体，但执行过程中其政策落脚点与出发点并不是乡村教师。

以上情况无疑造成了乡村教师在其专业发展政策执行过程中的主体性缺席。纵使教育政策从中央到地方再到学校层层下达，乡村教育、教学及课程等系列改革在地方政府、地方教育主管部门、地方教师和教育机构及乡村学校多方形成的合力推动下正在轰轰烈烈地展开，可是如果不把参与主动权与专业自主权交到乡村教师手中，乡村教育改革的成效就会不尽如人意，甚至会大打折扣。乡村教师是乡村教育的第一资源。试想，如果乡村教师在振兴乡村教育进程中没有主动性、发展性及创造性，那么乡村教育如何谋求高质量发展？进而乡村教育如何谋求振兴？鉴于此，乡村教育发展关键看乡村教师发展，而乡村教师发展的本质内核是其专业发展。以此为对照，笔者所观察到的乡村教师专业发展政策执行的现实图景大抵与之还是有所出入的。

首先，乡村教师专业发展政策执行策略的决策主体以头部的行政部

① 计算公式：教育权力模糊程度=非常严重%+比较严重%+说不清%。

门、教育主管部门为主，尽管其决策过程中有专家咨询环节以及有来自基层的教师代表参与，但后者大多流于形式，无法做到实质性参与。这使得乡村教师较难在涉及切身利益的决策中发声，且无处表达自己的立场与诉求。如此一来，决策主体只负责单向地公开决定、发布信息及安排任务分工，传统上，上部并不期待接收底部的反馈，其职能定位更多的是规范、控制及监督。因此，决策者关于执行策略设定目标的逻辑起点是如何将政策下达给执行主体，而执行主体的直接工作对象是目标群体，但其遵循的工作逻辑是如何完成上级交代的任务。也就是说，决策者与执行主体在对政策结果评估时其判断标准是“唯上”“唯书”，而不是基于目标群体所获得的改善与发展。显然，这就是问题的症结所在，乡村教师专业发展政策执行如果不以促进及提升乡村教师专业发展为评判政策好坏或成败的标准，就是与实践逻辑相悖的。然而，事实证明，在乡村教师政策执行过程中存在一些非逻辑、非理性的案例。一个令人费解的现象是，乡村教师是其专业发展政策执行最直接也是最大的受益者，但其似乎是态度最“冷漠”的群体。于其而言，他们好比专业发展政策执行的局外人与旁观者。这背后的原因很值得去深挖。

其次，另一个突出的现象是，在政策执行过程中，受决策者、执行主体及目标群体之间的单向传导机制的影响，乡村学校作为最基层的执行机构，政策执行的边际效应层层递减，故其组织职能也是处于最被动的状态。乡村学校的日常就是应付上级部门的各项检查与督导以及全力拼凑上部“摊派”的各项指标，客观地讲，其中非教育教学性事务所占比例较为突出。回到乡村教师专业发展政策执行议题，本应该为乡村教师专业发展提供最强有力组织支持的乡村学校却因各级各类非教育教学性事务的干扰而“无暇东顾”。乡村学校作为乡村教师专业发展研训主阵地的缺位、缺场及缺能，与乡村教师的“冷漠”态度必然有千丝万缕的联系。

最后，与“冷漠”相反，囿于种种主客观原因，如专业发展政策未能对乡村教师给予执行主体确认、未为其设计适切的研训课程以及缺乏行之有效的激励机制等，乡村教师专业发展意识尚未觉醒或徒有意识却没有行动，其对自身专业发展尚未树立主人翁意识。

关于这种情况，在“乡村教师专业发展水平调查”及“乡村教师政策执行调查”两份问卷中均得到一定的证据支撑。多数乡村教师专业发展意识尚属薄弱的数据已陈列在前文，故不再赘述。笔者将直观呈现第二份问卷的第71、72题的具体回答情况以兹为证。据第71题“政策目标群体的观念意识与改变意向”的回答情况，参与问卷的教师认为政策执行中目标群体的“意识与观念”从“非常重要”到“完全不重要”的比例依次为：47.69%、31.54%、17.69%、2.31%及0.77%。该组数据呈递减趋势，持肯定态度的占比为79.23%①，持否定态度的占比仅为3.08%②，可见，多数乡村教师认同在政策执行过程中须关注目标群体的意识与观念的重要性。同时，需要注意的是，持中立态度的占比为17.69%，说明对政策目标群体认知存有不知情或怀疑的乡村教师依然还有一定数量。笔者对第72题“制定基于政策愿景的推动改变的具体方案”的回答情况做分析，发现该组数据与第71题呈相似的递减趋势。具体数据如下：从“非常重要”到“完全不重要”的比例依次为48.46%、33.85%、16.92%、0.77%及0。由此可知，持肯定态度的占比为82.31%，持否定态度的占比仅为0.77%。足见，多数参与问卷调查的教师认同政策执行的宗旨在于推动改变且须有配套的具体行动方案。同时，该组数据传递的另一个重要信息是：持否定态度的占比仅为0.77%。也就是说，填写问卷的130名乡村教师中仅有1名教师认为政策执行中基于政策愿景去推动改变及制定具体行动方案“比较不重要”。将以上两组数据与现实对照可以得出：当前大多数的乡村教师认同政策目标群体其意识与观念的重要性，以及正确认知政策愿景与政策路径关系的重要性，这是数据事实；当前，在乡村教育场域，大多数乡村教师对专业发展政策执行持“疏离”的态度，这是行动事实。显然，两个事实存在较大的反差。这是否意味着乡村教师正面临着“知”“行”不一的困顿？如果答案是肯定的，那么造成这种局面的是客观原因还是主观原因？他们是主动选择还是被动接受？这一系列问题都值得仔细斟酌、深入研究。

综上所述，就乡村教师专业发展政策执行策略维度而言，政策决策者及执行主体在处理政策愿景与具体目标的关系层面还需要进一步调适与修缮，特别是在对目标群体主动性、发展性及创造性的激发与驱动上，还需要长期持续关注与投入大量人力、物力及财力。政策执行策略的逻辑起点应该由外部的供给侧转向内部的需求侧。

---

① 计算公式：肯定=非常重要%+比较重要%。

② 计算公式：否定=不太重要%+完全不重要%。

### （三）工具单向化亟待转向多元化

在政策实践中，就其执行策略维度而言，第三个需要关注的变量是政策工具的选择与使用。因为在现实中一旦这一层面出现问题，那么其矛盾表现就会较为突出。梳理近年来颁行的各级各类乡村教师专业发展政策文本，上至总揽全局的“十四五”教育规划和2035年远景目标，下至地方政府出台的相关政策，均一致强调要明确政府的主体责任、建立健全体制机制及保障措施等。可见，现阶段针对乡村教师队伍建设及教师专业发展采用的政策执行工具还是以垂直的、自上而下的行政命令式为主导。虽然随着行政机构改革的逐渐深化，上级职能部门对下级所属单位采取“放管服”的工作思路在不断生成，但是由于基层机构在长久的“上传下达”的工作流程中形成了路径依赖，短期内要求其发生根本性转变是不切实际的。

从单方面看，乡村教师专业发展政策在理论上已经尽可能地周全以及规避了大部分风险。然而，在实际的政策推进过程中，许多棘手、出乎意料、进退两难的问题不断涌现。比如，政策执行发生偏差、执行效率较低、执行受到抗阻，以及政策缺乏稳定性、持续性与周期性监控与评估。此外，单向的政策工具往往将目标群体放置在权力的最末端，却将其放置在责任的首端。如此一来，被权力架空、话语权阙如的乡村教师不仅是被动的、被区隔的，还是“失语”的、“人微言轻”的。这意味着，乡村教师没有得到完全的信任，亦没有被平等地对待。从一开始乡村教师就被预设为“问题”而不是解决方案。这显然是与研究者提出的“乡村教师是乡村振兴之源”① 的观点相左的。这也从侧面反映了单向政策工具的局限与弊端。乡村教师作为专业发展政策的核心目标群体与执行主体，应该尽可能全过程地参与政策循环。

乡村教师专业发展政策执行过程中，政策工具的采用与选择方面存在的主要问题从“乡村教师政策执行调查问卷”中也可窥见。问卷中共有7道题与“政策工具”因素相关，分别是第34题、第39~44题。问卷采用李克特五点计分法，按照从否定到中立再到肯定的顺序将原始值“完全不认同”“基本不认同”“说不清”“基本认同”及“完全认同”升序编码为“1、2、3、4、5”，然后对以上7组数据进行描述性统计分析。其结果显

---

① 陶宏. 乡村教师是乡村振兴之源［N/OL］.（2020-09-04）［2021-12-10］. http://www.jyb.cn/rmtzcg/xwy/wzxw/202009/t20200904_355824.html.

示，最大值除第 39、40 题为“5”以外，余下题项均是“4”，最小值全部为“1”，不存在异常情况。但是在“平均值”与“方差”两个指标下存在表现突出的数据，如对第 40 题“乡村教师政策执行方式机械教条”的回答情况的统计结果显示，其平均值为 3.5，此为该列的最高值，该平均值介于“说不清”与“基本认同”，这说明参与问卷调查者半数以上已经明确感知到“政策执行方式机械教条”。又如，第 43 题“乡村教师政策执行激励机制不健全”的回答情况的统计结果显示，其方差值为 1.429，此为该列的最高值；然而其平均值为 2.931，是该列中的最小值，该平均值介于“基本不认同”与“说不清”，说明参与问卷调查者持中立与否定态度的不足一半，但占比不小（说不清%+基本不认同%+完全不认同%=22.31%+10.00%+3.08%=35.39%）。以上数据间接表明，64%以上的参与问卷调查者认为乡村教师政策执行激励机制不健全。此外，一个重要指标值得关注，那就是变异系数（CV）。依据该统计结果，所列 7 个题项的变异系数均大于 0.15，表明数据中可能存在异常值，其中，第 43 题的变异系数值为 0.408，是该列的最大值，这一定程度上是对上述所做结果分析的佐证。在以上描述性统计结果中表现突出的诸如“协商机制不健全”“激励机制不健全”“官僚主义现象严重”“执行方式机械教条”等问题与乡村教师专业发展政策实践是相吻合的。

综上所述，就乡村教师专业发展政策执行策略维度而言，现阶段政策决策者与执行主体所采用与选择的“政策工具”以垂直的、自上而下的行政命令式为主，而较少选择平面的、自下而上的民主驱动模式，如“协商机制”“激励机制”“能力建设机制”等。或者说尽管在理论层面与意识层面对以上执行机制已经有所考虑，但执行力度与行动力度显著不足，有形式大于内容乃至流于形式之嫌。一些新兴的政策工具正逐渐进入教育政策视域，如能力建设机制及学校-社区共同体构建等，但执行主体及目标群体对政策工具选择多元化的诉求仍显迫切。

（四）沟通与参与亟待畅通与驱动

承上，在政策实践中，执行策略维度第四个需要关注的方面是利益攸关方的沟通及参与策略。同样地，OECD 可视化框架就利益攸关方之间的沟通及参与给出了相应的策略。就各方沟通而言，其策略是正面接触、诚恳对话；就主体参与而言，其策略是全纳接受、主动参与；就各方沟通及参与的时间与过程而言，其策略是越早越好、全程在场；就回应目标主体需求而言，其策略是结合“在地”需求，在行动中不断调整。以此为分析框架来观察当前乡村教师专业发展政策执行的实景，尽管国内乡村教育场域有其特殊性，乡村教育政策执行有其内在运行规律，但 OECD 可视化框架就利益攸关方主体之间沟通及参与所提议的策略，对精准靶向乡村教育政策执行范畴中的相应问题有镜鉴意义。接下来，笔者将从沟通策略及参与策略两方面探究乡村教师专业发展政策执行存在的问题或潜在的局限。

首先，利益主体沟通不畅的问题比较凸显。在乡村教育场域，其沟通不畅主要有以下客观表现：其一，乡村教师专业发展政策执行利益主体缺乏沟通策略的理论浸润；其二，乡村教师专业发展政策执行利益主体缺乏沟通策略的经验淬炼；其三，乡村教师专业发展政策执行利益主体缺乏沟通策略的实践检验。具体而言，在理论层面上，一方面，乡村教师专业发展政策执行主体之间，尤其是地方政府与地方教育主管部门之间缺乏沟通理论的指导，主要指向执行组织及其工作人员的沟通意识、沟通知识及沟通策略等方面的理论储备欠缺。地方政府及其下级机构是“上令下达”的行政关系，关键信息只在行政系统内部流转，对其他系统而言是封闭的。地方教育主管部门及其下级单位在其内部形成了一个同样的信息闭环，于其他系统而言亦是封闭的。可见，系统与系统之间存在信息壁垒，即在一定程度上，地方行政系统与地方教育系统之间的沟通渠道尚未打通，这显然阻碍了政策执行主体之间的沟通。另一方面，乡村教师专业发展政策执行主体与目标群体之间，尤其是地方教育主管部门与乡村教师之间缺乏沟通理论的指导，主要指向前者缺乏对后者的认识与了解以及与之沟通的意识与意愿；反之，后者缺乏对前者的组织制度、运行机制的认识与理解，更重要的是，乡村教师对教育政策及其执行相关的意识、知识及能力等方面的储备是较为匮乏的。

在经验层面上，由于缺乏适切沟通理论的指导，加之金字塔式的科层制传统，不论是政策执行主体上下级之间，还是其与目标群体之间的沟通，要么是渠道不通无法发生，要么是体验不佳遭遇失败。也就是说，受传统的政策工具掣肘及囿于组织沟通文化阙如，乡村教师专业发展政策执行过程中执行主体之间与目标群体之间彼此缺乏具体的沟通体验，这使得各利益攸关方的沟通策略缺乏直接经验，从而没有理论来指导实践。康德

（Kant）曾说过：没有理论的经验是盲目的，而没有经验的理论只不过是智力游戏。将康德的话移用到实践层面可以推导出：没有理论的实践是盲目的，没有实践的理论是空洞的。由上而知，理论与经验存在互动关系，实践对理论有动力作用，且经验是二者之间的重要媒介。鉴于此，在实践层面上，由于理论浸润的缺失及经验淬炼的阙如，各政策利益攸关方之间缺乏沟通策略的实践检验。同样地，政策执行主体平行层面与垂直层面的沟通努力不被重视甚至不被鼓励。执行主体与目标群体之间的沟通则大多出现以下局面：执行主体习惯于“管理者”身份而认为没有必要与目标群体沟通，目标群体习惯于长期处于“被安排”的地位而缺乏主动与执行主体沟通的意识、意愿及动机。

其次，目标群体参与不足的问题依然较为严峻。在乡村教育场域，目标群体参与不足与利益主体沟通不畅的主要表现大致相同，同样可以从理论、经验、实践三个维度剖析乡村教师专业发展政策执行中目标群体参与内驱力不足的难题。在对目标群体内驱力不足展开谈论之前须明确一点，即在教育政策执行的循环中，学校既是最基层的执行主体，又是地方教育主管部门的目标群体。因此，乡村学校同乡村教师一样兼具执行主体与目标群体的双重角色。明确这一点有助于我们更容易地识别目标群体参与内驱力不足的客观表现：一方面，由于权力分配不均衡，部分乡村学校的领导层立足于“对上负责”，将自身定位为执行上级主管部门政策的目标群体，而不是政策执行主体。同时，部分乡村学校的领导层出于“对下管理”，将乡村教师定位为从属的目标群体，而不是政策执行主体。这种情况直接导致乡村学校对上没有呼吁更积极、更民主地参与，对内没有更开放、更有效地沟通。另一方面，囿于种种主客观因素，多数乡村教师往往将自身定位为目标群体，对于政策执行的角色期待较低，要么被动听从学校及领导的安排，要么觉得政策及其执行与自己无关，要么对政策执行现实感到心有余而力不足。这使得乡村教师对内没有参与意识、动机、期待及行动，对上亦没有参与通道、诉求及策略。

关于以上乡村教师专业发展政策在其执行策略维度下利益主体沟通不畅、参与策略驱动不足的问题，笔者除了从大量相关数据与研究成果中找到直接或间接的证据支撑以外，在“乡村教师政策执行调查问卷”中也得到了一定程度的印证（见表 3-5）。

表 3-5 “乡村教师政策执行调查问卷”第 9、10 题区分度分析

| 题目 | 组别(平均值±标准差) | | | t | p |
|---|---|---|---|---|---|
| | 0~27%(n=36) | 27%~73%(n=58) | 73%~100%(n=36) | | |
| Q10:乡村教师只是政策的被动执行者,应无条件执行相应政策_数字编码 | 1.222±0.422 | 2.379±0.697 | 3.833±1.082 | -13.488 | 0.000*** |
| Q9:乡村教师没有资格参与乡村教师政策的制定_数字编码 | 1.139±0.351 | 2.845±0.812 | 4.417±0.604 | -28.173 | 0.000*** |

注:*** 代表 1%的显著性水平。

将第 9 题“乡村教师没有资格参与乡村教师政策的制定”与第 10 题“乡村教师只是政策的被动执行者,应无条件执行相应政策”的数据进行处理并对其采用“区分度”算法分析,结果显示两个题项的 p 值均为 0.000***,呈显著性。这说明以上量表项设计合理,区分度高,可以根据均值与检验值进行差异性分析。如表 3-5 所示,第 9 题的低中高分组的均值分别是 1.139、2.845、4.417,第 10 题的低中高分组的均值分别是 1.222、2.379、3.833。可知,第 9 题的低分组均值略低于第 10 题的对应值,但前者的中高分组的均值都高于后者的对应值。可见,两组数据均呈上升趋势,但存在其他差异,应对其可能包含的差异关系做进一步挖掘。值得注意的是:其一,区分度分析结果显示,第 9 题数据“中”分组的样本量与“高”分组的样本量相等,即 $n=36$①,这说明参与问卷调查者选择“不清楚”的人数与选择“完全不同意”的一样多,可以理解为持中立(迟疑)态度者与持完全否定态度者相当;其二,第 10 题数据“低”分组中的选择“不清楚”与“完全同意”的样本之和等于“基本不同意”的样本数,这可以理解为多数的参与问卷调查者对“乡村教师只是政策的被动执行者,应无条件执行相应政策”表达了强烈的反对意见。这无疑从一个重要侧面表明,乡村教师专业发展政策执行策略维度中尚存在利益主体沟通不畅、参与驱动不足的现实性问题。

(五)资源的配置亟待平衡与改造

承上,在政策执行实践中,执行策略维度第五个需要关注的方面是资

① $n=130\times25.38\%\approx33$。

源。以 OECD 可视化框架为参照，就资源这一重要因素而言，可将其划分为客观资源与主观资源。前者包括资金、技术及知识，后者则主要指执行主体及目标群体对客观资源的使用能力。前文一直在强调，政策的生产、执行及循环不可能发生在真空之中。资金、技术及知识无疑是政策得以有效执行的物质前提与客观基础。在精细型教育治理模式中，乡村学校的规模效应最小，导致乡村教师专业发展政策执行的运行成本较高。若想乡村教育高质量发展，理所当然要对乡村学校及乡村教师队伍建设投入大量的资金、技术及知识。有一点是不证自明的，乡村教育高质量发展不仅需要为乡村学校配置丰富、充足的教育物质资源与现代的硬件设施，而且需要为其装备优质、卓越的人力资源与先进的软件设施。当然，尽管许多乡村学校在客观层面已经实现标准化与信息化，但现代化装备似乎在乡村教育场域较难施展，部分乡村教师也不具备享受教育现代化“红利”的能力与素养。受此触动，相关研究者已经开始对“乡村需要什么样的教育”展开了反思。其中，有研究者提出，乡村教育应该保有自己的底色而不是被所谓的城镇化裹挟。显然，保有底色并不意味着乡村教育、乡村学校、乡村教师及乡村儿童不需要外部支持与保障，更不是说乡村教师不需要专业提升与发展。

喜闻乐见的是，国家已将乡村教育振兴及乡村教师发展放到顶层设计的高度。自 2015 年《乡村教师支持计划（2015—2020 年）》颁布实施以来，乡村教育、乡村学校、乡村教师及乡村儿童获得了置于优先地位、长久、持续的关注、帮助与支持，经过数年的努力，乡村教育生态发生了较大变化。特别是对乡村教师而言，国家与政府对其支持体系构建正在发生一个明显的转向，即从建立健全外部体制保障转向构建专业发展支持体系。2021 年 7 月，教育部等九部门联合印发《中西部欠发达地区优秀教师定向培养计划》①的通知中明确提出：以定向培养的方式，每年为 832 个脱贫县和中西部陆地边境县培养优秀教师②。这足见国家对乡村教育国家战略地位的重视，对乡村教师队伍建设最优先事项的关切。客观而言，21 世纪以来，我国在乡村教育重建与再造过程中总结了许多行之有效的“中国经验”，淬炼了众多屡创奇迹的“中国智慧”，这一切是值得我们自信与骄傲的。与此同时，回归到乡村教师专业发展政策执行议题，决策者、执行主体、目标群体及

① 教育部.关于印发《中西部欠发达地区优秀教师定向培养计划》的通知［A/OL］.（2021-08-03）［2021-12-13］. http://www.moe.gov.cn/srcsite/A10/s7011/202108/t20210803_548644.html.

② 程建平，等. 中西部欠发达地区优秀教师供给（笔谈）［J］. 教育研究，2021（6）：16-36.

研究者应该实时追踪、着力解决政策执行实践中存在的潜在问题，并提前预判与规避其可能遭遇的风险。

综合采用文献梳理、政策文本分析、问卷调查及访谈等研究形式对乡村教师专业发展政策执行策略维度的本地化考察，笔者发现，就其资源而言，推进乡村教师专业发展政策执行的资源依然存在至少以下两方面的局限：一是客观资源配置不均，二是主观资源结构不良。

1. 客观资源配置不均

客观资源主要指向资金、技术及知识。首先，就资金而言，教育部、国家统计局、财政部发布的《2020 年全国教育经费执行情况统计公告》显示，2020 年度全国教育经费总投入为 5.30 万亿元，其中国家财政性教育经费为 4.29 万亿元，占 GDP 的 4.22%①，这意味着我国教育经费总投入已经连续 9 年保持“不低于 4%”。这有力地彰显了党和政府深入推进教育现代化、多措并举奋力建设教育强国的决心与力度。我国教育生态整体向好并正朝着构建教育高质量发展体系迈进这一事实毋庸置疑。同时，需要看清一个客观存在的、历史遗留性的既定事实：教育场域中依然存在城乡、区域、校际等诸多层面的差距。具体到乡村教师专业发展政策执行实践，在“以县为主”的地方教育治理模式下，用以推进乡村教师专业发展政策有效执行的经费多由县级教育主管部门与乡村学校共同承担。而县级教育主管部门的经费由地方政府财政拨付。承上，全国县级地方财政的情况千差万别势必导致其对乡村学校及乡村教师专业发展所供给的支持保障力度强弱有别。加大经费的投入与支持力度仅是一个基础性条件。

其次，就技术而言，主要指向以人工智能、大数据、物联网（net of things, NT）等为代表的第四代新型技术要素。这些新技术要素正在改造与重塑社会各个领域的实践样态，教育领域亦不例外。于新时代的教育场域而言，技术更具体地指向教育信息化 2.0。相关资料显示，《中国教育现代化 2035》② 将“加快信息化时代教育变革”作为重点部署的十大战略任务之一，并具体提出建设智能化校园以及统筹建设一体化智能化教学、管理与服务平台等有力措施。对于此，应辩证地看待，一方面，政策的助推与

① 光明日报. 连续 9 年“不低于 4%”，本轮教育经费投入有何不同 [EB/OL]. (2021-12-03) [2021-12-13]. http://www.gov.cn/xinwen/2021-12/03/content_5655560.htm.

② 新华网. 中共中央、国务院印发《中国教育现代化 2035》[EB/OL]. (2019-09-23) [2021-12-13]. http://www.moe.gov.cn/jyb_xwfb/s6052/moe_838/201902/t20190223_370857.html.

技术的加持势必给乡村教育发展带来“跨越式”发展的新契机；另一方面，新技术的卷入必然重塑乡村教育新生态，进而给习惯于“慢节奏”的乡村教师群体带来冲击。对于尚未完全做好心理与技术准备的乡村教师而言，在这场新技术革命中，不论是主动迎难而上还是被其裹挟或钳制，一定程度上说，均是一场挑战系数较高的攻坚战。笔者之所以如此判断有确凿的理由。前面已经提及，当前乡村教师群体信息技术素养的提升还需要进一步加强与跟进。这在“乡村教师专业发展水平调查问卷”结果中收集到可靠证据。对其中“关于信息素养提升，你最像下面哪一种”的原始数据进行数据标签—数据编码—数据分析三个步骤，选择“正态性分析”算法，得出以下检验分析结果（见表 3-6）：其一，总体性描述结果显示，分析项样本 $N \geqslant 50$，采用 K-S 检验，显著性 p 值为 0.000***，水平呈现显著性，拒绝原假设，因此数据不满足正态分布。尽管如此，但其峰度（-0.532）绝对值小于 10 并且偏度（0.643）绝对值小于 3，提示应该结合正态分布直方图、P-P 图或者 Q-Q 图进行进一步分析；其二，正态性检验直方图说明数据虽然不是绝对正态，但基本可以接受为正态分布；其三，正态性检验 P-P 图表示计算观测的累计概率（P）与正态累计概率（P）的拟合情况，二者的拟合程度越高越服从正态分布；其四，正态性检验 Q-Q 图“Quantile Quantile Plot”表示用图形的方式比较观测值与观测值（假定正态下的分布）不同分位数的概率分布，从而检验是否吻合正态分布规律，实际数据作为 X 轴，假定正态时的数据分位数作为 Y 轴，以此描绘散点图，散点与直线重合度越高越服从正态分布，散点差异越大越不服从正态分布。

**表 3-6 “乡村教师专业发展水平调查问卷”第 9 题正态性检验分析**

| 变量名 | 样本量 | 中位数 | 平均值 | 标准差 | 偏度 | 峰度 | S-W 检验 | K-S 检验 |
|---|---|---|---|---|---|---|---|---|
| Q9：关于信息素养提升，你最像下面哪一种？ | 236 | 2 | 2.114 | 0.98 | 0.643 | -0.532 | 0.832（0.000***） | 0.275（0.000***） |

注：*** 代表 1%的显著性水平。

从以上统计结果可以直观地看出，参与本次问卷调查的乡村教师其信息素养自测平均值为 2.114，中位数为 2，可见平均值仅仅略高于二级水平，且从正态性直方图中可以看出处于较低水平（1～2 级）的乡村教师是多数。这有力证明，在推进乡村教师专业发展政策执行的进程中，若想借助技术层面的策略，着力夯实乡村教师的信息素养是一个关键的突破口。

最后，就知识而言，乡村教师专业发展政策执行需要深厚的知识底蕴。承上，乡村教师专业发展政策执行涉及多元决策主体、执行主体、目标群体及利益攸关方。加之，该政策执行是一个有目的、多层次、多方向、复杂的动态过程。鉴于此，要实现乡村教师专业发展政策的有效执行就要有强大的知识体系构建作为后盾。就知识体系构建而言，须首先回答一个基本问题：谁是其构建主体？显然，政策执行先验存在的复杂性决定了该知识体系构建的主体应该是由多元主体共生而成的知识共同体，更严格来说，是发展共同体，甚至是命运共同体。

理论—经验—实践三维的逻辑传导链告诉我们：上面所列三个主体所拥有的知识实然不可能是整合与完备的，若主体之间欲建构知识共同体、发展共同体及命运共同体，必须打破壁垒、超越隔阂，通过结盟（ally）才能达成知识的传输、共享、整合及创生。出于操作性需要，笔者将对该知识建构体系进行细致考察的范围缩小至乡村教育场域最基本的中观系统，即由地方教育主管部门、地方教师教育机构、乡村学校、乡村教师四个主体之间建构的知识网络。这就是乡村教师专业发展政策执行知识建构系统，它实际上好比一个在地化的“生态系统”。在梳理以上主体之间如何建立知识联系并建构知识网络之前，有必要厘清各主体在该生态系统中担当的主要角色。地方教育主管部门处于本系统的顶端，其主要角色是中观层面的决策者；地方教师教育机构涉及地方师范院校与地方教师发展中心，其主要角色是中观层面的执行者，同时二者也是微观层面的决策者；乡村学校与教师教育机构同级，担当中观层面的执行者，同时它也是微观层面的决策者；乡村教师主要充当中观、微观层面的目标群体。笔者将四个主体之间的关系用图 3-2 直观呈现。

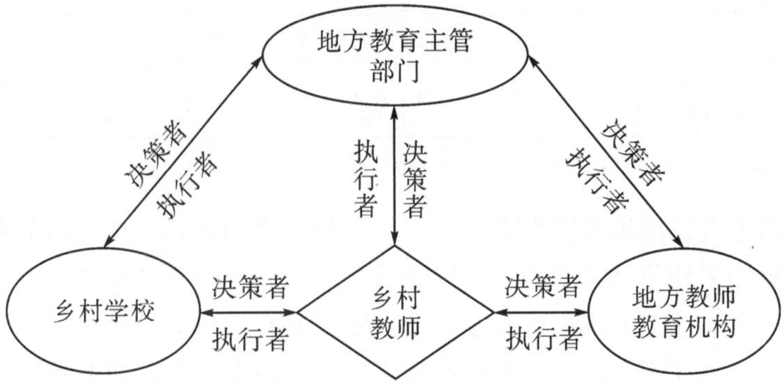


**图 3-2　乡村教育中观系统**

由图 3-2 而知，在乡村教师专业发展政策执行的知识体系建构系统中，重点涉及三类角色主体，它们分别是决策主体、执行主体及目标群体。它们应然具有的知识是决策知识、执行知识及目标群体知识。具体到乡村教师专业发展政策执行范畴，以上主体理论上应该至少具备关于政策的知识、关于教师专业发展的知识以及关于乡村教师的知识。然而大量研究成果与数据表明，乡村教师专业发展政策执行中各利益攸关方所具备的知识是不完备的，或其所拥有的知识资源是不平衡的。客观表现在：于决策者而言，他们具备的主要是关于政策的经验知识与实践知识，一定程度上缺乏先进的政策及政策执行理论知识、乡村教师知识及其专业发展知识；于执行者而言，地方教师教育机构具备的主要是政策执行的经验知识与实践知识、教师专业发展的理论知识，一定程度上缺乏先进的政策及政策执行理论知识、乡村学校知识、乡村教师知识及其专业发展知识；于目标群体而言，乡村学校具备的主要是政策执行的经验知识与实践知识、乡村学校的经验与实践知识、一般教师及乡村教师发展经验与实践知识，一定程度上缺乏先进的政策及政策执行理论知识、乡村学校理论知识、教师发展理论知识、乡村教师理论知识及其专业发展理论知识。而乡村教师具备的主要是乡村学校的经验与实践知识、乡村教师专业发展的经验与实践知识以及乡村儿童的经验与实践知识，一定程度缺乏以上所列的政策及政策执行的知识、教师发展的理论知识，以及乡村学校、乡村教师及乡村儿童的理论知识。

综上所述，乡村教师专业发展政策执行中各利益主体的知识网络构建须进一步搭建与整合。一言以蔽之，乡村教师专业发展政策执行就其执行策略维度而言，由资金、技术及知识而构成的客观资源尚存在资源配置不均的局限。

2. 主观资源结构不良

综上，执行策略维度中的主观资源主要指向执行主体及目标群体对客观资源的使用能力。鉴于此，此处主观资源即指政策执行中担当主体责任的组织及个人对上文提及的以资金、技术及知识为主要构成的客观资源的运用能力。由上而知，担当主体责任的组织与个人具体包括：地方教育主管部门、地方教师教育机构、乡村学校及乡村教师。就各利益攸关方中的关键主体的组织能力及个体能力差异在前文中已经比较详尽地阐述过，在此不再赘述。最后强调一点，就其执行策略维度的资源层面而言，客观资源与主观资源二者之间存在强大的张力，具体表现为：客观资源是主观资源的物质基础，主观资源是客观资源的工具及手段。

就政策执行中的资源分配而言，利益攸关方采用沟通、协商及联盟等方式共同致力于追求“帕累托最优”（Pareto optimality）应该是一种比较合理的价值选择。帕累托最优也称为帕累托效率（Pareto efficiency），是指资源分配的一种理想状态，假定固有的一群人和可分配的资源，从一种分配状态到另一种状态的变化中，在没有使任何人境况变坏的前提下，使得至少一个人变得更好。归根结底，不论决策主体、执行主体还是目标群体，人才是一切工作的出发点和落脚点。就乡村教师专业发展政策执行这一“生态系统”而言，乡村教师应该主动走入且理应成为系统中心。鉴于此，当务之急就是科学、合理地分析、审视进而解决好主观资源结构不良的难题。

（六）时间与节奏亟待优化与斟酌

承上，在政策执行实践中，执行策略维度第六个需要关注的方面与时间有关。以OECD可视化框架为参照，就执行策略维度而言，与时间有关的重要因素有两个：一是执行方案的日程表（schedule），如政策变革持续时间的长或短，政策执行的短期目标与长期目标；二是执行推进的节奏（pace），如政策执行推进速度的快与慢及推进力度的强与弱。

以时间之维为棱镜来观照政策执行，它是一个由过去、现在及未来共同构成的时间连续体。从此种意义上讲，要绝对地将何时执行开始、何时结束及何时终止精准地确定下来是不可能的，因为形势可能发生变动，故而执行或许需要调整，有时甚至连政策都要发生变更，这也是常理之中的。尽管如此，政策执行依然需要一个过程性的管理，这意味着执行有必要预设一个大致的、松弛有度的时间进度表。当然，除了常规的时间进度表以外，还需要制定一个预备案以备不时之需。

以艺术之维为棱镜来观照政策执行，它是一项由结构性、功能性及创造性共同构成的复杂技艺。从此种意义上讲，其结构性与功能性在一定程度上是可以触摸与感知的，也是可以对其加以规定与限制的，但是其创造性就是无法触及、无法预见及无法衡量的。在政策执行策略维度，与该创造性息息相关的就是执行节奏。这好比创作一首曲子或制作一件艺术品，节奏的尺度是最重要的无疑也是最难以拿捏的。尽管如此，应该尽可能地将执行节奏与执行推进的合法程序、执行策略的调整与修缮、政策利益相关者的全纳参与以及政策愿景与理想的嵌入关联起来，进而让各执行环节、各执行过程及各执行主体达成和谐的状态与局面。

以上是对执行策略维度时机因素的应然阐述。鉴于此，回归乡村教师专业发展政策执行议题，检视其执行时机的实际，笔者发现，就某种程度而言，一方面，政策执行方案的相关时间进程有待优化，以 2018 年以来颁布的与乡村教师专业发展有关的政策为例，其呈现密集化趋势。除了党中央、国务院及教育部等国家顶层机构颁布的规范性、引领性教育政策，还有地方政府、地方教育主管部门依据上述教育政策出台的配套实施措施，可想而知，涉及的政策、法规、文件、规程等其数量肯定是较为庞大的，最基层的乡村学校及乡村教师有可能应接不暇。另一方面，政策执行推进的节奏还需要调试与斟酌。从笔者对乡村教师的访谈中可以觅得一些蛛丝马迹。如一位访谈对象谈到了 2010 年启动的“国培计划”，她认为，作为教学骨干代表“从省级层面选拔有幸参加这么高级别的培训”确实对促进其专业发展发挥了关键作用。该教师同时也表达了其在参与培训的过程中，对培训课程安排、培训周期、培训模式及培训追踪等方面有不同的感触，这些实际上与政策执行节奏的快慢是有一定关系的。又如，另一位访谈对象谈到了“县（区）域内教师交流轮岗”政策，他首先对该政策表示了认同。与此同时，他也提到了该政策在执行过程中的一些现实问题，如迫于上级摊派的硬性指标，某些学校在执行过程中变相“甩包袱”；还有一些学校不根据教师意愿，采取一些“简单粗暴”的方式强制流动等。以上问题一定程度与执行节奏直接或间接相关。这正好与相关研究者提出乡村教师政策存在的问题是契合的。该学者借助归纳—演绎的方法得出：其一，政策宣传不力，教师及学校对政策的认同程度存在差异，教师作为政策的最终执行者、政策实施的利益相关者，本应该是最有权力的发言者，但其并没有实质性参与，这是政策实施遭遇困境的最主要原因①；其二，由于部门利益，政府职能部门联动工作机制尚未有效形成；其三，以强制性交流为主，配套保障机制缺失。

综上所述，乡村教师专业发展政策执行中对执行时机的把握须进一步优化与考量。一言以蔽之，乡村教师专业发展政策执行就其执行策略维度而言，执行时间进程与执行节奏尚存在拿捏不准、斟酌不够周全的局限。

---

① 朱旭东，宋萑. 新时代中国教师队伍建设的顶层设计［M］. 北京：北京师范大学出版社，2018：102.

### （七）数据、监测与问责亟待更新、转变与落实

综上，在政策执行实践中，执行策略维度最后一个需要关注的方面是数据、监测及问责机制。同样地，以 OECD 可视化框架为参照，顾名思义，这一重要因素涉及数据收集、监测导向及问责机制三个二级指标。诚恳地说，笔者通过自身的努力与实际行动，从本书初始到现在都在倡导一种思维的转变，即深度探究问题的初衷在于对局势的改进与完善而不是出于对惩罚的纠结与“执念”。因此，本书的重心更多地倾向于对现阶段乡村教师专业发展政策更有效执行及更好执行的空间与可能性的追寻。以此为出发点与落脚点，笔者发现乡村教师专业发展政策执行的策略维度在三个方面还有进步空间。

1. 数据收集不全

就乡村教师专业发展政策执行相关数据而言，笔者主要从其更新程度、收集方式及可靠性三个角度来检视可能存在的不足与局限。其一，随着我国教育步入“互联网+教育”时代，大数据、人工智能等新技术手段在教育中的应用日益广泛，使得教育相关数据的收集、处理、分析及提取变得迅捷而便利。现阶段相关人员可以获取的教育数据主要有以下三类：开放性数据、限定开放数据及行业数据。第一类数据指有关部门依照国家法律面向公众公开的所有数据，如教育统计数据、教育发展统计公报及教育经费执行公告等，这类数据可免费浏览并下载。第二类限定开放数据主要来自依托大学及科研院所建立的以资政、促进社会发展及服务科研的公共数据库，如中国农村教育数据库（东北师范大学）、华东师范大学公共数据库及中国西南地区教师教育数据库（西南大学），这一类数据部分是可以免费获取的，部分只针对内部成员开放，且必须通过统一认证才能进入下一步操作。第三类行业数据，大多是商业运作模式，将数据作为商品出售以获取利润，如艾瑞咨询（www.iresearch.com.cn）、中国互联网数据平台（www.fxbaogao.com）等，想要获取有一定价值的数据需要付费。

对以上可获取数据类型的分类进行介绍旨在说明：尽管我们被海量、指数级的数据包围，但对于普通人而言，数据的收集及获取并没有期望的那么迅捷与便利，尤其是当你想要获取一些更有区分度、更接近生活实际的数据时会变得更难甚至是不可能。因此，回到本书的中心议题，就其数据收集而言，笔者发现乡村教师专业发展政策执行的相关数据尚存在更新程度不够的问题。例如，尽管东北师范大学于 2021 年 12 月 3 日在其官网

公开发布了《中国教师发展报告（2020—2021）》成果发布会的举办通知[①]，但是查看“中国农村教育发展研究院”网页下的数据中心，截至2021年12月15日，并没有直接的数据资料支撑；点击“学术著作”栏下的目录，“中国农村教育发展报告（2016）”[②]仅附有简短、信息量有限的简介，无法直接找到与该报告相关的任何数据。这同时也从侧面表明，乡村教师专业发展政策执行相关数据的开放度不够。

其二，就其数据收集方式而言，乡村教师专业发展政策执行的数据主要来源是政府公开的各级各类数据，以及教育部直属六所师范大学的众多科研院所通过承担各级各类项目所收集的数据资料。这六所部属师范大学分别坐落于中国的东、中、西部，基本可以辐射到全国范围，且每一所院校均有其长期联系与合作的中小学校作为示范与实践基地。在这样的场域中收集与获取的数据其体量与多样性比较充足，但同样地，它们存在开放度不够的问题。这些翔实、宝贵的数据，一般人较难获取。此外，还有一个细节，就是以上六所部属师范大学长期联系及合作的中小学示范与实践基地并非涵盖了全国所有的乡村中小学。这意味着，一定程度上乡村教师专业发展政策执行的相关数据收集与获取还存在盲点，其覆盖面有待扩大。

其三，就其数据的可靠性而言，综上，一定程度上，乡村教师专业发展政策执行策略维度所需要的数据尚且存在更新不及时、获取开放度不够及覆盖面不足的问题。因此，政策执行策略维度下的数据层面该考虑的第三个指标是数据的可靠性。一般来说，研究方法决定研究范式，受传统分科主义的影响，自然科学倾向于用量化、观察、实验的研究方法，社会科学倾向于用综合性、折中的研究方法，人文科学则更多的是用历史、思辨、质性的研究方法。也就是说，当前各领域的研究方法部分还停留在相对单一的状态，追求多元化、学科交叉、多领域融合的研究方法还未成为主流。以此推断，尽管在乡村教师专业发展政策执行中可以借助政府主导的官方数据以及大学科研院校依托大型科研项目所采集的客观数据，但囿

---

① 东北师范大学教师教育研究院. 关于举办《中国教师发展报告（2020—2021）》成果发布会暨中小学教师职业幸福感学术论坛的通知［R/OL］.（2021-12-03）［2021-12-15］. http://www.nenu.edu.cn/info/4871/166561.htm.

② 东北师范大学中国农村教育研究院. 中国农村教育发展报告（2016）［R/OL］.（2017-08-17）［2021-12-15］. http://ire.nenu.edu.cn/info/1040/2828.htm.

于研究范式与数据采集的有限性，其中的一些样板数据与截面数据是不太经得起深度推敲的。故而，在乡村教师专业发展政策执行时，应审慎思考数据的可靠性。

2. 监测以惩罚为导向

以数据收集作为一种手段旨在实现对乡村教师专业发展政策执行的全过程监测。监测对政策执行具有动力作用。古有云，“有则改之，无则加勉”。适切的监测能预估风险、降低执行成本进而提高执行的效率、效用及效益，此为其正向作用。严苛或呆板的监测必然打击下级执行主体与目标群体的尊严、挫伤其积极性、限制其创造性，终将使执行受到阻抗、执行发生偏差甚至遭遇失败。尽管，在理论上，监测对于政策执行的积极作用与消极作用不难辨识，但是现实却往往更加扑朔迷离，很难把握监测的张弛度。笔者通过观察、问卷调查及访谈等多种方法研究发现，在乡村教师专业发展政策执行中，执行策略维度下的监测层面至少在以下三个方面尚有改进与完善的空间：一是监测的灵活程度；二是监测的方式；三是监测的评价机制。具体而言，对乡村教师专业发展政策执行过程的监测缺乏灵活度。

3. 问责机制不落地

就政策执行策略维度而言，以上所论及的众多因素均或主要或次要、或直接或间接、或强或弱地影响、改变及塑造着执行的全过程。随着相关主体对教育政策及其执行认识的不断深化，注重政策执行的过程管理已经成为一种“共识”（common knowledge）。加强过程管理的手段可以有多种，如上面提及的数据实时更新与监测机制的建立健全。根据近年的趋势判断，在政策执行中引入问责机制是一个比较时兴的做法。正是因为它在实践中尚处于摸索期，所以其表现出不成熟情有可原。其不成熟性的一个突出表现就是问责机制不落地。笔者将从两个层面对其进行剖析：责任主体不明晰及赏罚不明。

其一，责任主体不明晰。事实上，在阐述政策设计、利益主体、执行环境三个维度存在的不足与局限时已经数次提及此议题。由于我国现行的法律体系承继的是大陆法系传统，这使得其成文性法律条文具有“高度概括性”与“高度抽象性”。这一定程度上引致教育政策法律法规部分主体内容较为空泛且必要“罚则”缺失。此为引起各相关主体在权、责、利三个重要向度层面不统一、不一致的根本性源头。以此复照乡村教育场域发现，在乡村教师专业发展政策执行中存在同质的困局。具体而言，各级各类政策文件通常在最后一部分会对政策执行的保障作出相关的规定与表述，但其所使用的词汇却不尽相同。

以教育部发布的《关于加强和改进新时代基础教育教研工作的意见》（2019）① 为例，在文件的第五部分明确提出“完善保障机制”的要求，具体包括“加强组织领导”“加大经费投入”“强化督导评估”三项措施；以贵州省教育厅印发的《关于加强和改进新时代教研工作的实施意见》的通知②为例，该文件的第五部分对“提升教研工作保障水平”做了具体的规定，明确了“加强教研工作组织领导”“加大教研工作经费投入”“纳入教育督导评估内容”三方面的措施；以兰州市教育局印发的《兰州市加强和改进新时代基础教育教研工作实施方案》的通知③为例，该文件的第六部分在市一级的职权范围内对“保障措施”做了更细致、更详尽的描述与要求，提出“加强组织管理”“确保经费投入”“推进依法治研”“保障合法权益”“强化督导评估”五个带有具体操作细节的措施。以上三者是同一政策下的不同主体制定的不同层级文件，第一份文件的发文主体是教育部，从顶层设计上整体布局，属于宏观层面；第二份文件的发文主体是贵州省教育厅，代表着地方教育主管部门在贯彻中央教育政策方针的基础上结合自身实际制定配套的实施方案，属于中观层面；第三份文件的发文主体是兰州市教育局，代表着第三级教育职能部门，须以贯彻与执行国家及地方的教育方针与政策为基础制定本地化的教育政策行动方案，属于微观层面。以此类推，往下还存在区/县级的实施意见或办法。

由上而知，在这些政策与文件的生产、传播、流通及再生产的过程中，存在多层级、多向度的多元主体，且主体之间的角色存在交叉与转化的可能性与必要性。这是一个较为庞杂的架构，要厘清众多主体之间围绕

---

① 教育部．关于加强和改进新时代基础教育教研工作的意见［A/OL］．（2019-11-25）［2021-12-16］．http://www.moe.gov.cn/srcsite/A06/s3321/201911/t20191128_409950.html.

② 贵州省教育厅．关于加强和改进新时代教研工作的实施意见［A/OL］．（2020-12-15）［2021-12-16］．http://jyt.guizhou.gov.cn/zwgk/gzhgfxwjsjk/gfxwjsjk/202012/t20201231_65897554.html.

③ 兰州市教育局．关于印发《兰州市加强和改进新时代基础教育教研工作实施方案》的通知［EB/OL］．（2021-03-30）［2021-12-16］．http://jyj.lanzhou.gov.cn/module/download/downfile.jsp? classid=0&filename=20ea65590f0349e09091597bbb8d774a.pdf.

权、责、利三大核心维度的、纵横交错的关系脉络，不可谓不复杂。鉴于此，客观地说，乡村教师专业发展政策执行过程中，在其执行策略维度的问责机制层面，即便存在责任主体不明晰的问题，也有一定的合理性。因此，下一步工作就是要对症下药，着力深入探究乡村教师专业发展政策执行问责责任主体不明晰的根源。此为其问责机制不落地的第一层面。

其二，赏罚不明，奖惩对象不对称。在一定程度上，责任主体与赏罚对象可以说是问责机制的一体两面，二者相互影响、相辅相成。实际上，问责机制与数据更新、监测机制，三者息息相关。前者必须建立在后两者的证据及过程管理的基础上，但问责绝不是终极目标，建立健全问责机制的初衷同数据更新、监测机制的本质一样，是实现有效执行与更优执行的必要且重要的手段和过程。以此为基准，不难识别乡村教师专业发展政策实践中问责机制弊端的另一个层面就是赏罚尚未做到公开、公平及公正。

综上，教育政策执行的问责机制并不是独立运行的，它依附着教育系统自身的体制机制而存在。依据前文，就其体制而言，主要指涉教育法律制度与教育组织制度；就其机制而言，主要指涉教育运行机制。从上文的相关阐释已知，当前，一定程度上，我国的教育法律制度体系不够整合、教育组织制度行政化与政治化、教育运行机制单调与僵化的局势尚未完全扭转，这会给教育政策执行带来消极影响。该影响会传导到与之相关的问责机制上。由上而知，问责机制不落地的第一客观表现是责任主体不明晰。这显然对问责机制的第二层面产生了直接的影响。将此牵引到乡村教师专业发展政策执行议题，就其执行策略维度下的问责机制而言，现实中的问责实践表现出奖罚不明、奖惩对象不对称的消极局面。

关于问责机制不落地的这一客观表现，可以从“乡村教师政策执行调查问卷”的相关结果找到支撑证据。与问责机制直接相关的题项是第 19、20 题，其中第 19 题为“对执行到位者给予明确的物质和精神奖励会有利于乡村教师政策执行”，第 20 题为“对执行不力者给予严格的惩戒会有利于乡村教师政策的执行”。对以上两个题目所收集的原始数据用数据标签及数据编码处理后，选择“列联（交叉）分析”的算法输出下列结果（见图 3-3）：其一，列联表；其二，交叉图。从图 3-3 中的数据可知，两个分析项重合度（交叉）最高的是“基本同意”选项，对应的数值为 44，其次是“完全同意”的选项，对应值为 32，二者合计为 76，在样本中的占比为58.5%，接近总数的60%。据此推断，参与问卷的多数乡村教师既表达了对奖励机制应该同时兼顾物质与精神层面的民主诉求，又表明了他们对执行不力者采取严格处罚措施的鲜明态度。其中的奖励机制与严格的惩戒措施均与问责机制紧密相关，这样的结果明显是对问责机制不落地的有力佐证。

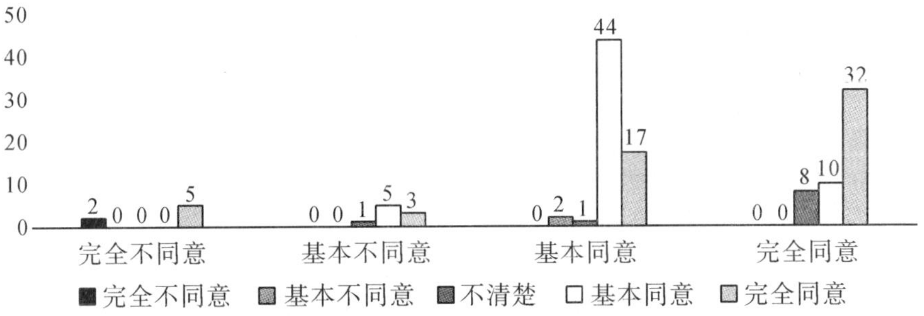


**图3-3 "乡村教师政策执行调查问卷"第19、20题列联（交叉）分析结果**

同时，从图3-3可以观察到，关于"基本同意"（44）与"完全同意"（17）的重合度有数量上的显著差异，前者约为后者的2.6倍。为了进一步验证与检测以上两个分析项存在的差异性及其程度，笔者通过"卡方检验"算法输出三个结果：其中，输出结果1的卡方检验分析结果显著性p值为0.000***，呈现显著性水平，拒绝原假设，说明二者存在显著性差异（见表3-7）；输出结果2的卡方交叉热力图如图3-4所示；依据输出结果3的效应量化分析，因输出结果1呈现出显著性差异（前提），所以笔者结合分析效应量指标对差异性进行量化分析。输出结果3的效应量化分析需要重点关注（见表3-8）：一是phi系数值为0.994，远远大于0.6且非常接近1，表示二者相关性极强；二是列联系数为0.705，表示二者的差异性处于中等程度；三是lambda为0.25，该指标用于反映自变量对因变量的预测效果，因为奖励机制与惩罚措施不属于因果关系，故在此无法对二者做自变量对因变量的效果预测。根据以上分析结果，结合原始样本数据可知，在乡村教师专业发展政策执行策略维度下的问责机制一定程度上存在赏罚不明、奖惩对象不对称的客观困局。

**表 3-7 输出结果 1：卡方检验分析结果**

| 题目 | 名称 | Q19：对执行到位者给予明确的物质和精神奖励会有利于乡村教师政策执行 | | | | | 总计 | 检验方法 | $X^2$ | p |
|---|---|---|---|---|---|---|---|---|---|---|
| | | 不清楚 | 基本同意 | 完全同意 | 完全不同意 | 基本不同意 | | | | |
| Q20：对执行不力者给予严格的惩戒会有利于乡村教师政策的执行 | 完全同意 | 0 | 6 | 18 | 0 | 0 | 24 | pearson卡方检验 | 98.827 | 0.000*** |
| | 基本同意 | 1 | 37 | 13 | 0 | 1 | 52 | | | |
| | 不清楚 | 7 | 2 | 0 | 0 | 0 | 9 | | | |
| | 基本不同意 | 1 | 5 | 3 | 0 | 0 | 9 | | | |
| | 完全不同意 | 0 | 0 | 5 | 1 | 0 | 6 | | | |
| 合计 | | 9 | 50 | 39 | 1 | 1 | 100 | | | |

注：*** 代表 1%的显著性水平。

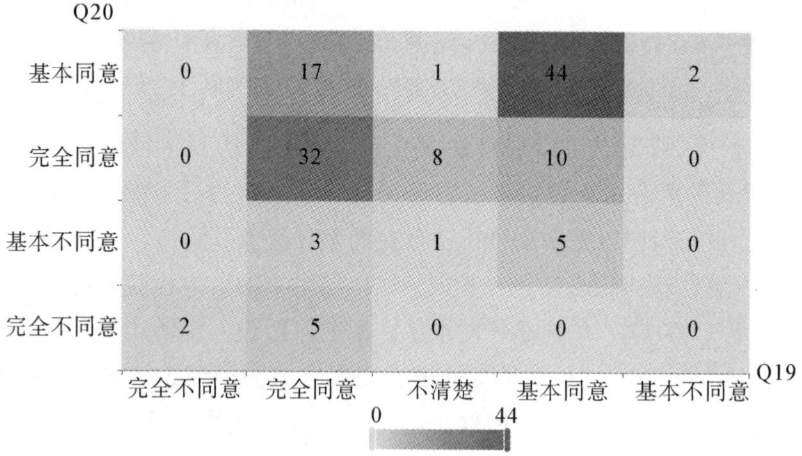


**图 3-4 输出结果 2：卡方交叉热力图**

**表 3-8 输出结果 3：效应量化分析**

| 字段名/分析项 | phi | Crammer's V | 列联系数 | lambda |
|---|---|---|---|---|
| Q20：对执行不力者给予严格的惩戒会有利于乡村教师政策的执行 | 0.994 | 0.497 | 0.705 | 0.25 |

综上所述，乡村教师专业发展政策执行中对执行数据、监测及问责机制的把握须进一步优化与考量。一言以蔽之，乡村教师专业发展政策执行就其执行策略维度而言，执行主体尚未做到数据更新及时、监测以改进与完善为导向、问责机制切实落地。这无疑为乡村教师专业发展政策执行的未来路向指出了更明确的努力方向。

行文至此，笔者以 OECD 可视化框架作为探究乡村教师专业发展政策执行实境样态、存在不足及局限的分析框架，从政策设计、利益主体、执行环境与执行策略四个维度对现阶段我国西部乡村教育场域中教育政策存在的问题进行“地毯式”梳理，发现当前在乡村教师专业发展政策执行现实情境中，各利益攸关方因秉持不同立场而对政策做出不同的响应，甚至可能出现矛盾与对立。就拿政府来说，尤其是地方政府，依照《教育部等六部门关于加强新时代乡村教师队伍建设的意见》的规定，地方党委和政府是乡村教师队伍建设的责任主体，它明确提出必须把乡村教师队伍建设纳入对其履行教育职责评价的内容，对落实不到位的要严肃问责。但由于传统的行政体系遵循自上而下的组织原则，地方政府采取“对上级负责，对下级管理”的运行机制。加强新时代乡村教师队伍建设的政策文本虽然明确提出要“建立教育主管部门牵头，编制、发展改革、财政、人力资源和社会保障等部门协同机制，形成工作合力”，但建立协同机制不可能一蹴而就，它是一个耗时费力的系统性工程。加之教育部门与政府其他行政部门因事权、财权、人事权等权限不统一而产生信息壁垒，导致信息分享渠道不通畅进而其对政策响应可能的消极作用得不到重视。

于教师教育机构而言，与乡村教师群体有关的事务主要集中在培养定向公费师范生与培训在职教师。这一攸关方对于政策的响应是能够理解政策愿景并遵照政策要求开展相关工作，但教师教育机构在理念更新、培养培训课程设置、教师教育师资等方面存在较为明显的局限。于中小学校而言，如果政策缺乏对其学情与校情现实性的关照，那么学校就会对政策无响应或做出消极响应。学校更多的是综合考虑政策执行成本与维持正常教学秩序的关系。很多时候，一些学校出于便于管理及压缩培训培养成本的需要，不鼓励、不支持教师外出培训或脱产提升学历。校内虽然有校本研修、教研室、集体备课等专业发展实践活动，但是部分都流于形式。于乡村教师而言，似乎专业发展政策对其不产生任何影响，除校长与部分专门负责的行政人员以外，普通教师基本没有接触政策的机会，不仅如此，部分教师并不关心专业发展政策，甚至有些乡村教师对专业发展没有概念，更不用说教师专业发展政策。对专业发展政策持冷漠态度的乡村教师并不是少数。综上所述，乡村教师专业发展政策各利益攸关方对政策表现出不同的反应，一定程度上，政府与教育主管部门给乡村学校与教师派发了许多非教育性指标与任务，使其疲于应付；部分乡村教师专业发展意识较为落后，不太关心国家关于教师专业发展的宏观设计，即对相关政策做出“冷漠”的响应。

政策执行中存在的不足与局限主要表现在四个方面。其一，乡村教师专业发展政策的合理性程度有待提升，逻辑性程度有待突破，可行性程度有待精准化。其二，乡村教师专业发展政策利益主体身份有待再确认，利益冲突有待平衡，能力建设有待加强，政策受体反响有待关注。其三，乡村教师专业发展政策相关制度安排有待完善，政策互补性有待增强，社会趋势与执行环境有待融合。其四，这一维度涵盖七个方面的客观表现，它们分别是：①乡村教师专业发展政策执行任务分工有待统筹，责任机制亟待改进；②目标设定尚须调试，靶向要瞄准需求侧；③政策工具呈单向化，选择须着力多元化；④利益主体沟通不畅，参与策略驱动不足；⑤客观资源配置不均，主观资源结构不良；⑥时间安排有待优化，执行节奏还须斟酌；⑦数据收集不全，监测以惩罚为导向，问责机制不落地。

## 第三节　乡村教师专业发展政策执行问题的成因分析

上文对照 OECD 可视化框架对现阶段乡村教师专业发展政策执行实践中涌现的问题、存在的不足以及可能的局限进行了系统而翔实的梳理与审视，接下来将对上文中发现的问题作归因分析。

### 一、先进理论缺失引致政策执行方向偏离

承上，根据 OECD 可视化框架，教育政策执行的第一维度是其合理、逻辑且可行的政策设计。基于本章第二部分所呈列的关于设计维度的问题及其客观表现，笔者认为在其理论因素层面，可以从三个方面查找造成以上现象的原因。

#### （一）政策设计合理性程度不够

从乡村教师专业发展政策执行实践反观政策设计，其中一个较凸显的问题就是乡村教师作为关键行动者的主体性缺失。以此为线索顺藤摸瓜可以发现，乡村教师行动主体性缺失的源头是政策设计中对乡村教师作为目

标群体的主体性需求的忽略。故而，就此意义而言，在其现实性上，乡村教师专业发展政策设计依然存在合理性程度不够的问题。通过梳理大量研究成果与数据，结合笔者在本书中采用的量化与质性研究方法的分析结果，究其原因，就理论因素而言，主要可以概括为四个方面。

首先，决策主体具备的理论现实性基础较薄弱。客观而言，教育政策设计的理论基础算不上十分充分，以此为基础的教育政策执行更不必说。需要明确的一点是，一般情况下，其理论基础与社会关注度呈正相关，即社会越关注，相关领域研究的理论基础越深厚与丰富；反之，社会越忽视，相关领域研究的理论基础越薄弱与贫乏。就学界而言，期刊发表的层次、质量及数量是社会关注某一议题的风向标。笔者将采用文献可视化分析（CiteSpace）的辅助手段来支撑相关观点。通过 CNKI 总库检索，跨库选择“期刊”“博士”，并设定以下检索条件：主题“教育政策执行”+篇名“教育政策执行”+关键词“教育政策执行”。共检索到 122 条结果，其中期刊 115 条，博士学位论文 7 条。

依据该检索结果可知，从时间来看，学者对教育政策执行研究关注始于 1997 年，且当时仅仅处于对域外研究成果引介的阶段[①]。自此后近十年，只有零星学者陆续关注教育政策议题，直到 2007—2008 年迎来关注教育政策执行的第一个“双”高峰，2007 年度发表在各类期刊的相关文章共计 10 篇，其中一篇来自 CSSCI 来源期刊扩展版且部分文章有了相关基金支持；2008 年的发表篇数相同，但其文章水平层次有了质的飞跃，其中 5 篇发表在 CSSCI 来源期刊，2 篇发表在核心期刊。自此之后，国内学者对教育政策执行的研究热情一直没有减退。到 2011 年出现第二个关注高峰，该年度共发表相关论文 12 篇且全部来自 CSSCI 来源期刊。足见社会及学界对该议题的关注度高涨。很显然，催化教育政策执行研究“发酵”的直接动因是 2010 年教育部颁布了《国家中长期教育改革和发展规划纲要（2010—2020 年）》[②] 这一重要教育政策。除 2017 年仅检索到 2 篇外，2012—2019 年相关论文发表篇数居高不下，均保持在 6 篇及以上，年度发表准确数据如

① 王明宾. 美国教育政策执行研究述评［J］. 江苏教育学院学报（社会科学版），1997（4）：16-19.

② 教育部. 国家中长期教育改革和发展规划纲要（2010—2020 年）［A/OL］.（2010-07-29）［2021-12-21］. http://www.moe.gov.cn/srcsite/A01/s7048/201007/t20100729_171904.html.

图 3-5 所示。自然，推动教育政策执行研究最直接的动力就是国家宏观层面颁行的教育法律法规及政策。继 2010 年之后，2011 年至今颁布与实施了许多各级各类教育政策。

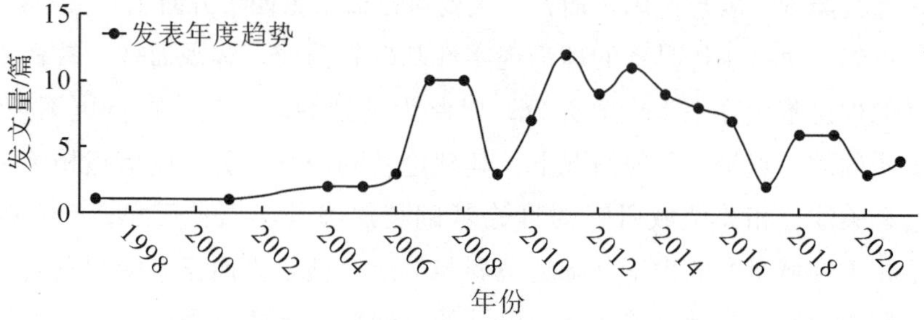


**图 3-5 “乡村教师政策执行”检索结果**

以上数据无疑有力地支撑了学界相关学者提出的“社会政策学已经成为‘显学’”的论断①。教育政策研究作为公共政策研究的一个重要组成部分，其成为“显学”② 也是大势所趋。以此为对照，学界关注乡村教师政策执行研究的情况就没有这么乐观了。尽管关注乡村教师及其专业发展的文章不在少数，但是将“乡村教师政策执行”作为一个专题关注的学者寥寥无几。同样以 CNKI 资源库检索结果为例，通过“高级检索”按钮，检索范围为“学术期刊”，将检索条件设定为：主题“乡村教师政策执行”(精确)+篇名“政策执行”(精确)+关键词“乡村教师”(精确)，仅得到 5 条检索结果。从时间来看，研究者关注乡村教师政策执行是从近年开始的，以上 5 条结果中最早的时间记录是 2019 年。如果将检索条件修改为：主题“乡村教师政策执行”(精确)+篇名“乡村教师政策执行”(精确)+关键词“乡村教师”(精确)，检索结果更少，仅有 2 条。从主题来看，前者关注的是乡村教师政策执行的社会支持，这是属于其外围范畴；后者以“社会网络建构”作为观察视角对乡村教师政策执行展开探究，这是属于本体阐释范畴。

截至 2021 年 12 月 22 日，以同样的方法操作，将检索条件修改为：主题“专业发展政策”(精确)+篇名“专业发展政策执行”(精确)+关键词

① 唐钧. 社会政策学导引 [J]. 社会科学，2009 (4)：71-79，189.

② 黄玮琳，李睿，余晖. 教育学：一个多学科交融的研究领域 [J]. 广东第二师范学院学报，2020，40 (6)：1-7.

“乡村教师”（精确），检索结果为0。这说明学界当时尚未以“乡村教师专业发展政策执行”为直接主题开展研究。这也从一个侧面加以证明：研究者对乡村教师专业发展政策及其执行的关注不足，这一领域的研究尚存在较大的空白。这直接导致乡村教师专业发展政策设计及执行理论的现实性基础薄弱。同时，这无疑是对本书研究价值、意义及旨趣的有力佐证。对照乡村教师政策执行实践，自《乡村教师支持计划（2015—2020年）》颁布实施以来，虽然乡村教师相关议题成为显著的“教育现象”，但这并不意味着乡村教师已经充分具备所需的主体性，即能够清晰认识自己的境遇、积极讨论与自身利益相关的议题并发挥主体性参与乡村教师支持行动。其中，乡村教师专业发展政策就是一个典型例子。一言以蔽之，回归本书中心议题，以上论证较为充分地说明乡村教师作为目标群体的主体性需求被长期忽略是事实。

其次，决策主体对执行问题本质及特征把握不准。就政策设计维度而言，这里的“主体”主要指向决策主体（设计主体）。囿于上文所阐述的乡村教师专业发展政策执行在其理论层面的现实性基础薄弱，直接引致其决策主体对政策执行问题的本质及特征的把握发生了偏差甚至是误读。决策主体，有意识或无意识地、不可避免地以其秉持的立场出发去考虑乡村教师专业政策及其执行。就决策主体而言，他们习惯将自身作为工作的源头与起点来思考所有的事务，期望通过线性传导的方式（见图3-6）对执行主体发出Ⅰ级指令，后让其遵照该指令要求制定Ⅱ级指令并将其传导给目标群体。决策主体通常认为，当Ⅰ级指令到达执行主体时，其使命就算完成。在其看来，执行主体的角色就是一个“传话筒”，即中间代理，不需要发挥其能动性与创造性；而目标群体则是一个单向受体，其核心任务就是“服从命令，听指挥”。显然，从图3-6中直观可见，在政策传导过程中决策主体至少有两方面的经验缺失：一是关于执行主体对目标群体的政策执行经验，二是关于目标群体的一切直接经验。鉴于此，笔者有理由推断，决策主体对政策执行问题的本质及特征的把握一定程度上是不够准确的。

**图3-6　政策线性传导**

再次，决策主体对政策及执行的分析方式保守。承上，其理论现实性基础薄弱与其对执行问题本质及特征把握不准，这两个重要原因会影响决策主体对政策及执行的分析方式。如此一来，该分析方式既是以上两个原因的结果，又是造成政策设计合理性程度不高的重要原因。上文提及，决策主体缺乏深厚而丰富的乡村教师专业发展政策执行理论。同时，其缺乏对该中心议题本质及特征的全面而准确的把握。二者之间的相互作用力往往使决策主体形成了思维定式。受历史、政治、经济、文化等诸多因素影响，加之“习惯”（habitus）的张力，决策主体倾向于将自身视为权力的持有者或代表者，对自身的身份认同是“领导”“上级”“主导者”（dominator）。基于此种立场，于其而言，执行主体与目标群体是附属于决策主体的，它对二者的定位是“部属”“下级”“从属者”。足见，步入新时代以来，社会已然发生了翻天覆地的变化。尽管国家已经把乡村教育振兴及乡村教师发展提到了国家战略高度，但相关人员的思想转变还需要一个过程。无疑，乡村教师专业发展政策执行就是一个典型例证。概而言之，以上阐述可以呼吁乡村教师专业发展政策决策主体改变、刷新及升级其对政策及执行的分析方式。

最后，决策主体对政策执行预期结果缺乏预见。客观而言，依据理论—经验—实践的逻辑传导链来推断，决策主体由于长期缺乏执行经验且脱离执行实践，其关于政策理想与政策结果的认知之间横亘着一条鸿沟（gap）。同以上三个造成政策设计合理性程度不高的原因一样，这是其他三者的结果，同时它也是解释乡村教师专业发展政策设计合理性程度不高的一个重要指标。梳理近年来颁布施行的大量乡村教师相关政策，其中一个显著特点就是以“意见”“通知”“计划”“行动计划”居多，而关注并重视政策执行效果管理及执行成果推广的政策、文件及规定较少。鉴于此，笔者认为乡村教师相关政策执行一定程度上缺乏过程管理与结果管理。究其原因，应该是决策主体在政策设计之时对执行预期结果缺少必要、合理及方向性的论证与阐释。

### （二）政策设计逻辑性程度不足

承上，通过以 OECD 可视化框架为对照，在政策设计维度存在第二个显著的问题是一定程度上其逻辑性略显不足。究其原因，笔者认为可以从两方面切入：一是着眼于查找证据方面的原因，二是探究知识方面的原因。

首先，从证据的视角出发，决策者在描述与规定乡村教师专业发展政策总体目标与具体目标时尚未做到依赖并忠实于证据。不可否认，国家相关部门每年均依法依规公开大量的教育统计数据与发布各级各类教育公报。以大学为依托、以各级各类基金项目为支撑的众多科研院所每年也会展开各种规模的教育研究、教育调查、教育实验并发布相关研究成果。这些无疑是制定相关教育政策的重要依据与凭证。同时，不置可否，以上数据体量较大，名目纷繁，内容复杂。自然，问题来了，决策主体是否有足够的时间、精力及能力对这些数据进行处理与分析并据此做出明智的决定（informed decision）呢？更何况，准确地说，数据并不等于证据。数据是证据的重要组成部分，但它不是证据的全部。这表明证据的内涵及其构成要比表面看起来复杂得多。故而，以此推断，决策主体所掌握或所能获取的、用以支撑乡村教师专业发展政策设计的证据可能存在不充分的局限。这一局限是导致相关政策设计逻辑性程度不足的直接原因。

其次，从知识的视角出发，决策者对政策因果律（casual theory）/变化律（theory of change）掌握尚存在盲区。关于因果律/变化律的重要性，富兰曾提出，“政策背后的因果理论是非常重要的，因为它澄清了政策变化如何发生及其原因的来龙去脉进而有助于攸关方参与并获得指导”①。如前文所示，援用西方政策话语，政策执行已经上升为一门科学。显然，其逻辑性需要强大的理论支撑。事实的确如此，经过 40 多年的发展与积淀，西方学界在政策执行领域积累了丰富和深厚的知识底蕴。这或许就是当下国际大范围内以教育政策执行推动教育治理国际化趋势的动力所在，如经合组织（OECD）主导的一系列区域教育改革、世界经济论坛（WEF）推动的“未来学校”项目、联合国教科文组织（UNESCO）倡导与引领的“人工智能与教育”等。随着我国教育国际化趋势的不断增强，以上所列的国际教育潮流必将影响国内教育治理能力与治理体系现代化建设，国际教育潮流对本国教育治理既是机遇也是挑战，其核心本质指向相关知识体系的解构、重构及创生。

教育治理的强有力杠杆就是教育政策。这决定了教育政策的决策主体须具备基本的教育治理知识、能力与视野。如此要求具有其合理性，但要真正做到并不是易事。并且，如果缺乏相关知识储备与业务培训，短期内

---

① FULLAN M. The new meaning of educational change [M]. New York: Teachers College Press, 2015.

无法达到理想效果。客观而言，教育政策研究的发展必须基于教育管理学科的发展。而追溯教育管理学取得显著进展的时期是21世纪第一个十年的后半期，其具体表现为：教育管理学知识更为丰富与鲜活，学科搭建了新框架①。需要强调的是，教育管理学知识与教育政策知识之间是整体与局部的关系，读者无法从以上描述判定关于教育政策知识增加的数量与质量，这显然加剧了判定关于教育政策执行知识增加的量与质的难度。而相关研究显示，检视既定政策的长期执行效果通常需要一定的时间周期且该周期循环不低于8~10年。鉴于此，囿于相关教育政策及执行知识阙如，加之缺乏必要的政策业务培训，笔者有理由质疑决策主体是否具备乡村教师专业发展政策执行的相关知识。

（三）政策设计可行性程度不够

对照OECD可视化框架，政策设计维度须遵循的第三个原则是可行性。这意味着，如果决策主体在设计政策之时未能满足该原则的标准或不珍视可行性原则的重要性，那么他们的行为很可能导致设计的政策可行性程度不够。而这个原因足以解释上文所剖析的乡村教师专业发展政策设计层次与形式单一的问题。透过乡村教师专业发展政策设计未能满足可行性原则而导致相关问题及其客观表现的现象，我们可以探寻其主要原因。笔者通过对相关问题的归纳、演绎及推理，发现在政策设计维度，就其可行性而言，政策的层次性与多样性阙如是其影响执行效能的主要原因。也就是说，现阶段的相关政策在面向实践时还未能做到针对目标群体的层次与类型来为现实布景，即尚且难以做到“按需而设”。

接下来，笔者将从上述原因的层次与类型两个方面分别阐述。其一，该原因关涉政策设计的层次方面。事实上，与政策可行性原则呼应的是适用性原则。所谓“适用”，就是满足政策涉及的各利益攸关方需求。显然，利益攸关方包含多个组织、群体及个人。不论是组织或是个人，他们的立场从理论上讲绝不可能完全一致。即使在“大是大非”上有趋同的可能性，但必有其细节及程度上的差异。由此可见，利益攸关方不论客观或主观层面上均存在层次的差异。基于以上陈述，笔者有理由提出：决策主体在设计政策时应该而且非常有必要将利益攸关方之间存在的层次差异考虑在内。因此，决策主体未能差异化考虑利益攸关方之间的层次问题也许可

① 邓旭. 教育政策执行研究：一种制度分析的范式［M］. 北京：教育科学出版社，2010：3（总序）.

以解释乡村教师专业发展政策设计可行性程度不够的问题。

其二，该原因关涉政策设计的类型层面。在前文的论述中，笔者不止一次强调，教育政策执行不是一个可以简单处理的问题，同理，乡村教师专业发展政策执行议题亦然。诚如相关政策明确提出乡村教师队伍建设要打政策“组合拳”。由此可见，国家已经从顶层设计上看到了乡村教师政策对政策自身多样性的需求。这可以给相关决策者一定的启示。纵观既有的乡村教师专业发展政策，大多聚焦的是教师队伍建设议题以及教师支持体系建构，这表明在其丰富性与多样性方面尚存在不足。但现实中，执行主体及目标群体对政策设计的多样性与丰富性的需求是真实而强烈的。我国幅员辽阔，人口众多，区域政治、经济、文化发展不平衡，地方风土人情各异，文化各有其特色，这一切构成了我国独特而复杂的教育生态系统。鉴于此，笔者认为，在制定乡村教师专业发展政策时，决策主体将政策的丰富性与多样性纳入合理考虑范围是非常必要的。此为乡村教师专业发展政策设计可行性程度不够的第二个原因。

## 二、关键主体缺位致使政策执行动能异化

承上，根据 OECD 可视化框架，教育政策执行的第二维度关涉政策主体身份确认、利益、能力建设及攸关方对政策的回应与舆论。基于本章第二部分所呈列的关于利益主体维度的问题及其客观表现，笔者认为在其人性因素层面，可以从四个方面查找造成以上现象的原因。

### （一）利益攸关方主体身份有待再确认

在 OECD 可视化框架中，Viennet 与 Pont 就利益攸关方维度抛出了“全纳参与”的提案。与“全纳”（inclusive）相反的语词是“排斥”或“排他”（exclusive）。既然他们给出了“全纳参与”的建议，这是否意味着在现实的政策实践中存在“排他”的参与模式或者“全纳参与”模式开展不充分的情况，不得而知。不论现实属于哪种情况，笔者认为这一猜想可以给政策的利益攸关方及研究者带来一定启示。在本章第二部分剖析乡村教师政策执行利益攸关方维度存在的不足与局限时，笔者提出“对应然主体的确认不明晰”的观点。现就这一观点展开原因的追溯。承上，政策利益攸关方之所以可能存在“排他”参与或“全纳参与”不充分，首要原因是利益攸关方中的主体身份有待再确认。

乡村教师政策执行中可能卷入的利益攸关方“多且杂”，既涉及正式

的组织机构，又可能涉及非正式的团体与组织。也就是说，它包括实体的组织、团体及个人。如从中央到地方的各级各类政府部门、从教育部到地方的各级各类教育主管部门、教师教育机构、乡村学校、乡村教师等。显然，其涉及的机构、部门及组织数量较多，其间的各种关系、利益及网络较复杂。但是，无论如何，存在于政策执行网络的各条利益链上总有占主导的利益主体。鉴于此，决策者、执行者以及目标群体应该对自身的角色与使命有清晰而准确的认识。然而，理想与现实总是有差距。这正好解释了上文中所提到的“主体确认不明确，责权机制不明晰”问题。

事实证明，在乡村教师专业发展政策执行中，利益攸关方中的关键组织与团体的主体身份确认对提升执行效能及实现政策理想有重要作用。如果没有关键主体的意识觉醒，教育政策执行只是一种单向控制，它不可能满足人们的教育需求，也不可能解放其教育思想①。有必要强调的是，笔者认为此处“意识觉醒”的主体应该指向最基层的乡村学校与乡村教师。因为这二者是执行权力的最末端，传统上被视为目标群体与执行对象，决策者与执行者对其没有主体期待。这也正是执行中需要对关键主体做再次确认的原因所在。时代为教育设定了新命题，乡村教育也不例外。乡村学校是乡村教育发展的有机载体，而乡村教师是乡村学校的灵魂。鉴于此，乡村学校与乡村教师理应是乡村教师政策关键且最核心的主体。

（二）利益冲突有待平衡

攸关方利益、信念及动机是影响政策执行的重要因素。就政策执行的主体维度而言。首要一步是各利益攸关方在主观上和客观上做到对关键主体身份的确认。此外，于各攸关方而言，他们之间的利益博弈、信念及动机对政策执行有重要的影响。尽管如此，其中存在一个起决定性作用的主体利益。如前文阐释所示，主体利益是一个复杂集合体，事实上其包含了后两者，因此它作为一个整体对政策执行影响最大。故而，以下笔者将以“主体利益”为切入点来还原乡村教师专业发展政策执行在主体利益维度的不足与局限。

OECD 可视化框架明确指出：主体利益是影响政策执行的重要因素。这里的主体既包括决策主体与执行主体，也包括目标群体。三者在政策传导链上有其各自的利益阵营，它们时而融合，时而相斥，时而两两结盟，

---

① 蒋建华，崔彦琨，王镱. 舆论、教育政策与教育治理现代化［J］. 教育研究，2021（11）：132-137.

时而各自为战。总之，三者间的利益矛盾运动影响着政策的制定、执行、监测，甚至是终结。理想的状态是，政策各利益攸关方达成与政策目标一致的利益联盟，最终通过执行实践实现政策愿景。然而，在现实中，主体利益与政策目标之间不可能不存在矛盾。事实上，客观而言，正是该矛盾运动的存在赋予了教育政策存在的意义。因为，政策的生产是源于“某种需要”或“一定群体对该需要的觉知”。不论“需要”或是“觉知”，其背后必定有人作为主体而存在。援用著名心理学家荣格（Jung）所提出的“欲望表征缺失”的精辟论断来解释“需要”，就是一定人群的需要没有得到满足。用经济学话语解释，即主体利益存在分歧。由此可见，利益因素是剖析众多复杂关系的一把关键钥匙。

回到乡村教师专业发展政策执行议题，之所以在利益攸关方参与维度存在不足与局限，是因为关键主体在利益层面存在分歧与冲突。如决策主体与执行主体之间、决策主体与目标群体之间、执行主体与目标群体之间。当然，也不排除决策主体同级之间及上下级之间、执行主体同级之间及上下级之间、目标群体内部存在利益分歧与冲突。具体说来，当前处于基层的执行主体与目标群体的利益冲突比较显著，如县级教育主管部门与乡村学校的“放管服”矛盾，乡村学校常规运行与乡村教师专业发展的矛盾等。

### （三）能力建设有待加强

就人性因素而言，具备影响乡村教师专业发展政策有效执行能力的除了以上所剖析的主体身份确认不明晰与主体利益不一致两个关键因子外，第三个是执行主体的能力建设。如前文所述，这里的能力是一个综合性概念。Malen 认为，该能力不仅与主体拥有的资源与技能有关，而且与主体将资源转化为政治影响力的意愿有关。在 OECD 可视化框架中，能力主体分别指向正式执行机构工作人员、教育者队伍以及作为整体的组织。

于正式执行机构工作人员而言，其影响政策执行的能力主要包括政治权威、物质资源及专业水平。首先，理论上讲，正式执行机构的政治权威自上而下依次递减的，但也不尽然。对于基层目标群体而言，其实际影响力可能成反比，其权力运行的轨迹往往是离得越近，控制力与威慑力越大。其次，就物质资源而言，主要指执行机构具有的关于教育经费投入与各类教育资源的配置及分布的事权、财权及人权。以上权力无一例外都是与地方政府的财政收支紧密相关的。最后，就专业水平而言，可能存在两极，一极以最高执行机构为代表，其理论的专业水平自不必说；另一极以基层的执行机构为代表，其与目标群体打交道的实践专业水平也无须多言。显然，在理论的专业水平与实践的专业水平之间尚需要一座跨越两极的“桥”。

于教育者队伍而言，最典型的两类群体是校长与乡村教师。虽然，近年来有学者表达了对学校中层领导力量的关注，但显然，学校中层领导力量的成长必须基于个体教师的成长。就校长与乡村教师影响相关政策的能力而言，前者的显著能力指标是领导力（leadership），后者则是专业发展程度及水平。这正好与富兰及哈格里夫斯倡导的“专业资本”理念高度契合。由此可见，教育者队伍的能力指向其专业资本，而持续累积专业资本就是其能力建设的核心所在。

教育政策执行不仅对正式执行机构工作人员与教育者队伍的能力有较高要求，对他们所代表的组织也有高要求。也就是说，教育政策执行对个体的相关能力提出了要求，对作为职能机构的组织也不例外。作为组织的正式执行机构与乡村学校，二者的能力一方面取决于其内部工作人员，另一方面由组织环境决定。组织内部工作人员的能力在上文中已有所涉猎，自不必赘述。笔者仅就组织环境做简略分析。由于历史、经济及文化等原因，现实中的城乡学校在硬件设施与软件配置方面的差距依然客观存在，如物质条件、智慧化校园建设、人文环境等。值得关注的是，乡村学校尤其在软环境建设方面依然“任重而道远”，如教师专业素养提升与信息素养提升等。

### （四）政策具体反响有待关注

一般情况下，人对环境会有“应激反应”。教育政策执行的场域与社会环境重叠，据此推断，人必然对教育政策有“应激反应”。回到乡村教师专业发展政策执行议题，处于不同利益阵营的主体对既定政策将会有不同的反应。这些反应的方向同政策执行的目标可能一致，也可能相反，还可能驻留在原地。这些反应对政策执行影响的力度可能是正向增强，可能是负向减弱，也可能微乎其微，可以忽略不计。

主体对政策的“应激反应”反作用于政策执行的大小由其能力高低决定，而能力则由其拥有的权力决定。依照此逻辑推演，政策的目标群体几乎没有权力，这是否意味着目标群体对政策的反应无足轻重呢？答案必然是否定的。新的教育生态环境塑造了新的教育政策执行观。不必说，

OECD 可视化框架所倡导的就是典型的新执行观理念。在新执行观视域下，目标群体的角色被重构，由传统的被动执行对象向能动的兼具主体—客体的多角色转变。因此，一方面，担当传统决策者与执行者角色的相关人员在执行实践中应该重视目标群体的能动作用，并在未来的政策设计中尽早将其纳入决策共同体中；另一方面，作为政策直接受益者的乡村学校与乡村教师应该尽早完成角色转变，切实履行并承担起执行主体以及关键行动者的义务与责任。

对照现实，显然不论是自上而下还是自下而上的角色转变都尚未完成。笔者认为造成这一现象的直接原因是主体之间沟通机制的不完善，究其更深层次原因是决策主体与执行主体不重视目标群体对政策的应激反应。而该应激反应对政策的反作用力有可能完全改变政策执行的发展方向。事实上，在政策执行实践中，已经有真实的案例存在。诚如相关研究者对“撤点并校”政策变迁进行了考察，得出“舆论影响教育政策执行”的结论。他们指出，该政策是在国务院颁布的《关于基础教育改革与发展的决定》明确提出的。在此之后，媒体对其执行情况、执行效果进行了跟踪与追问，并对该政策引发的一系列问题进行报道，使其成为教育焦点事件进而获得了高层的关注。在多种力量的助推之下，《关于规范农村义务教育学校布局调整的意见》得以及时出台，有力终结了“撤点并校”“一刀切”“运动式改革”①。这无疑充分地证明，在政策执行中决不能忽视政策受体对政策的反应。

## 三、体制机制式微诱使政策执行保障阙如

承上，根据 OECD 可视化框架，教育政策执行的第三维度关涉政策环境，其主要因子是制度安排、政策之间的互补性以及社会趋势与冲击。基于本章第二部分所呈列的关于执行环境维度的问题及其客观表现，笔者认为在其环境因素层面，可以从三个方面查找造成以上现象的原因。

### （一）制度安排有待完善

由上而知，制度安排是执行环境维度最重要的变量，它为教育政策执行确立了基本框架。鉴于在前文的相关章节中对其本质、内涵及功能已经有所谈及，故在此笔者仅就其主要构成展开对乡村教师专业发展政策执行

---

① 蒋建华，崔彦琨，王鐘．舆论、教育政策与教育治理现代化［J］．教育研究，2021（11）：132-137.

环境维度不足与局限原因的剖析。承上，援用相关学者对制度安排主要构成的划分标准，笔者认为可以从乡村教师专业发展政策执行尚缺乏适切的法律保障、专业保障及动力保障三方面来查找原因。显然，这三种保障分别指向了我国相关教育制度安排的法律层面、组织层面与运行层面。

首先，乡村教师专业发展政策执行尚缺乏适切的法律保障是因为一定程度上我国教育法律制度不够完善。1985 年以来，我国教育体制改革已经进行了 40 年，改革基本遵循“规则恢复—行政驱动—制度重构[①]—体制机制创新”的脉络，其主线是体制推进与政策指导。教育体制改革不是盲目的，它需要教育政策指导。同时，教育改革的发生依存于社会场域，其改革效果受环境影响与塑造。以此类推，教育政策是环境的产物，它与环境之间必然存在相互作用。那么，什么样的环境对教育政策的影响最大？大量研究表明，教育政治环境对教育政策的制定与出台有着较大影响。诚如有学者提出：从“科教兴国”到“办好人民满意的教育”的转变反映出教育本质从“人的物化”最终回归到“人的自身”的演变历程[②]。从中不难看出，政治环境变化正是推动教育政策变迁的决定性力量。

回到本书的中心议题，一方面我们乐观地看到教育综合化改革初见成效，随着城乡一体化发展战略、教育均衡与教育公平的全面升级，乡村学校与乡村教师得到了国家层面自上而下的政策支持与倾斜，乡村教育无疑迎来了“提质增效”高质量发展的“春天”。另一方面，随着教育综合改革步入“深水区”，常言道，“船到中流浪更急”，人民所关切的、长期积压的教育热点、难点、痛点及盲点集中式地爆发出来，给社会各阶层带来一定压力。这样的关键时刻需要国家出台相关教育政策“领航掌舵”，尤其需要与时俱进地颁布或修订（正）与新教育政治环境相契合的教育法律法规。因为，只有不断完善教育法律体系，建立健全教育法律制度，才能为相关教育政策执行提供法律保障。也就是说，现实中乡村教师专业发展政策执行效果“打折扣”，其环境维度的原因之一是教育法律制度有待完善，如需要增补“罚则”以及从法律视域对必要的政策执行细节进行规定。

其次，除了法律保障之外，教育政策执行还需要专业保障。其专业保

---

① 邓旭. 教育政策执行研究：一种制度分析的范式［M］. 北京：教育科学出版社，2010：1（自序）.

② 张学文. 教育综合化改革应由“教育工具论”向“教育民生论”转型：“十八大”报告“努力办好人民满意教育”之学理解读［J］. 清华大学教育研究，2013，34（1）：17-21.

障需要依托制度所搭建的平台。教育法律制度是教育政策执行基石。与此同时，教育政策执行需要一个有形的、官方的载体将政策信息向不同的主体传导，这个载体就是教育组织。作为一个官方组织，其本质性特征就是组织内部必须制定相关章程且成员受该章程的约束。与组织成员共同遵守的规则和章程紧密相关的就是教育组织制度，它为教育政策执行确立了基本框架。我国现行的行政组织制度是自上而下的科层制，它决定并深刻影响着教育组织制度。辩证地讲，政府与教育主管部门之间的关系属于垂直的政治关系，这对教育政策执行有利有弊。“利”在前文中有所提及，自不必多说；“弊”是剖析教育政策执行环境维度局限的重要切口，故笔者将对其进一步展开论述。

诚如有学者提出，中国共产党领导教育发展的基本线索遵循了从“政治教育学”到“经济教育学”再到“民生教育学”的逻辑路向，并指出现阶段是民生逻辑主导①。该观点对研判今日之教育局势依然具有启发意义。显然，“办好人民满意的教育”遵循的是民生逻辑。顾名思义，民生逻辑就是以人民为中心的逻辑。该逻辑呼吁分权式的教育治理而不是集权式的。一般而言，分权式的教育治理在教育政策执行时往往采用自下而上的路径。这样的路径必须依靠民生驱动。然而，对照现实，我国教育政策执行组织主要靠自身的政治驱动与行政驱动。这在一定程度上是与民生逻辑相悖的，也间接证明我国现行的教育组织制度尚有完善的空间。就乡村教师专业发展政策执行而言，教育组织制度在专业保障方面的建设还需要进一步加强，具体来说，如以专业行会为建制的教师联席会议制度尚未发挥专业引领的作用，教师工会在保障教师专业权益方面的力量不强等。

最后，教育政策执行需要强大的动力系统。教育法律制度为其执行奠定基石，教育组织制度为其执行确立基本框架，而教育运行机制则是其执行的动力之源。这意味着，教育政策执行不仅需要法律保障、专业保障，还需要动力保障。如前文所述，教育运行机制有层次、形式及功能之分。鉴于此，从理论上说，教育运行机制在层次、形式及功能方面会有诸多差异及不同的客观表现。但事实上，其差异性与多样化表现并没有预期的那么繁杂。也就是说，教育组织制度实际的差异化与多样性一定程度上未能满足教育政策执行实践的要求。如上文所述，教育法律制度不健全导致教

① 程斯辉，李中伟．从政治教育学到民生教育学：中国共产党领导教育的与时俱进［J］．复旦教育论坛，2011（4）：5-14.

育政策执行的法律保障势能趋弱、教育组织制度行政化导致教育政策执行的专业保障势能疲软，二者必然影响教育治理实现的途径及方式，即教育运行机制。承上，教育运行机制是教育政策执行的动力系统，但囿于它在乡村教师专业发展政策执行中表现出单调、僵硬的倾向，这使得其政策执行的动力保障势能走低。

正如前文所提到的，从其形式来判断，现行的教育运行机制以行政-命令式、命令-监督式为主，且此类机制往往由政府及教育主管部门采用；从其功能来判断，现行的教育运行机制多以制约和保障并用，且此类机制的作用对象往往是政策目标群体。由此可见，教育运行机制的形式层面可能缺少指导式、服务式、协同式等差异化补充；功能层面可能缺少激励、转化及赋能等多样性构成。教育运行机制在上述两个层面的局限正是造成乡村教师专业发展政策执行动力保障式微的原因。具体来说，客观而言，尽管国家以教育政策为有力杠杆推进乡村教师队伍建设正在经历由提供外部保障转向促进其内涵式提升，但是，乡村教师专业发展支持体系建构的进阶之路还很漫长，这事关每一位乡村教师是否能获得高质量发展。

综上所述，只有慎重、及时、合理地处理好规约、保障、驱动乡村教师专业发展政策执行的制度安排方面所存在的问题，才能既促进教育治理体系与治理能力现代化，又同时满足“人民对美好教育生活的向往”的需求。

（二）政策互补性有待增强

形塑执行环境的另一个重要变量是政策互补性。从上文对乡村教师相关专业发展政策互补性的问题与不足的探究中，笔者可以从相关政策规模、发展及壁垒三个方面切入，仔细剖析造成乡村教师专业发展政策之间的针对性与适切性不足、均衡性与公平性不高以及融合性与跨域性不强的根源所在。

首先，按照其类型，教育政策通常可以分为综合性政策、一般性政策以及专门性政策。援用此方法来给乡村教师专业发展政策归类，可以将既有政策存在的不足与其类型对应起来。就其针对性与适切性而言，笔者主要将其限定在专门性的乡村教师专业发展政策范围内，也就是说，第一层次的政策互补性限定在以乡村学校为场域的乡村教育系统。分析与对比既有的专门性乡村教师专业发展政策，发现不仅政策的规模尚且不能满足现实需求，而且既有政策的针对性、适切性也是有待商榷的。以在职乡村教师培训政策为例，即便有规模之大与层次之高如“国培计划”的存在，但其“全员、滚动式培训”的短期成效与长期效益之间的矛盾一定程度上还是客观存在的。又如“公费师范生”政策明确规定毕业生“必须回到生源省份从事至少六年的教育工作”；在政策颁布与实施之后，部分毕业生因个人原因“单方面违约”造成一定程度上的国家公共财政的损失进而引发社会相关人士的关注与热议等。

其次，就其均衡性与公平性而言，笔者将其涉及范围扩展到一般性的教师专业发展政策，也就是说，第二层次的政策互补性边界扩展到以中小学校为场域的基础教育系统。分析与对比既有的一般性教师专业发展政策，发现相关教师专业发展政策结构尚需要进一步优化，如在促进教育公平、推动城乡教育均衡发展方面的努力还需要继续保持。也就是说，既有教育政策在如何服务于促进教育公平、教育均衡发展的宗旨方面需要更加明确。新时代的教育公平旨在使每一个适龄学生都能享受公平而有质量的教育，这一宗旨要求教育政策要在保障“起点公平”“过程公平”及“结果公平”的全过程中发挥应有的作用。而围绕促进教育均衡发展的核心议题，国家从顶层设计层面擘画了教育城乡一体化发展的和谐愿景。但在现实操作中，相关教育政策执行遭遇了一些阻力，如“交流轮岗制”在政策实践中暴露了一些问题，又如“县管校聘”政策在执行过程中也暴露了一些弊端。

最后，就其融合性与跨域性而言，这里主要指涉综合性的教育政策，也就是说，第三层次的政策互补性其域限是指以普通学校①为场域的相关教育系统。分析与对比既有的综合性教育政策，发现相关教育政策壁垒较为森严，教育政策之间的融合性与跨域性不强。究其原因，教育政策壁垒是由学科壁垒造成的。受分科主义的影响及“技术理性”的支配，教育政策设计及其执行大多遵循的是“控制逻辑”。从理论上讲，要达到精准控制的目的需要对相关议题分门别类并事无巨细地安排其过程步骤。然而，现实中，事物之间、学科之间以及领域之间客观上存在着千丝万缕的关系，且彼此的关联并非轻易就能厘清与分割。由此判断，现实中的教育政策存在将复杂问题简单化的嫌疑，且决策者与执行者出于操作方便的考虑，人为地建构了一些学科与领域的边界，这使得综合性的教育政策某种

① 限于本书的中心议题，此处的普通学校不包括学前教育机构、高等教育机构、中高等职业教育以及特殊教育学校。

程度而言存在一些相互阻隔的壁垒，最终使其政策互补的融合性与跨越性方面表现不突出。

（三）执行环境与社会趋势有待融合

执行环境的第三个重要变量是社会趋势与冲击。由上而知，社会的发展及其变迁与教育政策执行之间存在张力，一为积极作用，二为消极影响。接下来，笔者将按照“先积极后消极”的逻辑顺序来展开乡村教师专业发展政策执行环境与社会趋势“步调不一”原因的探究。从其积极面来说，如果教育政策执行环境与社会发展趋势在方向上是基本一致的，那么社会趋势将促进乡村教师专业发展政策有效执行，需要说明的是，其促进力度有强弱之分，社会趋势与执行目标方向一致的程度越高，其改善执行环境的能力越强。以此为镜鉴，执行实践中，执行环境与社会趋势的匹配优势尚不明显，这或许就是乡村教师专业发展政策执行形式效果明显，但实质效益不高的原因所在。

一般而言，社会趋势对教育政策执行环境的积极作用通常要大过其消极作用。从前文的阐述中可知，还有另一个与社会趋势对执行环境影响性质相似但其作用向度可能相反的层面，即社会冲击。从其消极面而言，社会的发展及变迁可能改变固有的社会结构，有时甚至会改变社会形态。在其不断改变社会结构的过程中，可能会激起新的社会矛盾。这样的社会变迁会对社会的方方面面造成强烈的冲击，教育政策当然也不例外。因此，社会冲击对教育政策执行同样具有动能作用。具体来说，当社会冲击的力道与教育政策目标方向基本一致时，教育政策执行遇到的阻力会非常大，故而很大可能会遭遇失败的挫折。反之，当社会冲击与教育政策目标方向整体相悖时，教育政策执行遭遇的阻力会非常小，进而很大可能得以顺利推进。

由上而知，当社会发展呈现出有利趋势时，乡村教师专业发展政策执行理应顺应其势能，充分抓住发展的大好时机，争取在对既有政策的改良与改进中获得更大发展；当社会发展以“摧枯拉朽”式的冲击力量呈现时，乡村教师专业发展政策执行应适时转变思路，不仅应该破除因循守旧的弊病，而且应该敢于突破限制，努力通过改革与创新既有政策而获得更大突破。综上所述，乡村教师专业发展政策执行环境与其执行实践之所以表现出融合度与匹配度有差距的问题，是因为执行环境与现阶段的社会趋势及社会冲击尚需要进一步的耦合。

## 四、策略路径固化导致政策执行效能羸弱

承上，根据 OECD 可视化框架，教育政策执行的第四维度关涉执行策略，其主要因子除了涵盖以上所论述的理论、人性及环境三大因素，还涉及如何处理这三者之间种种复杂关系的方法。基于本章第二部分所呈列的关于执行策略维度的问题及其客观表现，笔者认为在其方法因素层面，可以从执行任务分配与责任分工、执行目标靶向以及政策执行工具等七个方面切入，进而查找由策略不当造成乡村教师专业发展政策执行发生偏差的原因。

鉴于前文中已经覆盖了理论、人性及环境三个主要因素的诸多层面，且即将剖析的原因与上文中的论述有多处交叉与重合，故下文的原因探究不做过多展开，仅仅从执行策略的视角梳理相关层面。

OECD 可视化框架好比一台庞大精密仪器的“使用说明书”，教育政策就是这台仪器，而教育政策执行就是如何使其正常运转起来的动力系统。从“仪器”的设计者、生产者、使用者到养护者，每一道工序都离不开专业人士的努力，且大多工序的运行及维护需要相关专业人士的共同努力。显而易见，教育政策利益攸关方应该结成合作、协同的战略伙伴关系，而不是竞争、彼此对立的博弈关系。

第一，执行任务分配与责任分工。以此为对照，不难发现乡村教师专业发展政策在执行策略维度的不足与局限。首先，教育政策执行责任分工不明晰与任务分派不到位。造成这一问题的深层次原因是在政策设计中，决策者对在各利益攸关方之中究竟谁是政策主体尚存在误区，这显然与主体身份确认有关。在政策实践中，应然的主体缺位必然导致与其身份对应的责任分工与任务分派界定不清甚至是错位。

第二，主体身份确认错位导致执行目标靶向偏差。就乡村教师专业发展政策执行的目标群体而言，其理论上的受益者应该是全体乡村教师及每一个乡村教师个体。但在执行实践中，于部分乡村教师而言，乡村教师专业发展政策往往鞭长莫及。普遍的情形是：校长奔波于数不胜数的各级各类会议与一轮又一轮的各级各类培训之间，无暇扎根于自己的学校，亦无暇关注自己的教职员工与学生。他们也许可以“如数家珍”地说出××学校是××示范基地，也可以对关于“校长领导力”的最新理论娓娓道来，但如

果被问到类似“你们学校的教师们面临最棘手的教学问题是什么”以及“教师们需要什么样的基于校本的专业发展支持”的问题，他们不一定能说出令人信服的答案。

相比之下，处于乡村教育生态系统最底端的乡村教师，他们似乎是一个个呈放射状的粒子，不到非必要之时是不会与别的粒子主动相遇的。也就是说，部分乡村教师没有意识也没有意愿主动与别的教师个体或团体发生有质量的专业联结。这既有乡村教师专业发展政策设计维度的不足与局限，也有乡村教师作为主观与客观上的政策执行关键主体缺位的原因。

第三，教育政治环境影响政策执行工具。基于对乡村教师专业发展政策执行维度存在问题的分析，不难发现，某些特定问题指向执行工具，特别是对执行工具灵活性与多元化的需求。诚如有学者提出要打出政策“组合拳”，通过聚焦乡村教育短板，精准靶向乡村教师专业素质提升以促进其队伍建设高质量发展。究其打出“组合拳”的原因，如相关证据所示，是因为当前乡村教师专业发展政策执行工具在一定程度上呈现出单一化的倾向。而造成执行工具单一化的原因可能是综合性的，可能涉及理论因素，也可能是人性因素或是环境因素。还有一种可能，即政策主体缺乏丰富而有益的相关经验或实践，或者两方面均有。

第四，综合性因素影响政策主体沟通及参与策略。由上而知，影响乡村教师专业发展政策执行的因素不仅有客观因素，也有主观因素，不仅有外在因素，也有内在因素，不仅有人为因素、环境因素，还有方法论的因素。如本章第二部分对乡村教师专业政策执行策略维度存在问题的梳理所示，畅通与促进关键主体就政策执行相关事宜沟通与参与的策略在一定程度上尚存在效果不理想的问题。究其原因，大致可从以下两方面着手查找：一是主体之间沟通不畅；二是目标群体参与驱动不足。

关于以上两个层面的原因，实际上在上文中已有所谈及。就主体之间沟通不畅的问题而言，其原因与教育政策执行的政治与制度文化环境有关。尽管距 1985 年开始施行教育体制改革迄今已满 40 年，但自上而下的“科层制”传统、“官本位”思想对教育领域的无形影响依然占据主位。这集中表现为，在教育政策领域，决策主体、执行主体与目标群体之间缺乏互相沟通的集体意识、集体意愿及渠道，也缺乏上下沟通的“在地化”经验、传统及文化。以教育政策议程为例，从前基本上遵循单向的“政府议程—传媒议程—公众议程”①的合法合规程序，显然这样的一套程序无法使教育政策具备教育属性，尤其是专业引领下的教育属性。这意味着应该在上面这套程序中嵌入“专业议程”。诚如有学者提出，在教育政策议程中不仅应该嵌入“专业议程”，而且应该构建“二维双向互动”②机制。

就目标群体参与驱动不足的问题，究其原因，同样是综合性的。既有多次强调的缺乏先进理论指导的因素、制度安排限制的因素，也有相关主体观念意识转化滞后的因素。总的来说，该问题与乡村学校的民主文化与专业文化以及乡村教师的专业发展意识与专业共同体建设有关。通过文献梳理、问卷调查、访谈以及实地参观等方式，笔者认为造成乡村教师专业发展政策执行中目标群体，即乡村教师参与驱动不足的原因大致有三个方面。

其一，从客观层面来说，对于大多数乡村教师而言，不论是教师专业发展还是其政策方面的理论储备都是不够的，造成此种情况的原因主要是地方教育主管部门、教师教育机构及乡村学校对教师专业成长的相关培训与政策培训重视不够，也存在宣传、推广力度不够或者内容缺乏吸引力的现实问题。

其二，从主观层面来说，乡村教师在“控辍保学”“校园安全”“五项管理”等诸多教育政策的重重压力之下，加之为了完成各级各类行政部门、教育主管部门对学校下发或摊派的种种常规性或临时性的非教育性任务，他们留给自身专业学习与发展的时间较少，更不用提为了提升教育教学水平而主动与同事、领导交流切磋。从这个意义上讲，“乡村教师自由支配的时间被剥夺”这一事实无疑就是他们主观上不想参与乡村教师专业发展政策执行的最主要原因。由此可见，虽然是主观层面的原因，但究其根源还是源自客观的限制与要求。

其三，除主客观两个层面的原因外，还有其他原因，如乡村教师生活、家庭等方面的原因。相关统计数据显示，一定比例的乡村教师目前过着候鸟式的“迁徙”生活，即一种“工作在乡村，生活在城市”的模式。这种模式下要培养其“乡村教育情怀”理论上难度是较大的。又如，现阶段乡村教师较难真正融入乡村社区之中，并将自身的文化与乡村文化交

---

① 蒋建华，崔彦琨，王镱．舆论、教育政策与教育治理现代化［J］．教育研究，2021（11）：132-137.

② 同①。

融，这使其无法为乡村振兴贡献其应有的智慧与力量，自然无法实现其人生价值追求。如此种种同样是导致乡村教师消极参与其专业发展政策执行的原因所在。

第五，经济因素影响政策执行客观资源配置与主观资源结构。如OECD可视化框架所示，就执行策略而言，教育政策执行中资源的分布与合理配置同样是一个不应该被忽略的关注点。由上而知，此处的资源包括客观与主观两类。对照乡村教师专业发展政策执行策略维度在资源层面存在局限的集中表现，笔者将造成相关问题的主要原因归结如下。

其一，查找教育政策执行中客观资源配置不均问题的原因。由上而知，客观资源主要指经费、技术及知识。如大量文献所示，这是一个复杂的综合性问题，它既有历史的原因、政治的原因，也有经济的原因。就政策相关经费配置而言，其中一个为大众所熟知的原因就是城乡“二元经济模式”引起了其他一系列不平衡性发展问题，教育与社区服务就是其中的典型。根据“经济基础决定上层建筑”的基本原理，除了经费配置外，教育政策执行中以技术与知识为主要构成的客观资源的分布与合理配置也是由经济基础决定的。据此判断，相比之下，乡村学校能够获得的经费、技术及知识等客观资源份额是较小的。这有力地解释了为什么一定程度上乡村教师专业发展政策执行不力。

其二，查找教育政策执行中主观资源结构不良问题的原因。与客观资源相对但却与其相关，这里的主观资源指政策主体对上述客观资源的使用能力。由此可以判断，主观资源的本质就是人力资源。乡村教师专业发展政策执行涉及多元主体，如决策主体、执行主体与目标群体，并且三者之间在需要的时候将发生彼此转化。鉴于此，他们作为关键的人力资源是非常重要的。然而，经济条件、自然地理环境、区域发展以及人口分布等诸多复杂因素造成人力资源结构性不平衡。也就是说，若想推进乡村教师专业发展政策有效执行，有必要对其主观资源的结构进行优化。比如，通过多元化手段增加乡村教师职业吸引力等。

第六，政策主体影响执行时机选择与节奏把握。承上，教育政策有效执行不仅需要“地利”与“人和”，还需要“天时”，三者缺一不可。在执行实践中，除了上述几个方面出现问题或有待改进之外，教育政策执行过程中某些重要时间节点与节奏同样不容易把握。究其原因，笔者认为主要是由教育政策执行的情境性与复杂性决定的。教育政策执行通常对应的是现实中的某个情境，该情境又必须负载于特定的场域，即由明确的时间与明确的地点构成的立体空间。教育政策执行是发生在这个立体空间中的一系列连续、有目的的行动。一般而言，主体在有意识地行动之前必须做出决策，其中就包括时机的抉择。毋庸置疑，即便有了必要的知识、经验与实践，时机选择也是非常难的，特别是面对不确定的未来时。同时，还需要考虑关于短期效果与长期效益的时机抉择。此为教育政策执行情境性对执行时机的影响。

政策执行策略维度下与时间紧密关联的层面是执行节奏。于复杂的事物/过程而言，要精准把握其工作推进的节奏一定程度上同样是富有挑战性的。如果说教育政策执行是一门艺术的话，那么熟悉并掌握其基本节奏也是有一定门槛的，同样需要良好的知识、经验及实践基础。据此可以推断，乡村教师专业发展政策执行过程中相关主体之所以尚未熟练掌握其执行节奏，是因为现阶段我国乡村教师政策执行的相关主体在知识、经验及实践方面还有一定不足。

第七，多因素动态影响政策执行过程。对照 OECD 可视化框架，教育政策执行是一个有目的、多层次、多向度、复杂的动态过程。鉴于此，相关主体应该加强对教育政策执行的“全过程”管理。就执行策略维度而言，有益于加强“全过程”管理的工具有执行中的数据、对执行过程的监测以及对相关主体的问责。但对照现实，相关主体在这三方面的表现参差不齐。究其原因，虽与以上的剖析大同小异，但侧重点还是有些差异。

比如，就数据而言，在执行策略维度主要突出对数据更新的要求，因此，数据更新首先指向技术的原因，其次指向主体能力的原因；就监测而言，这里主要突出对教育政策执行整体运转的监测与预警机制，因此，它可能指向制度建设的原因，也可能指向技术的原因，也涉及相关主体能力；就问责而言，主要聚焦点是建立合理的问责机制，这里主要指向对教育政策执行相关主体履职情况的监督与治理。

综上所述，在教育政策领域并非所有的执行现象背后均对应一个原因。一因对一果、一因对多果、多因对一果、多因对多果，一切皆有可能。正如“二八定律”中二成的原因引发了八成的结果。因此，在剖析原因时需要从主要关系中抓关键线索。

# 第四章　乡村教师专业发展政策执行机制的系统性创建

笔者始终在强调本书的一个重要题旨：振兴乡村教育的希望在于乡村教师。只有乡村教师获得充分的专业发展，乡村学校才会有生机勃勃的活力，乡村教育振兴才不会是一纸空文。专业发展是乡村教师队伍建设最核心的发展内容，这要求乡村教师专业发展政策执行必须追求“帕累托最优”。然而，以现实为对照，乡村教师专业发展政策执行依然面临诸多具体而棘手的主客观问题。就保障其专业发展的政策执行工具而言，为乡村教师量身定制一组适合的专门性政策，并为其提供强有力的制度保障以促进相关政策有效执行，无疑是当前最优的选择。为了更加凸显教育政策执行在乡村教育场域的治理势能，现实要求乡村教师专业发展政策执行主体尽早克服原有执行机制的局限，以期有所创建。

为回应对乡村教师专业发展政策执行现实境遇的关切，将专业资本理念作为乡村教师专业发展政策勾画的精神内核，并遵循 OECD 可视化框架赋予政策执行主体的行动启示，笔者对乡村教师专业发展政策执行机制系统性创建的可能性与可行性抱有很大的信心。如图 2-12 所示，参照 OECD 可视化框架所厘定的乡村教师专业发展政策执行可视化框架的四个维度并不是彼此孤立的，而是彼此间必然产生交互作用与影响，进而生成一个集“物质空间、文化空间、交往空间以及行动空间”为一体的复杂社会关系网络。

笔者将上述关系网络命名为“乡村教师专业发展政策执行场域”。在这一场域中，为了实现既定的专业发展政策理想，执行主体必须致力于创建一个将“主客交互”“内外支撑”“愿景与环境同频”“策略与行动共振”四个向度融为一体的有机联动系统。也就是说，基于系统执行观的统御，乡村教师专业发展政策执行机制的系统性创建可做如下推演：执行主体通过预先在政策决策阶段将执行策略作为前提性条件加以考虑，并对智慧的政策设计、全纳的攸关方参与及有利环境其他三个维度施予“一以贯之”的执行策略，使三者在政策执行全过程中有机联动进而构筑起基于交往与行动的立体社会关系网络。

如果把乡村教师专业发展政策执行所涉及的一系列复杂过程比作一项推进中的工程，政策设计机制主要负责对工程愿景的构想，这是一种文化生产活动，目标是为乡村教师高质量发展勾勒美好蓝图；主体参与机制涉及主体能动性与创造性的发挥，即“工程师”角色，人是一切行动的中心，只有通过人的主体性活动才能作用于客体，即将抽象意念转化为具体行动；环境机制涉及作为主体的人对作为客体的政策发生作用力的外部环境；策略机制则指工程师确保工程竣工所采用的方法论及其实际行动。受OECD可视化框架的启发，“一以贯之”的策略是联结其他三个机制的最重要的一环，因乡村教师专业发展政策执行的特殊性与复杂性而富有丰富的行动内涵，在本书中具体指向“四位一体”的文化凝聚策略、“四位一体”的资源整合策略、“四位一体”的沟通共享策略以及“四位一体”的行动协同策略。

上文就乡村教师专业发展政策执行机制的系统性创建给出了一个全息图景，接下来将就上述四个维度及其变量因素做分布式阐释与推演。

## 第一节　倡导“智慧设计”理念，激活政策设计决策机制

如何创新现阶段的乡村教师专业发展政策执行机制？事实上，破题的关键就是尝试回答以下问题：新时代呼唤什么样的乡村教师专业发展政策执行机制？事实上，在本书第二章第三部分“模型创构：乡村教师专业发展政策执行可视化体系”的相关内容中，笔者已就“新时代呼唤什么样的乡村教师专业发展政策”以及“新时代乡村教师专业发展政策如何执行”两个重要议题做了必要的理论铺垫。因此，接下来，本书将就“专业资本”视域并结合OECD可视化框架对乡村教师专业发展政策执行机制创新议题展开探究，其背后的逻辑理路如图4-1所示。

OECD可视化框架针对教育政策执行给出了四位一体的行动方案，它不是把政策执行与其他政策程序脱离开来，而是将其与政策设计、执行环

境及执行策略有机地联动起来。这使得政策执行作为重要组成部分有机地嵌入实现政策理想的全过程。因此，当时代对教育政策执行机制提出创新要求时，不可回避地，捋清工作头绪的起点应该回到政策设计，也就是说，创新执行机制的头部优先事项（top priority）是创新设计机制。借鉴OECD可视化框架的有益启示，政策设计理应遵循合理、逻辑及可行三大原则。所以，创新设计机制亦当以此为遵循。

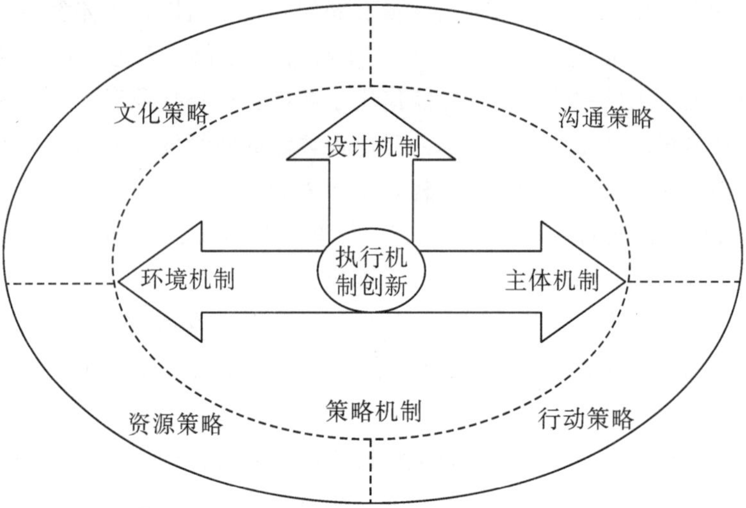


图 4-1　乡村教师专业发展政策执行机制创新

## 一、遵循合理性原则

由前文而知，教育政策生产是为了满足教育领域的某种教育需求或者回应某一群体对该教育需求的觉知。因此，就教育政策设计而言，其设计机制创新的第一个着力点是厘清制定相关政策背后的原因。首先，这要求政策制定者（policymakers）准确识别政策的直接受益群体或最大受益者，并对其各方面的情况及特征有基本了解，如目标群体的数量与分布、社会地位以及物质与精神诉求等。这些要求政策制定者对目标群体做必要调研，旨在将政策需求、政策总体目标、政策具体目标、目标群体靶向及政策预期结果纳入同一考虑范畴，以便促使相关且必要的信息形成回流。简单来说，第一步就是对政策标的的需求作清楚而明晰的界定。其次，将政策需求与现阶段既有政策联系起来，同时，在下一步决策之前，必须凭借所具备的知识基础及已经获取的证据来综合考虑如何推进，之所以如此审慎，旨在合理预测政策进程中存在的问题及规避可能的风险。

在创新设计机制时，还有一个重要方面不容忽视，即政策各利益攸关方对政策的支持。显然，在教育政策议程中，政策制定部门就某项议案依法通过官方的社交网络平台公开征求民众意见，就是期望通过公共渠道让核准政策“广而告之”，并使其获得广泛的民众支持。在此议程中，收到的积极反馈愈多，说明该政策议案获得的支持率愈高，自然，其最终获得合法地位的概率也愈高。最后，政策制定者在“勾勒”政策蓝图时还需要对政策结果做一般性预见。因为，政策制定者是高瞻远瞩的规划师，于他们而言，对政策愿景展开想象并不是难事，可以说，在其脑海中常常不乏对政策成果的预测与憧憬。然而，于政策目标群体而言，他们最关心、最在意的往往是看得见、摸得着且与自己切身利益有关的人和事。倒不是因为目标群体久在基层而凸显其“短视”与“自私”，究其真正原因是：上端所给出的顶层设计吸引力不足、驱动力不强。鉴于此，政策制定者有责任与义务将政策愿景与其预期成果关联起来。与此同时，他们需要将政策愿景、预期成果与目标群体的切身利益关联起来，并将其明确传达给目标群体。

综上所述，从合理性需求思考创新教育政策设计机制，要求政策制定者在设计提案之初就应该将政策愿景、政策目标、政策预期成果与目标群体等重要因素放置在同一层面全盘考虑。不仅如此，还应该尽可能消除决策者与目标群体二者之间的身份隔阂，并尽力缩小彼此的心理距离，这样一来才可能建构广泛的舆论与群众基础，教育政策才可能得到有效执行，最终，目标群体真正成为政策的受益者，而决策者亦光荣地完成了自身的使命，这显然是双赢的局面。

## 二、践行逻辑性原则

承上，若想要创新教育政策设计机制，除了考虑合理性层面外，其逻辑性层面也不应该被忽略。因为，教育政策设计不仅需要以合理合法的方式处理政策愿景、政策目标、政策预期成果与目标群体的关系，而且它需要在处理上述关系时讲究逻辑方法。所谓逻辑方法，自然包括对上述政策各要素之间复杂关系的常规性处理，同时也包括一个重要方面，即不断摸索、总结及掌握政策变化的规律。鉴于此，政策制定者应当以逻辑性原则为遵循，不仅要努力以逻辑合规的方法解释好、规范好以及处理好各政策要素之间的关系，同时，还要总结与借鉴国际国内相关领域的先进理论知识，以期更准确、更深刻地认识教育政策及其执行。

遵循逻辑性原则不仅体现在如何处理教育政策内部各要素之间形式化的方法方式上，也体现在如何设计与选择政策内容上，即对“政策执行”展开讨论的前提是基于“政策”的讨论。也就是说，必须先解决如何“智慧地设计”乡村教师专业发展政策的问题。就其政策内容而言，笔者在图2-11中呈现了理论—经验—实践三维立体的乡村教师专业发展政策模型。该模型将乡村教师专业发展政策的理论、经验与实践三个维度分别与“发展愿景”“发展维度”“发展路径”对应起来。就其理论而言，“专业资本”以其人力资本、社会资本及决策资本三大核心要素为理论基础，为乡村教师专业发展政策描绘了发展愿景；就其经验而言，既有的各类教师专业标准与教师培养培训标准，如《小学教师专业标准》《中学教师专业标准》《教师教育课程标准》以及《中小学教师培训课程指导标准（专业发展）》等为乡村教师发展政策规定了发展维度；就其实践而言，近年颁布实施与执行的各级各类乡村教师政策，如《乡村教师支持计划（2015—2020年）》《关于全面深化新时代教师队伍建设改革的意见》《关于实施卓越教师培养计划2.0的意见》以及《关于加强新时代乡村教师队伍建设的意见》等为乡村教师专业发展政策指引了发展路径。

由上而知，乡村教师专业发展政策执行机制创新需要从遵循政策设计逻辑性原则出发和着力。这意味着，遵循逻辑性原则的设计机制创新可以“专业资本”为引领，通过总结与提炼符合时代要求的既有经验，同时，注重反思与检视既有实践的成效与弊端，最终设计出顺应乡村振兴要求、符合振兴乡村教育诉求、满足乡村教师发展需求的专业发展政策。

### 三、依照可行性原则

承上，根据OECD可视化框架，若欲智慧地设计教育政策，除了遵循合理性原则与逻辑性原则外，第三个应当遵循的原则是可行性原则。同理，若欲创新教育政策设计机制，第三个切入点就是以可行性原则为遵循。在前文中提到，如果政策设计违背可行性原则，将会使政策执行陷入无法推进甚至“夭折”的境地。对照现实，政策缺乏可行性的表现大致有以下三种情况：一是存在一些出于政治考虑而制定的教育政策；二是由于主观预期与客观现实不符，如资源分布与配置不均、技术短缺以及治理手段不合理等，造成教育政策执行不力、低效或发生偏差；三是针对某一问题的相关政策在出台之初容易“一刀切”，不考虑特定区域、地方以及群体差异，使得政策执行主体与目标群体无所适从。显然，政策设计的可行性原则尤其与政策执行实践有着密不可分的关系。

事实上，如图 2-11 所示，建构乡村教师专业发展政策模型同样遵循了可行性原则。这一原则在乡村教师专业发展政策模型建构中如何体现？遵循可行性原则意味着乡村教师专业发展政策须整合乡村教师专业发展愿景、发展维度以及专业发展路径三个核心维度。由图 2-11 而知，理想的乡村教师专业发展政策理应蕴含乡村教师专业发展愿景、发展维度及发展路径，并且前者与后三者是整体与局部的关系。不仅如此，四者之间还存在紧密的关联：专业发展愿景所勾勒的理想图景既承载着乡村教师专业发展的宏伟目标，也展现了乡村教师专业发展政策的终极旨趣；发展愿景指引发展维度，前者是后者的方向，而后者是前者的具象指标；同时，发展维度须由发展路径付诸行动，再宏大的发展愿景也必须转化为一步一步、脚踏实地的行动才可能产生真正的意义。没有发展愿景的发展维度是没有理想、没有抱负的，没有发展维度的发展愿景是空中楼阁；同样，没有发展路径的发展维度好比只有实在的目标却没有达成目标的工具，而没有发展维度的发展路径就好比徒有好工具却丧失了目标。显然，以上四者之间的关系不是单向的，不是线性的，也不是孤立的。

概言之，以遵循可行性原则来寻求政策设计机制创新就是要尊重教育政策运行的规律，以“关系思维”取代“惯性思维”，注重把握教育政策设计环节中理论、经验及实践三维度的交互关系。最后，乡村教师专业发展政策执行机制创新的关键在于作为主体的人。

## 第二节　遵循“全纳参与”原则，拓展政策执行主体机制

承上，以合理、逻辑及可行三个原则为遵循可以一定程度地创新教育政策设计机制。创新设计机制旨在富有智慧地确立乡村教师专业发展政策本体，此为整个中心议题的重中之重。将其放置在乡村教师专业发展政策执行机制创新的整个流程中，这仅仅完成了第一步。笔者在前文中强调了乡村教师专业发展政策执行机制创新的关键在于作为主体的人，接下来，

讨论的重心将转向如何实现主体机制的创新。

## 一、尊重目标群体的主体地位

由上而知，创新乡村教师专业发展政策执行机制的第二个重要着力点是聚焦相关主体。其核心要义是聚焦关键主体所具有的知识、能力、责任与使命感及其对教育政策执行可能产生的影响。换句话说，即聚焦相关主体的人力资本。在“专业资本”理论中，人力资本是专业资本的重要组成部分。由此可见，教育政策执行中的人力资本内涵与“专业资本”理论有契合之处。鉴于此，笔者将援用“专业资本”理论的相关论据来展开探讨。

已知，乡村教师专业发展政策执行涉及多元主体，如负责设计与制定政策的决策主体、负责政策贯彻执行的执行主体、负责政策过程监督与评鉴的督导主体以及政策的目标群体等。在这个主体群中，供各主体支配的权力是不均衡的。显而易见，目标群体传统上处于权力末端，没有权力可言。然而，新的时代背景催生了新的教育生态。同样地，新的教育生态孕育新的教育政策执行观。在新执行观视域下，政策理想达成度的客观指标最终指向目标群体的内涵、行为及能力等方面的实质性转变。这意味着新执行观呼吁并赋权目标群体，要求其主动转化，完成客体主体化的过程，最终彻底改变传统上处于被动地位的局面。具体而言，在目标群体客体主体化的过程中，需要目标群体不断增加自身的人力资本，即乡村教师若想顺利完成客体主体化的过程必须不断积聚自身的人力资本。

与此同时，作为专业发展政策执行的关键群体，乡村教师的主体自我觉醒固然重要，但其主体地位同样需要其他相关主体的正式确认。因此，就创新主体机制而言，笔者认为首要前提是相关主体对乡村教师主体身份的正式确认。具体而言，决策主体与执行主体等应该尽早将乡村教师作为关键主体的一分子纳入乡村教师政策生产的全过程中，如设计环节、决策环节、宣传环节等。这样一来可以促进诸多目的达成，如宣示各主体的平等地位、明晰各主体的权责、激发各主体的能动性等。有一点需要强调，各主体应该结成同盟，共同致力于构建政策执行共同体。

诚如专业资本理论的核心要旨所示，将孤立、分散的个体人力资本汇聚起来可以形成团体的社会资本，且在其形成的过程中，个体人力资本的体量与质量将会得到整体强化。该理论介绍了多种简单而实用的增加个体人力资本的方法，如自主导向（self-directed）的专业学习与终身学习、教学反思与行动反思、与同事交流和合作、参加必要的团队学习与培训、向组织寻求支持与帮助等。由上而知，于个体而言，增加人力资本的方式大致可分为三类：独立、合作以及团体驱动。在实践中，这三类路径的工作效率与规模效应显然是升序排列的。一言以蔽之，将个人资本积累置于团体社会资本积聚的基础上，于个体与团体而言均是双赢的。

## 二、平衡利益主体的立场分歧

承上，创新主体机制首先应解决主体之间地位平等的问题。因为，古往今来，地位平等是人与人能否精诚合作的牢固基础。只有基于地位平等的前提，各主体之间才能生成互相信任的交往关系。只有基于这种社会关系，才能生成社会资本。因为，就其本质属性而言，社会资本即社会关系。这并不代表一切社会关系都是社会资本。事实上，在特定情境下，有些社会关系不仅不利于社会资本的积聚，而且有可能使不同群体形成对立进而消解原有的社会资本，尤其是当群体之间存在利益分歧时。

诚如前文提到，有学者认为“政策是关于价值的分配”，亦有学者提出“政策是利益攸关方的权力博弈”。不论教育政策的属性是“价值分配”还是“权力博弈”，均表征教育政策不是价值无涉的，其必然与主体利益裹挟在一起。此处主体既包括团体也包括个人，因而其代表的利益具有多元化倾向。加之社会结构中存在各种类型的部门、团体及个人，彼此之间可能存在利益和合，也可能存在利益分歧，甚至利益冲突。鉴于此，回归乡村教师专业发展政策执行议题，在尝试解决主体地位平等的问题之后，下一个应该着手处理的是平衡主体的利益分歧问题。

上文提到，借助增加团体的社会资本力量来整体扩容个体人力资本，于团体与个人而言均是双赢的。所以，基于这个前提，在乡村教师专业发展政策执行议题范畴内，相关主体在大方向上的长期利益应该具有高度一致性，即一切为了呵护乡村儿童的成长、一切为了支持乡村教师的专业发展、一切为了保证乡村教育的高质量发展。相信如果相关主体有了对这一远景目标的共同体认，他们彼此间关于利益分歧的“嫌隙”就会消解。即使在短期利益方面难免会有或多或少的分歧与冲突，也将处在合理范围内。因此，就乡村教师专业发展政策主体机制创新而言，第二个重要切入点就是致力于增进各相关主体之间组织及其成员的相互了解与合作基础，通过增加彼此的信任、交流、合作以及共事的机会，促使各主体就更远大、更高尚的精神目标达成一致。也就是说，援用专业资本理念中的社会资本开发来创新主体机制。

## 三、加强政策主体的能力建设

综上，就其执行机制而言，专业资本理论为乡村教师专业发展政策主体机制创新提供了两条具有现实可行性的路径，即可持续性地增加个体人力资本与团体社会资本。关于这两种资本，其最核心的客观指标表征为各主体的既有能力及其可激发的潜力。在教育政策执行中，关键主体所具备的能力决定着执行效果及方式。这意味着，对政策所指向的关键主体的人力资本、社会资本进行投资，特别是通过加大对其能力建设力度的方式有可能提升政策执行效果、优化执行方式，甚至扭转执行失败僵局。从这一意义上讲，创新主体机制即意味着加强关键主体政策执行能力建设。

如 OECD 可视化框架所示，教育政策执行关键主体既指向相关组织与部门中的团体及个人，如教育主管部门的工作人员、教育者队伍中的校长与教师，同时也指向作为整体的组织，最高机构如教育部，基层组织如教育局、学校等。按其职能与担当的角色，关键主体的能力建设对象大致指向以下三类：正式执行机构人员、教育者队伍以及作为整体的各级各类组织。

如前文所述，于正式执行机构人员而言，此处的能力内涵特指其教育政策执行能力。具体而言，指的是他们代表的政治权威、可支配的物质资源及其具备的专业水平。鉴于此，投资正式执行机构人员的人力资本、社会资本可考虑采取以下举措：一是通过合理合法的渠道树立并广泛宣传其代表的政治权威；二是借助科学、先进的手段对其可支配的物质资源进行宏观统筹及充分整合；三是建立可持续、长效专业学习机制不断提升相关人员的专业水平。相比而言，第三个措施虽然从资本的视角来看短期内效率低下、成本高昂，但却是一项长期利好的投资，甚至是一项值得社会关注的事业。因为它以正式执行机构人员的可持续发展为目标，即以人的发展为旨趣。这充分体现了教育政策的教育本质属性。

在教育政策执行领域，除了行使执行职能的人员以外，教育者队伍同样是执行的关键主体。一般而言，教育者队伍主要包括校长与教师。具体到乡村教育场域，教育者队伍主要指校长与乡村教师。研究表明，此二者的相关能力与教育政策执行之间具有较大的张力。具体来说，于校长而言，与教育政策执行相关的能力通常指向其学校领导力与实施教育改革的能力；于乡村教师而言，则主要指向其专业发展能力及其实施教育改革的能力。由此可知，OECD 可视化框架建议政府对教育者队伍进行投资，也就是说，政府理应重视对校长及教师的专业发展与实施教育改革能力方面的投资与建设。

由上而知，政策主体既包括实体的团队与个人，也包括行使形式职能的组织。在前文已有所提及，教育组织按其层次与统辖范围可分为宏观、中观及微观。不论属于哪个层次的组织/机构，其教育政策执行能力取决于两方面：一是其内部人员的个体与集体能力，二是其组织环境。第一点在上文中已充分阐述，自不必赘述。第二点与下文中的环境机制创新有关，在此暂且不提。综上所述，重视并加强政策关键主体的能力建设是创新教育政策主体机制的一个有力抓手。所以说，此为乡村教师专业发展政策执行主体机制创新的第三个重要着力点。

## 四、畅通政策主体的沟通机制

据前文所述，OECD 可视化框架的第二个重要维度涉及利益攸关方并且给出“全纳参与”的行动方案。由此而知，在这一维度下，影响教育政策执行最关键的变量就是人。这与客观现实是相吻合的。历史与实践均充分地证明：教育政策应该调节的最重要关系是人与人之间的关系。然而，人与人之间的关系不可谓不复杂。随着对教育政策领域的不断深耕，研究者与相关人士逐渐意识并接受了以下的事实：教育政策执行涉及多层级、多类型、多属性的利益攸关方，它们之间的关系错综复杂，其中利益关系最为复杂，有相生关系，也有相害关系，有时可以彼此相合，有时又冲突对立。

鉴于在利益攸关方之间存在复杂的关系，为了达成一致的政策执行目标，不论理论上还是实践上都应该尽可能地使其认同并朝着与政策目标相同的方向努力，尤其是政策执行的关键行动主体。承上，为了实现教育政策执行主体机制创新，笔者先后提出了宣示主体地位平等、平衡主体利益分歧以及加强主体能力建设的三项举措。针对处理利益攸关方之间的复杂关系以期争取绝大多数支持政策执行，本书给出的第四项建议是畅通关键行动主体之间的沟通机制。之所以将“沟通机制”作为解题关键，是因为有多项研究结果证明：人与人之间关系的失败很大程度上是由沟通的失败（fail to communicate）导致的。

受专业资本理论启发，笔者认为畅通关键行动主体沟通机制与该理论中的“决策资本”有关。所谓“决策资本”，哈格里夫斯与富兰将其定义为：专业人士通过结构性与非结构性的经验、实践以及反思所获得和积累的资本。由此可知，顾名思义，“决策资本”应包括至少以下三层内涵：来自执行经验的决策资本、来自执行实践的决策资本以及来自对执行反思的决策资本。鉴于此，可以考虑将畅通沟通机制与以上决策资本的三层内涵联系起来。

首先，关键行动主体基于执行经验展开充分沟通。沟通是一种双向行为，同时，它也是一种具身体验。如果政策制定者仅以单向的传导机制将政策内容以下达指令的方式自上而下地向执行主体、目标群体发送，那么其关于政策执行的经验就是不完整的。比如，于制定者而言，政策在基层执行主体与目标群体之间如何传导、如何互相影响的经验是缺乏的。同样地，如果基层执行机构与目标群体在政策设计环节缺场，那么他们对政策的来龙去脉毫无头绪，自然也无法在第一时间接收到关于政策愿景以及目标等信息时心领神会。也就是说，囿于决策经验阙如，基层执行机构与目标群体较难与政策制定者站在同一高度、同一立场。这也正是笔者提出政策执行关键行动主体应基于执行经验展开充分沟通的原因。历史的经验证明，有效沟通是消除经验不对等、误解以及隔阂的关键手段。诚然，沟通是需要时间的，也需要不断体验、磨合及练习，而这一点无疑与决策资本完全契合。

其次，关键行动主体基于执行实践展开充分沟通。承上，仅仅就执行经验展开充分沟通远远不够。诚如前文所强调的，“没有实践的经验是碎片化的”。行动主体还需要围绕执行实践的现实图景展开沟通与讨论。实践是主体为了实现某一特定目的而开展的一系列行动。在政策生产的不同环节，行动主体可能因服务不同的具体目的而承担不同的任务分工，如政策制定者的核心任务是设计科学、合理且可行的方案，其关注焦点可能在于如何寻求与运用先进理论；目标群体的关注点有可能是如何完成上级分派的任务。因此，他们开展的执行实践会有属性上的差异。尽管如此，由于行动主体的执行总目标是一致的，这为其展开沟通与协商奠定了基础。由上而知，通过沟通的方式，行动主体对执行经验进行总结与凝练并将有益经验推广与共享；接下来，同样通过沟通的方式，他们将有益经验与彼此的执行实践联系起来，这有益于实现执行实践共享，旨在充实与丰富各主体的执行实践，最终实现“上下贯通、水乳交融”。

最后，关键行动主体基于执行反思展开充分沟通。继执行经验共享、执行实践贯通之后，于行动主体而言，还有一个重要方面值得展开充分沟通与交流，即各级各类行动主体关于政策执行的反思。据前文所述，教育政策执行既依赖于科学严谨的思维活动，又离不开基于证据、面向现实的实践行动。实践行动不是盲目地摸索，鉴于政策执行的复杂性，各主体对其自身行动进行经常性的反思非常必要。如专业资本理论所示，决策资本是辨别专业人士与业余人士的重要指标，其生成与发展离不开主体经年累月的技能练习与技艺磨砺。诚如哈格里夫斯与富兰所说：“在任何行业中，练习、不断练习以及获取练习的机会是至关重要的。”① 他们相信，有且仅有练习以及大量的练习才能发展教师的决策资本，才能成就技能娴熟的专业人士（a skilled professional）而不仅仅是狂热的业余人士（a keen amateur）。由此可见，主体必须通过持续不断的实践方可发展决策资本。就“实践”而言，上述二位学者对其做了限定，他们认为：审慎追求的实践才能臻于完美。因此，这里的实践特指“反思性实践”（reflective practice）②。鉴于上文对实践已有所讨论，在此仅就执行反思进行简要阐述。

索恩提出，“反思性实践”具有两方面内涵：行动中反思（reflection in action）与行动后反思（reflection on action）。前者指主体置身于问题时绕开困难的能力以及在临场发挥时保持思考的能力，后者指基于事实的反思。哈格里夫斯与富兰基于此提出了第三种反思——就行动反思（reflection about action），具体指向对实践环境与条件的反思③。这三种反思形式是反思性实践的重要内容。将其迁移到教育政策议题，行动主体基

---

① HARGREAVES A, FULLAN M. Professional capital: transforming teaching in every school [M]. New York &Toronto: Teacher College Press, and Ontario Pricipal's Council, 2012: 94.

② 反思性实践（reflective practice）于20世纪80年代由哲学家兼爵士钢琴家唐纳德·索恩（Donald Schön）提出。他曾资助过关于组织学习的研究并撰写了一系列关于反思性实践与反思性执业者（reflective practitioners）的著作。详见 SCHÖN D A. The reflective practitioner: how professionals think in action [M]. New York: Basic Books, 1983; SCHÖN D A. Educating the reflective practitioner: toward a new design for teaching and learning and learning in the professions [M]. San Francisco: Jossey-Bass: 1987.

③ HARGREAVES A, FULLAN M. Professional capital: transforming teaching in every school [M]. New York &Toronto: Teacher College Press, and Ontario Pricipal's Council, 2012: 98-99.

于执行反思展开充分沟通，一方面，个体通过与同事交互有力地促进了自身决策资本的发展；另一方面，彼此交互的过程中团体的社会资本总量增加了。这有益于执行机制创新。

## 第三节 重视“有利环境”价值，打造政策执行环境机制

承上，基于“全纳参与”的理念宣示利益主体地位平等、弥合主体利益分歧、强化主体能力建设以及畅通主体沟通机制，是创新教育政策主体机制的核心措施。创新教育政策执行主体机制旨在充分彰显乡村教育治理“以乡村儿童为本、以乡村教师为本”的价值取向。尊重人的价值是乡村教师专业发展政策执行议题的重中之重，将其放置在教育政策执行机制创新的整个流程中，这就完成了第二步。在上一部分中，笔者强调乡村教师专业发展政策执行机制创新的关键在于作为主体的人，接下来，讨论的重心将转向如何实现环境机制创新。

### 一、建立健全制度性保障

如 OECD 可视化框架所示，Viennet 与 Pont 在环境维度给出的提案是“有利环境”（conducive context）。他们就这一维度分析了“制度安排”“政策互补性”及“社会趋势与冲击”这三个重要因素对教育政策执行的影响。鉴于此，笔者认为创新环境机制可以首先从“制度安排”开始。因为制度既是教育政策执行的前提基础，也是保障其有效执行的重要支撑。援用新制度经济学的相关分类，影响教育政策执行的变量可分为正式制度因素与非制度因素，前者通常指涉社会公民共同遵守的宪法、法律及规则等，后者则指涉民间约定俗成的传统、习俗及道德规范等。正式制度由代表国家公权力的机构设立，通常由法律保障其合法地位，从而具有权威性、强制性与显在性；非制度性因素往往是历史、文化及社会等诸多要素发酵的综合性产物，通常是一种集体无意识，具有绵延性、区域性及隐秘性。表面看起来，正式制度因素占据主导，对教育政策执行的短期影响效果明显，同时表现出较强的时效性；相比而言，非制度因素对教育政策执行不具备强制力，其影响力发挥主要依靠约定俗成与潜移默化，虽然仅在特定区域、特定人群及特定情境起作用，但其具有显著的离散性与长久

性，对主体思想、意识及行动有较强的牵制性。二者同时存在于教育场域，它们相互作用共同构成了教育政策执行生态。

鉴于此处探讨的重心是教育政策执行的制度性保障，故笔者将仅就正式制度展开论述。援用前文相关内容，在教育领域，对教育政策执行产生重要影响的正式制度主要是教育法律制度、教育组织制度以及教育运行机制。因此，若要建立健全相关制度性保障，应当从上述三个重要方面努力。

首先，完善教育法律制度是建立健全制度性保障的根本依据。新时代对教育提出了新命题。如果说教育强国作为实现我国“建成富强民主文明和谐美丽的社会主义现代化强国”战略的有机组成部分，那么推进教育治理体系与教育治理能力现代化就是建设教育强国的核心战略路径。不以规矩，不成方圆。现阶段，依法治国作为党领导人民治理国家的基本方略，其核心是依宪治国。应时代的诉求，当教育成为最大的民生时，依法治教无疑是依法治国的重要内容，也是保障教育地位、促进教育健康发展的强力手段。所以说，教育治理与依法治教是唇齿相依、相辅相成的。与此同时，不论是教育治理还是依法治教，制度建设与制度保障都是其先决条件。

客观上，随着法治中国建设脚步的加快，国内教育法律体系日渐丰富并臻于完善，近年来颁行、修订或修正了为数不少的法律法规与法律条文，如《中华人民共和国未成年人保护法》《中华人民共和国家庭教育促进法》《中华人民共和国民办教育促进法》等，又如教育部于2021年12月就《中华人民共和国教师法（修订草案）》公开征求意见等，种种举措均预示着我国的教育治理已经进入精细型模式时代。然而，诚如第三章相关内容所示，国内现行的教育法律体系还不够完善，例如，一个较为显著的不足就是教育法律制度缺少明晰、具体及可行的“罚则”。此外，教育相关“制度丛林”中的品类还不够齐全，如缺少“学习法”“终身教育法”“学校组织法”等。这意味着教育法律制度能给教育政策执行提供的制度保障目前而言不够理想。鉴于此，笔者认为创新政策环境机制的首要精力应该放在建立健全制度性保障上。

其次，优化教育组织制度为建立健全制度性保障提供基本框架。教育法律制度的完善为创新环境机制奠定了法理基础。有了纲领性的思想依据，还需要将负载思想的文字符号转化为政策执行依照的基本框架，也就是说，抽象的教育法律制度需要用具象化的组织形式与职能表征出来，这就是所谓的教育组织制度。同理，抽象的组织制度须由有形、分工有序又相互联动的组织架构来承载与代理。这客观上决定了不同层次、不同职能机构与部门存在的必要性。因历史与传统的缘由，我国现行的教育组织制度主要依靠行政驱动来维护，故常常呈现出以下特征：其一，上级领导下级，下级对上级负责；其二，同级政府领导教育主管部门，而后者领导辖区内的各级各类中小学校；其三，教育组织制度需要协调各种复杂的教育管理关系，如中央办学与地方办学、政府与教育行政部门、教育行政部门之间及其与中小学校的关系。

由此判断，现行的教育组织制度在其现实层面上表现出垂直、自上而下、纵横交错的科层制主导，诚如前文所述，行政化势能强劲。毋庸讳言，行政驱动的教育组织制度在其特定的历史时期有其合理性与现实性，即便是当下，鉴于对具体教情的考量，依托教育政治环境的烘托，发挥行政化的教育组织制度优势来保障教育政策执行顺利展开仍然至关重要。只不过，对照教育政策执行现实，教育组织制度为其提供制度性保障的内容还有一些欠缺，如类似教师联席会议这样的专业行会制度阙如以及教师工会在保障教师专业权利方面式微等。鉴于此，笔者建议相关主体采取必要措施在教育组织制度方面增加专业参与及专业引领的内容。

最后，激活教育运行机制为建立健全制度性保障提供动力源泉。教育法律为教育政策执行奠定了制度保障的基石，教育组织制度为教育政策执行规定了制度保障的基本框架，此外，教育政策执行需要制度保障提供源源不断的动力。显然，教育运行机制就是为教育政策执行提供制度保障的动力系统。教育政策执行在本质上是一系列连续、有目的的行动，故其具有动态性；教育运行机制是对教育有机体内在各部分之间的关系及其具体运行方式的脉络梳理与描画，同样具有动态性。由此可见，二者在一定程度上具有内在一致性，就此意义而言，教育政策执行是教育运行机制的特殊表现形式。

关于教育运行机制，在本书第三章中已经进行了相对充分的阐释。如相关内容所示，就其形式而言，教育政策执行惯常依赖的教育运行机制以“行政式”“命令式”“监督式”偏多，而“指导式”“服务式”“协同式”较少。并且，从形成机制使用主体来看，通常其主动权掌握在执行者一端。就其功能而言，教育政策执行涉及的教育运行机制有控制、保障及激励，且以前两者为主。即使在执行中对激励的功能有所运用，也仅限于少数人与小范围。从功能机制作用对象来看，一般其作用力的主要影响范围为目标群体。综合教育运行的形式与功能机制，可以将其概括为：作为执行主体的政府与教育主管部门倾向于对作为目标群体的乡村学校及乡村教师采用行政式、命令式、监督式的形成机制，以实现其"控制""保障"等教育运行功能。由此可见，虽然教育运行机制在层次、形式及功能等方面客观表现出差异性与多样性，但由于种种主客观原因，教育政策执行主体尚未做到差别化使用形成机制以及多元化运用功能机制。鉴于此，笔者建议乡村教师专业发展政策相关执行主体，从其形式与功能两方面着手激活教育运行机制，以期为建立健全制度性保障提供动力源泉。如在形成机制方面考虑增加"指导式""服务式""协同式"教育机制的比例与频率，在功能机制方面善用"激励"式的教育机制，同时吸收与借鉴诸如"创新师生关系""学校-社区合作伙伴关系""专业学习共同体"以及"专业学习文化"等新兴理论成果。

综上所述，就制度安排而言，为教育政策执行提供制度性保障的主要力量来自教育法律制度、教育组织制度以及教育运行机制，其中教育法律制度是保障教育政策执行的制度基石，为其勾勒了规范框架；教育组织制度为其搭建了组织架构并提供了制度保障平台支持；而教育运行机制通过层次、形式及功能等不同类属的运作路径为教育政策执行提供了充足的动力，它属于制度性保障的动力系统范畴。三者对教育政策执行的支撑与保障作用可用图 4-2 表示。

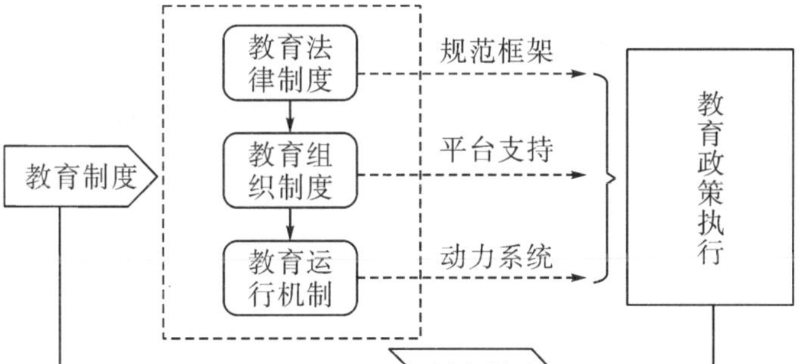


**图 4-2　教育政策执行制度保障**

## 二、增强拓展政策互补性

承上，建立健全制度性保障是教育政策执行环境机制创新的先决条件。只有立足于本国国情及教情并符合教育发展规律的教育制度，才能为教育政策执行奠定基本框架、提供平台支持以及建构动力系统。此外，就教育政策执行议题而言，另一个需要纳入考虑范畴的是政策互补性。尽管，政策彼此的互补性理论上既存在于同质之间亦存在于异质之间，同质互补具体指教育政策内部各政策互补的程度及其可能性；异质互补指其他领域政策与教育政策的兼容性与支撑程度。但是，出于服务本书中心题旨的需要，在以下论述中笔者仅重点聚焦教育政策的同质互补。

如前文相关内容所示，由时间之维与空间之维限定的时空连续体中，构成执行生态的教育政策绝不可能是单一的、孤立的；相反，这一生态中较大可能同时存在众多政策，它们纵横交错、“高矮不一”，形成了一片具有特定功能的“政策丛林”，共同作用于教育政策执行。就教育政策而言，上述的“政策丛林”可以按三个类属划分：综合性政策、一般性政策以及专门性政策。以此为标准依据，一般来说，教育政策、教师政策以及乡村教师政策三者的辨析正好适用。鉴于此，回归同质互补的话题，笔者将分别探讨以上三类教育政策彼此互补的可能性。

首先，只有遵循整体性与系统性原则的教育事业方能蓬勃发展，这一现实要求决定了作为责任主体的政府与教育主管部门必须完善相关体制机制来全力推进整个过程。就完善体制机制而言，最有力的杠杆是制定具有统筹性与前瞻性的教育政策，显然，从这个意义上来说，综合性教育政策可以行使相关职能。按其强制力排序，综合性教育政策的最高形式是颁行教育法律，如《教育法》《义务教育法》《教师法》等，而其一般形式通常含有“规划”“通知”“意见”等字眼。随着全面推进教育现代化以及建设教育强国战略的深入实施，综合性教育政策在教育领域的作用空间日益拓展，有力地推动并催化了教育综合改革。与此同时，对照现实，综合性教育政策执行中不时涌现的问题亦不能忽视，尤其是互补性问题。由前文而知，综合性教育政策互补性不足集中表现在融合性与跨域性两个方面。

一方面，处于同一层级的综合性教育政策之间的融合性存在一些令人质疑之处，如《义务教育法》（2018 年修正版）与《教师法》（2009 年修正版）在对“教师”的权、责、利相关表述上并不完全一致。其融合性不足不仅表现在政策文件文本的表述上，而且在其政策执行现实中表现得较为突出，有时甚至表现出一定的相悖性与对立性。另一方面，处于不同层级的综合性教育政策之间存在无形壁垒，其政策执行跨域性较弱。应然状况下，即便是不同的教育政策，其总体目标均是提高教育质量，最终是为了促进“人的全面而自由的发展”，它们具有内在一致性。然而，对照现实，政府与教育主管部门一定程度上存在权力博弈，且教育利益攸关方之间存在利益分歧，导致不同的教育政策在目标追求与利益维护等方面表现出不同倾向，如对优先事项的选择与排序、短期目标与长期目标的过渡与转化、局部利益与整体利益的平衡与弥合等。这些不同倾向难免给既定教育政策执行带来消极影响，进而阻碍它们的融合与跨越，这同时解释了增强综合性教育政策跨域性的原因。

其次，教师政策与乡村教师政策是一般与特殊的关系。因此，就政策的适用范围而言，教师政策适用于一般意义上的各级各类教师，乡村教师政策适用于在县政府驻地以外的乡镇及农村中小学的教师。相对于乡村教师政策而言，教师政策就是一般性政策，但它只是一般性教育政策的一部分。事实上，一般性教育政策还涉及学生政策、课程政策、教学政策以及教育质量政策等。由此可见，教育政策不可谓不复杂。正是由于教育政策复杂性的客观存在，因此，在致力于从政策互补性层面创新政策环境机制时必须考虑一般性教育政策的均衡性与公平性。以一般性教师政策为例，按其目的与功能，大致可分为教师要求政策、教师培养政策以及教师培训政策。当然，根据不同的标准还可以将教师政策进一步细分。在此需要强调的是，一般性教师政策具有一个共性，即其终极目标都是提高师资质量进而提高教育质量。然而，以现实为镜鉴，学界似乎表现出对学生教育质量较为推崇却罔顾对教师质量提升的关注。因此，笔者提出应当基于均衡性与公平性原则思考一般性教育政策互补性。

最后，乡村教师政策是教育政策中针对特定群体而制定的专门性政策，二者之间是整体与局部的关系。也就是说，尽管乡村教师政策是中央与地方政府发展乡村教育的重要抓手，可这并不意味着其有效执行不需要总体性教育政策与一般性教育政策的配合与互补。按就近原则，对乡村教师政策执行产生直接影响的莫过于与之同属性的专门性教师政策。正因如此，在省视教育政策互补性时尤其要关注离乡村教师心理距离最近、与其同频共振的专门性教师政策。所以说，在乡村教师政策丛林的内层，相关政策主体有必要关注专门性教师政策与乡村教师政策的兼容性与互补性，应当遵循针对性与适切性原则，致力于增强并拓展二者的互补性。

综上所述，从政策互补性层面来探讨创新教育政策执行环境机制的可能性，可以从教育政策的三个基本分类——综合性政策、一般性政策及专门性政策入手。毋庸讳言，这三种教育政策与乡村教师政策自然是无法割裂的关系（见图 4-3）。若按照由外而内的视角，乡村教师政策为核心，按向心力的远近来排序分别是综合性政策、一般性政策及专门性政策，它们分别构成了乡村教师政策范畴的外层、中层及内层。由图 4-3 而知，教育政策越靠近中心，其对乡村教师政策的直接作用力越大，其影响力的表现形式越直观，且其影响往往作用于乡村教师政策的微观层面；反之，教育政策越远离中心，其对乡村教师政策产生的边际效用越小，其影响力的表现形式越模糊，且其影响往往作用于乡村教师政策的宏观层面。

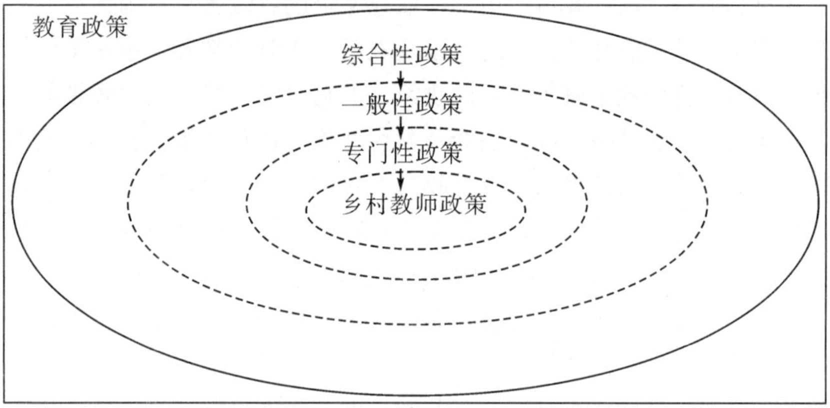


**图 4-3　教育政策与乡村教师政策的关系**

## 三、调整提升政策适应性

承上，如 OECD 可视化框架所示，创新教育政策执行环境机制主要从对“制度性保障”“政策互补性”“政策适应性”这三个重要决定因素的审慎考量出发。上文笔者已就前两个决定因素的创新可能性与可行性展开了较为细致的阐述，接下来将讨论如何就提升教育政策适应性来增加环境机制创新的砝码。需要明确一点，就环境维度而言，此处的教育政策适应性主要涉及两个关键变量：社会趋势与社会冲击。

具体而言，第一个变量主要指社会趋势影响人们对既有教育政策的回应与反响，具体反映在人们对现阶段热门教育政策的认知、理解、共鸣，也可能是反对、抱怨、诟病，甚至是批判。比如，主导当下的社会趋势与某项或某几项教育政策是否有关系？社会趋势与教育政策生产有何关系？人们是否关注某项教育政策？人们对该政策的态度是支持、反对还是中立？人们的态度在该政策执行的不同阶段是否发生变化？显然，以上充分证明，教育政策是环境的产物，社会在特定历史时期所呈现的趋势与潮流会构成“孕育”与“生产”教育政策的大背景。就教育政策的社会学本质而言，其处理的是教育与社会的关系，但归根结底是处理人与人的关系。客观而言，社会趋势通常为教育政策执行带来积极影响，因为社会上某种趋势的盛行往往是由生产力要素推动的。如智慧教育、智慧课程及智慧教学进入人们的视野，成为学界关注焦点背后的巨大推动力显然是由于“互联网+教育”、大数据、人工智能、物联网等技术新元素在教育领域的广泛应用。由此可见，在合理区间内，新技术要素加持不仅拓展了既有的教育领域，而且往往更能激发教育者与教育对象的能动性与创造力。与此同时，新技术要素催生新教育政策，此后教育政策又传导到政策相关主体。由上而知，在社会趋势、教育政策以及人三者之间存在两条传导链：其一，社会趋势→人→教育政策；其二，社会趋势→教育政策→人。据此推断，社会趋势具有较强的塑造力，既可以让人成为教育政策的中介，又可以让教育政策成为人的中介。所谓识时务者为俊杰，在新时代，顺应时代大流、与时俱进方可谓是一种最高级的识时务。鉴于此，笔者建议，教育政策执行相关主体基于社会正向势能来努力提升教育政策的适应性。

如果说上文主要侧重强调从正面维度论述教育政策的适应性，即社会趋势对教育政策执行的积极影响，那么接下来有必要从反面维度简述一下社会冲击可能对教育政策执行造成的消极影响。也就是说，在环境维度，决定教育政策适应性的第二个变量是社会冲击。其客观表现在于它在改变人们对教育系统变革的觉知方面有着决定性影响。在社会冲击的压力之下，处于不利地位的组织或个人在面对时代附加的新挑战时，其劣势更加凸显，在接收新思想、掌握新技术以及拥抱新生活等方面的能力更薄弱，他们与优势方的地位差距与心理矛盾也就暴露得更彻底。

尽管，随着教育现代化的全面推进与建设教育强国战略的稳步深入，加之，继 21 世纪初以来我国基础教育改革与课程改革 25 载的深耕，不可否认，我国教育事业取得了显著的阶段性成果，且依然处在蓬勃发展中。

但是，风物长宜放眼量。我们在为教育所取得的成绩喝彩时，也应该看到人民日益增长的教育需求与不平衡不充分的教育发展之间的矛盾。事实上，城乡、区域以及校际学校硬件设施与软件设施的差距客观存在。同时，城市儿童与乡村儿童所能享受到的教育资源数量及质量也有一定的差距，更不用说现阶段乡村学校中的留守儿童、普通乡村儿童以及城市儿童的差距。另外，随着城镇化进程加快，部分农村学校，尤其是那些偏僻落后的村小与教学点，由于大量农民工子女随父母进城务工而迁移与适龄入学人口减少等复杂原因，大多被闲置、废弃。

针对以上现实境遇，相关教育政策主体与研究者不得不主动思考如何在借助社会趋势正向势能的同时努力地缓冲与消解社会冲击给教育政策带来的负向势能，尤其需要考虑如何为处于不利地位的目标群体增权赋能（empowerment）。显然，特定的社会冲击会影响教育利益相关者对教育系统内外问题的认知与思考方式。它促使人们不再单纯地关注既定教育政策，而是更加关注政策背后的教育问题。从这个意义上判断，社会冲击无疑具有积极意义。所以说，只要跳出“二元对立”的思维窠臼，所谓的正与反、黑与白、积极与消极，均是可以转化的。其转化的关键在于作为行动主体的人。总之，在面对复杂问题时，当以“灰度思维”代替“一元思维”，用积极、乐观、主动的态度去拥抱不确定性，最重要的是，以实际行动来践行。鉴于此，笔者建议相关政策主体应基于客观评估社会冲击对目标群体的消极影响来调整教育政策适应性。

## 第四节　依照“一以贯之”向度，融通政策执行策略机制

承上，遵循科学方法论的旨趣，笔者借以上内容分别就教育政策设计机制、主体机制及环境机制三个重要维度展开了乡村教师专业发展政策执行机制创新可能性的讨论。以当前乡村教师政策执行的现实图景为对照，经过比较客观、翔实的论述，笔者在参考 OECD 可视化框架就以上三个维度所给出相应提案的基础上，对乡村教师专业发展政策执行中所涉及的设计机制、主体机制及环境机制三维度的创新提出了合情合理的构想。上部分内容强调环境机制创新是乡村教师专业发展政策执行机制创新的重要外在支撑，最后，笔者将遵循复杂系统论的旨趣，用全息、整合的教育政策

执行策略观将设计、主体以及环境三个维度放置在同一个立体、动态、复杂而开放的多元空间场域中展开叙事。

有一点不容忽视，Viennet 与 Pont 将执行策略也作为影响教育政策执行的重要维度列入四个维度范畴，并且认为其联结了其他三个维度并使彼此生成了关系网络。同时，他们强烈建议在政策理想向政策现实转化的全过程中使用一以贯之的执行策略（coherent implementation strategy）。受其启发，笔者在本书第二章第三部分建构了乡村教师专业发展政策模型（见图 2-11）与乡村教师专业发展政策执行可视化框架（见图 2-12）。基于对以上模型与可视化框架的核心内容与关键信息的整合，笔者认为可以考虑从文化凝聚策略、资源整合策略、沟通共享策略以及行动协同策略四个主要层面来思考乡村教师专业发展政策执行机制创新。

## 一、"四位一体"的文化凝聚策略创新

尽管系统论视域下的教育政策执行观要求我们采用宏观、整体的执行策略去科学地处理政策设计、利益攸关方参与以及执行环境三个维度之间的微妙关系，可是由于教育政策执行天然具有高度复杂性，这迫使相关政策主体不得不在制定执行策略时格外谨慎。鉴于此，在思考策略机制创新时，第一个应给予重点关注的是文化策略创新。由前文可知，文化是形塑教育生态的重要因素。不论哈格里夫斯与富兰推崇的专业资本理论 5C 模式，还是 Viennet 与 Pont 提出的 OECD 可视化框架，虽然两种理论所关注问题域不同，前者关注教师专业发展议题，后者关注教育政策执行议题，但二者均将环境作为重要的考察对象。当我们论及环境对教育的影响时，有一个重要因素无法回避，那就是文化。因此，回归本书的中心议题，就策略机制创新而言，首要的便是文化策略创新。也就是说，乡村教师专业发展政策执行机制创新应将文化策略置于优先地位。

之所以将文化策略作为乡村教师专业发展政策执行策略之首，是因为其专业发展政策本身负载着丰富的文化内涵。客观而言，乡村教师专业发展政策并不简单，应然状态下，它系统涵盖乡村教师专业发展所必需的重要层面，如发展愿景、发展维度及发展路径等（见图 2-11），但这些专业术语对于以乡村教师为代表的普通受众而言难免显得抽象、生僻与拗口。众所周知，学界对以上三者的界定与阐释也未必能达成共识，加之，不同的社会环境对其附加了不同的时代内涵。这无疑加剧了乡村教师对专业发

展本身、相关政策及其政策执行的认知负荷，以至于部分乡村教师不能、不愿也不期望关注、了解及参与自身利益攸关的政策的生产与执行过程。

以上问题看似属于乡村教师主体性觉醒的范畴，但事实上其深层原因在于文化。具体来说，在专业资本理论5C模式中，其中一个“C”指代的是文化（culture），哈格里夫斯与富兰明确提出特指专业文化（professional culture）。在其理论推演中，他们不仅介绍了实践中常见的六种专业文化并一一展开详细的介绍，而且对其各自的积极面与消极面做了对照分析，更重要的是，他们还就实践中的一些消极专业文化进行了批判与甄别。总而言之，他们关于专业文化的主要观点可概括如下。其一，以个人主义为主导的专业文化既不利于个体专业成长又不利于团队整体发展，但消除个人主义并不意味着对不赞同声音、独立思考机会以及个性的封锁与抹杀①。其二，协作文化（collaborative cultures）是帮助打造教师社会资本进而开发学校专业资本的理想环境，但必须强调将“集体审慎”（collective deliberation）内嵌于教学职业。这意味着它必须变得像课堂教学那么常规②。其三，最好的协作文化是建立价值并将其与专业资本融合③，如专业学习共同体（professional learning community，PLC）与“集群、网络与联盟”是比较理想的协作文化模式。受其启发，援用专业文化中协作文化的概念，笔者认为其可以合理解决相关政策主体在政策执行中的任务分工矛盾与责任履行等现实问题。

此外，教育政策执行文化策略的另一层含义在于将教育政策设计视为一种文化生产过程。此处笔者将文化限定在其狭义范围内，指与政策紧密相关的制度文化，更进一步说，指政策文化。我国历史悠久，制度文化自有其绵延而深厚的根基。然而，客观而言，我国的政策文化是不太成熟的，尤其是教育政策文化。究其原因较为复杂，但其中比较突出的是教育政策专业人才队伍建设滞后。其客观表现为：部分决策者不具备研究能力导致其无法用先进理论武装头脑；执行者担当的是“二传手”的角色，由于他们重实践轻理论，因此既缺乏决策者的宏观视野又缺乏理论装备；目标群体作为传统的政策执行末端，由于长期被微观的执行经验包围，虽然

---

① HARGREAVES A，FULLAN M. Professional capital：transforming teaching in every school [M]. New York &Toronto：Teacher College Press，and Ontario Pricipal's Council，2012：111.

② 同①：125.

③ 同①：106.

拥有了大量实践智慧，但是他们在理论装备、政策传导以及决策能力等方面存在盲区；至于教育政策研究者，多半依托的是大学与研究所等学术机构，较少有真正机会参与教育政策决策与执行环节，于其而言，政策决策与政策执行的经验与实践均是较为匮乏的。

由上而知，在传统的教育政策执行中，决策者、执行者、目标群体以及研究者分布在不同层级、不同类别的组织和机构中，他们之间的交集仅限于工作交接或形式上的业务往来。但事实上，教育政策设计是一项复杂的文化生产过程，它需要多方主体形成合力。但与此同时，它又涉及多层次多向度的权力分配与利益博弈，故而它并非价值无涉。如图 2-12 所示，如果乡村教师专业发展政策执行需要构建一个动态、多维、立体的社会网络空间，此空间将覆盖文化空间、物质空间、交往空间及行动空间，那么很明显，政策设计的主导空间是文化空间。这也正是笔者提出文化策略的原因所在。因为，只有在乡村教师专业发展政策执行中引入文化策略，才能比较科学与合理地将执行目标与政策愿景结合起来，通过将协作文化、专业学习共同体等理念引入教育政策执行进而更新教育政策文化（reculture）。

## 二、“四位一体”的资源整合策略创新

承上，于乡村教师专业发展政策执行机制而言，文化策略创新无疑是一个良好的开端。因为，从其本质而言，文化终究是“人之文，人之化”。用具有绵延性与渗透性的文化方法去理顺人与人之间的复杂关系，以本质对本质，这显然是合理之举、明智之举。在基本观照了乡村教师专业发展政策执行中关于人的重要议题之后，笔者将重心转移到资源策略上来。

资源之于教育政策执行的必要性与重要性在本书多处已强调，即便如此，再怎么强调也不过分。因为资源是教育政策执行的现实基础，同时它也是其物质保障。教育政策执行不可能在真空中发生，这一观点不证自明。就教育政策执行范畴而言，关于资源，有一系列问题需要明晰：比如，资源的含义是什么？资源有哪些种类？资源有什么价值？资源由谁提供？等等。关于这些问题，OECD 给出了比较可靠的答案，相关研究者认为：资源方面一再复现的问题不仅关乎就执行而言它们是否可获取或其数量是否充足，而且关乎它们如何被使用以及出于何种目的[1]。显然，这涉

① OECD. Education policy outlook 2015 : making reforms happen [R]. Paris: OECD Publishing, 2015.

及资源策略。由前文而知，资源即教育政策执行的必要输入（necessary inputs），主要包括行动者能获取的资金、技术与知识以及他们对所列资源的使用能力①。

回到教育政策执行资源策略的主题，相对而言，厘清谁是资源的主要提供者，即谁是责任主体乃是首要前提。诚如前文所提到的，教育政策是教育治理的一种特殊表现形式。故而，教育政策具有公共属性，由此可得，教育政策执行是一种公共行为。这样一来，教育政策执行所需要的资源也具有了准公共物品属性。据此判断，政府理应是教育政策执行资源的第一责任人。事实上，这一推断与教育政策执行现实是十分契合的。在我国，中央与地方政府是教育政策执行资源的主要供给者。例如，在资金支持方面，财政性教育经费占 GDP 比例连续多年保持在 4%以上；在提供技术支持方面，国家从顶层设计层面制定了《教育信息化 2.0 行动计划》（2018）等。

鉴于此，笔者认为乡村教师专业发展政策执行资源策略主要指向两层内涵：一是相关组织对资源的充分利用、整合与共享；二是相关主体对政策工具的认知、选择与拓展。具体而言，首先，平衡教育政策执行资源配置的主体责任毋庸置疑要落在中央和地方政府身上。二者不仅需要科学、合理地处理好各自内部以及彼此的权力分配、资源调配的关系，比如，国务院与教育部、教育部与其他同级机构、国务院与地方政府、地方政府与地方政府之间等复杂关系，而且需要引导、协调自身与其他教育攸关方的适切关系，比如，政府与教育主管部门、政府与学校、教育主管部门与大学/科研院所、大学与中小学等。现实中，中央与地方政府、教育主管部门、大学以及中小学校等众多利益攸关方在财权、事权、人权等重要方面其各自支配的权力口径不统一，造成它们对教育政策资源支配能力的差异与不平衡。这一现实困境要求必须有官方、权威、合法的权力机构来明晰、规范与限定各利益攸关方的权、责、利。就此意义而言，中央与地方政府通过对教育政策资源配置行使公权力将有助于提升乡村教师专业发展政策执行的资源策略。

其次，承上，乡村教师专业发展政策执行资源策略的第二层内涵与政策工具有关。而政策工具的认知、选择与评估又无法与政策行动者的能力

① VIENNET R, PONT B. Education policy implementation: a literature review and proposed framework [R]. OECD Education Working Papers No. 162, 2017: 39.

剥离。政策工具，顾名思义，其终极使命是作为实现政策理想的手段而存在。在政策理想向政策现实的转化过程中，对行动主体所选择的政策工具暗含一个基本要求，即应与政策设计维度的第三原则——可行性保持一致。也就是说，行动主体选择的教育政策执行工具当以实践逻辑为遵循。就政策工具而言，人们比较熟知的有：行政驱动的自上而下式、民生驱动的自下而上式以及混合式的执行网络模式。客观而言，若单独使用，它们各有其鲜明优势，其劣势也较为凸显。但如果将其组合起来，结果与效果就会大相径庭。

历史经验与实践充分表明，现实世界中并不存在“完美”的教育政策执行工具。诚如有研究者形象地提出，要想推动乡村教师队伍内涵式发展必须“打好政策组合拳”。这无疑有力地支撑了乡村教师高质量专业发展需要多种政策工具形成合力保障的合理论断。这意味着，相关政策主体需要为乡村教师专业发展政策执行配备一个多功能政策“工具箱”（toolkit）。鉴于此，针对乡村教师专业发展政策执行实践中行政式、命令式、控制式的政策工具占支配地位的现实境遇，笔者在资源策略层面提出的策略机制是行动主体应当致力于促进传统上略显单一的政策工具向多元化的政策工具箱转变。

总之，正如乡村教师专业发展政策执行可视化框架（见图2-12）所示，笔者之所以提出以创新资源策略来谋求教育政策执行策略机制创新，是因为教育政策执行的有效推进必须基于充足而有质量的资源，这些必要输入为教育政策执行奠定了稳固的物质基础从而营造了有利的执行生态，教育政策与执行资源所塑造的教育政策执行生态发生相互作用，这一作用场域就是物质空间。由上而知，物质空间与文化空间共存于乡村教师专业发展政策执行的社会网络空间中。事实上，以上二者之间并不存在不可逾越的边界，所以，我们有理由相信，二者之间存在一个绵延空间，即物质-文化空间。这也是笔者为何要给出资源策略的题中之义。

### 三、“四位一体”的沟通共享策略创新

由上而知，借助资源策略，作为第一责任主体的中央与地方政府，一方面，可以较合理地处理教育利益攸关方之间执行资源分配与均衡的问题，并根据政策执行需要有针对性地加强行动主体的能力建设；另一方面，可以系统化地增强行动主体在政策工具理论、经验与实践诸多层面的

能力建设，进而改变教育政策执行工具一贯以行政驱动为主导策略的局面。文化策略也好，资源策略也罢，究其本质而言，均属于策略机制创新的外部保障，也就是说，目前暂时才触及策略机制的外延。接下来，笔者将转入整个执行机制创新的实质性内涵——行动主体的正面沟通与全纳参与。

关于该内涵，从策略的视角，笔者针对行动主体在乡村教师专业发展政策执行的现实境遇提出了正面沟通与全纳参与的提案。具体而言，可以分别从如何正面沟通与如何全纳参与两个方向来阐述。首先，行动主体之间客观地存在着信息差与认知差，这是公认的。针对这一事实，教育政策行动主体如何才能缩小彼此的信息差以及如何弥合其认知差呢？答案就是沟通。这一答案在 OECD 可视化框架中也得到了 Viennet 与 Pont 的呼应，他们给出的答案是：正面沟通。诚如前文所提到的，社会中大多关系失败究其原因是沟通失败。所以，反向而推之，成功的沟通将引导成功的关系。显然，正面沟通无疑是众多成功沟通形式中最有效的一种。笔者相信将此牵引到教育政策领域也同样适用。

言归正传，乡村教师专业发展政策执行行动主体如何正面沟通？在本限定范畴内，教育政策执行的主要利益攸关方按其角色分工主要包括政策制定者、执行者以及目标群体。具体涉及的行动主体主要有政府、教育主管部门、教师教育机构、乡村中小学校以及乡村教师。当教育政策执行的所有关键行动者获得形式上与实质上的主体确认，且传统上处于依附地位的客体因得到官方的尊重与认可而触发其自我觉醒，进而得以完成客体主体化的转变过程时，行动主体之间已经具备了正面沟通的充分且必要的心理与行为基础。

受 OECD 可视化框架相关提案的启发，笔者认为，乡村教师专业发展政策执行的行动主体不妨采用以下策略来激活彼此间的沟通机能：政策制定者应借助必要的手段以及采取合理的措施以获取不同行动主体对意向性政策的回应或反馈，如支持、反对、批判或是冷漠。获取反馈的渠道可以是大规模调查、社交媒体公开征求意见，也可以是举行座谈会等。其中最直接、有效的手段就是政策制定者与其他行动主体坐下来，开诚布公地交换信息。也就是说，为了促进彼此间的有效沟通，政策制定者应该在教育政策执行的初始环节，即政策设计环节就尽可能以平等合作伙伴的身份“邀请”所有关键的利益攸关方围绕政策的诸多重要细节展开充分的讨论与沟通。就此意义而言，良好的沟通是成功的一半。如此一来，教育政策执行主体的“统一战线”才有可能建立起来。鉴于此，笔者认为以正面沟通之“矛”来破教育政策执行行动主体之间的信息差、认知差之“盾”可谓是恰到好处。

其次，承上，正面沟通与全纳参与是沟通策略的一体两面，就好比一个硬币的正反两面，缺了哪一面均不完整。那么，如何保障教育政策执行行动主体全纳参与呢？接下来，笔者将简要阐明相应观点。如 OECD 可视化框架所示，教育政策执行覆盖了很多潜在的利益攸关方（potential stakeholders），如学校场域有校长、教师与学生；学区一级有社区、家长；地方一级有地方政府、地方教育主管部门、公益性教育机构以及其他民间组织等。当然，还有以教育部为典型代表的国家一级机构。鉴于教育政策执行主要涉及决策主体、执行主体与目标对象，故在此仅限于讨论行动主体的全纳参与策略。

事实上，全纳参与策略是基于正面沟通策略的基础而展开的。具体而言，行动主体之间通过正面沟通不仅可以高度保障政策信息忠于政策愿景，提高政策传导的效率，而且更重要的是，营造了一种平等、开放、包容的民主气氛。这将有助于政策制定者以平等合作者的角色去关注与倾听来自最基层的声音，进而获得关于实践的一手资料；同时，这也有助于长期处于执行末端的目标对象发出自己真实的声音，使其自身的真实诉求“被看见”；而且更重要的是，可以有机会用决策者、执行者的立场和视野站在不同高度去观察教育政策的全息图景，从而重新评估自身的角色、价值与意义。由此可见，全纳参与策略的根本要义就是以扁平化的协作关系来取代立体化的隶属关系，即平等、民主基础上的全纳参与。

### 四、“四位一体”的行动协同策略创新

由上而知，如果从行动主体的视角出发，教育政策执行可以理解为主体为共同实现特定目标而展开的一系列必要交往行为与活动。既然教育政策执行具有明确的目的性，所要求的交往行为与活动就不会是漫无边际的，显然交往要为教育政策目标服务。就传统的教育政策执行而言，并非所有的行动主体都理解与接受决策者所设计的政策总体目标，更不用说略带理想色彩的政策愿景。这一现实对行动主体提出了建立交往的必要性。同时，大量研究表明沟通是最好的交往方式之一。鉴于此，针对行动主体之间存在信息差与认知差的客观事实，笔者在上文中提出了行动主体之间

应该正面沟通与全纳参与的策略。

关于策略机制创新，除了上文所论及的文化策略、资源策略以及沟通策略，还有一个至关重要的策略不应该被忽视，那就是行动策略。本书始终都在强调教育政策执行的动态性。究其本质，它就是政策主体在时—空二维限定场域中出于特定目的已经完成、正在进行或将要采取的一系列行动。所以教育政策执行的最终表现形式是行为的改变，而最根本的催化剂是行动。正因如此，笔者认为乡村教师专业发展政策执行机制创新的策略层面绝不能缺失行动这一关键策略。

既然教育政策执行重在行动，主体所采取的行动就绝不可能是散漫无序的。相反，这些行动不仅应该按照政策执行目标设置必要的时间节点、采取与之配合的执行节奏，而且需要借助有效的手段来加强对政策执行全过程的管理，如依据最新数据决策、动态监测执行进展以及明晰与落实适度的问责机制等。显然，对于教育政策执行所要求的这一系列行动而言，行动主体必须遵循一定的策略。综合专业资本理论与 OECD 可视化框架所赋予的启示，笔者认为乡村教师专业发展政策执行的行动策略可以重点围绕以下两个方面展开：执行时机与全过程管理。

首先，如 OECD 可视化框架所示，执行时机主要与构成执行生态的社会趋势与冲击有关，所以行动主体一方面应该根据社会主流趋势的要求来制定有助于实现政策目标的时间表；另一方面，应该合理研判社会冲击对政策执行的负向势能，并根据情境需要控制与调整执行节奏。教育执行环境不可能一成不变，所以教育政策执行本身充溢着无限的不确定性。面对种种不确定性，行动主体没法制定分毫不差的执行时间表亦无法拿捏执行节奏，鉴于此，用粗略预设的时间表来框定执行行动仅是出于方法论需要，如果有足够充足而翔实的证据以及足够明智的专业人士提出必须对执行时间表进行调整，这也未必不可。至于执行节奏，因其主观的艺术品性要大于其客观的科学品性，就更难摸清其定律。所以，行动主体应以开放、灵活的态度待之。

其次，在本书中，笔者多次强调了教育政策执行的高度复杂性。所以，就此意义而言，行动主体有必要从理论、经验以及实践层面对教育政策执行有全面而深入的认知与理解。俗话说“一把钥匙开一把锁”，这意味着目的明确了，方法也就有了。鉴于教育政策执行是关键主体根据形势与任务要求而采取的一系列行动，想要深入了解并准确把握这些行动的状态、进展以及阶段性成果，对其加强全过程管理无疑是一个适切的方法。就其操作而言，诚如OECD可视化框架在这一层面所给出的提议，笔者认为可通过整合数据、监测以及问责三方面切入。具体来说，考察教育政策执行是否成功或有效，其判定依据最终还是要落在作为“教育主阵地”的学校的变化是否积极上来。而数据与监测机制可以直观地为学校教育政策执行实时“画像”。这也正是笔者建议学校与地方一级的教育政策行动主体通过实时更新与共享学生、教师、课程、教学以及管理等各方面的数据，并建立科学而合理的监测机制的原因所在。

得益于“互联网+教育”的深度融合，加之大数据、人工智能以及万物互联等新技术要素在教育领域的广泛应用，一定程度而言，上述的数据采集与挖掘、监测机制的优化也越来越容易做到。这有助于教育政策执行行动主体基于最新数据，依托科学合理的监测机制并结合在地化的教育需求对执行方案与行动路向做适时的调整或修正。但须小心把握监测机制的尺度，因为传统监测的关注对象往往放在作为目标群体的教师身上，所以，如果监测与奖惩配套，且教师直观感受到控制与惩罚的意味大于其接收的关于支持、鼓励以及褒奖的信息，那么，他们将会把过于严苛的监测机制解读为管理者或上级对其专业性的不信任。

至于问责，事实上它与数据及监测机制有密切的关系。三者均服从于教育政策执行的价值导向。传统的教育政策执行实践中，受“上级领导下级，下级对上级负责”的行政制度影响，执行者对上的角色期待是“服从命令听指挥”，对下的则是“上传下达”。由此可见，教育政策执行者对目标对象更倾向于管理和规范，一定程度上并不真切关注目标群体的成长与发展。诚如有研究发现，在限定范围内，如学校或学区，对教育政策执行者采取较高的问责标准有可能导向更有效及更高质量的教育政策执行。当然，也有研究者发现，问责机制或对教育政策执行产生负面影响。由上而知，问责机制与教育政策执行进展顺利与否的重合点在于问责标准的严苛与宽松程度。鉴于此，笔者认为比较妥当的办法是兼听则明。回到乡村教师专业发展政策执行议题，也就是说，就策略机制创新而言，在行动策略方面，问责机制理应以促进乡村学校的积极变化为导向，其中，最关键的是以人为本，以为乡村教师谋求可持续、高质量的专业发展为导向。

# 第五章　乡村教师专业发展政策执行的运行策略

前文集中阐述了对我国乡村教师专业发展政策执行的问题审视、成因剖析以及基于 OECD 可视化框架基础的政策执行机制创建，为了呼应本书的中心主旨以及保证研究的系统性，本章将对乡村教师专业发展政策执行的运行策略按照如下逻辑展开阐述：基于乡村教师专业发展政策执行现实图景并综合乡村教师在地化的主体需求，在乡村教师专业发展政策执行工作安排及其未来筹划中践行“问题厘清—未来导向—专业引领—实践遵循”的运行策略，其直观图式如图 5-1 所示。

## 第一节　基于“问题厘清”策略的政策执行

承上，基于以上研究阐释，本书将从乡村教师专业发展政策设计、利益主体、执行环境以及执行策略四个维度来厘清其政策执行机制运行路向。

### 一、执行目标规划：行动方向与愿景一致的政策设计

乡村教师专业发展有赖于相关政策执行实践过程中的对症下药，乡村教师主体对自身的专业发展短板与需求具有最大的信息掌握和理解度。因此，乡村教师本身的意见在制定相应的政策时必定不可或缺。然而通过第四章的研究发现，已有的政策设计维度主要体现出对乡村教师的知识基础缺乏，具体表现为“知”和“识”上的欠缺，其中“知”体现为政策设计过程中对乡村教师的相关专业知识欠缺，且在设计过程中并未将乡村教师的主体需求，即对乡村教师的专业需求进行有效“识”别。既有政策设

计多是实行自上而下的形式，因此较难在后期政策执行中达到预期作用。

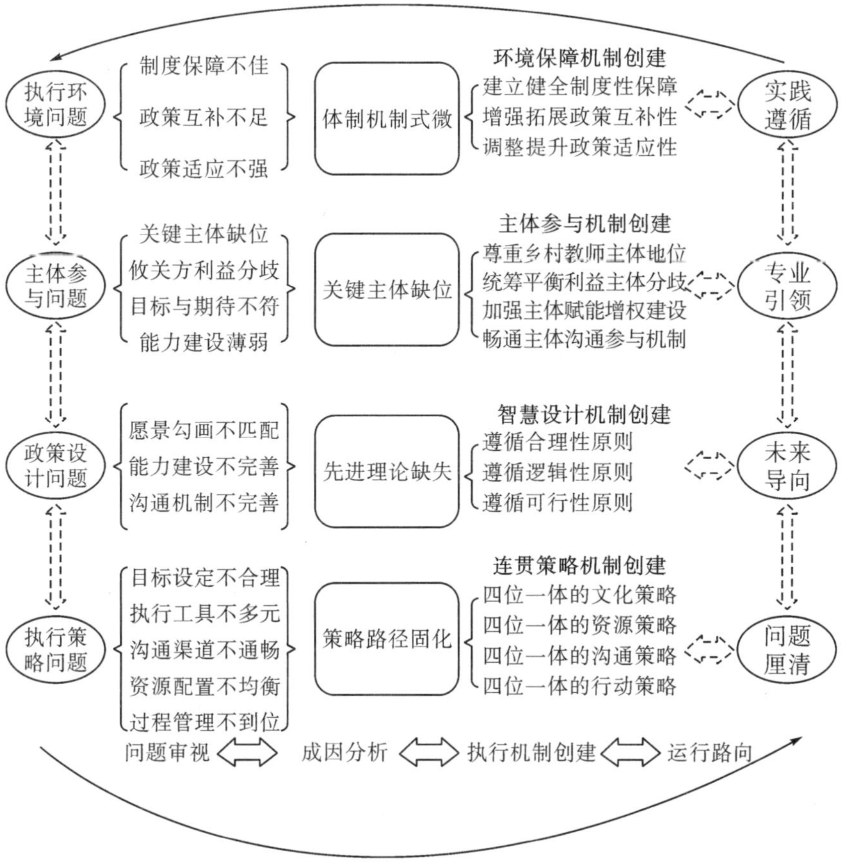


**图 5-1　乡村教师专业发展政策执行运行逻辑**

基于此结论，遵循 OECD 可视化框架观照下合理性、逻辑性及可行性的政策设计原则，应以乡村教师作为主体的专业需求自觉与发展诉求为主要信息采集源，同时乡村教师在实际的政策决策和设计动态过程中应占有自己的一席之地。鉴于此，就政策设计而言，以问题导向为遵循，为了厘清该维度的基本问题，笔者建议可采取四个具体实践路向。其一，乡村教师依据自身教育教学中的外部支撑与专业层次需求进行赋权归纳，并将其有效地纳入政策执行导向进而形成具体的操作指标。其二，以提高乡村教师的专业资本为最优先项，其中，重点聚焦其课程开发、教学效能以及校本教研的能力建设。其三，鼓励乡村教师积极参与学校、学区以及更大范围的乡村社会教育、经济与文化振兴活动。其中，校内活动如依托“三名”工作室为平台展开的校本教研；学区活动如由各学科教研员所组织、统筹与引领的“赛课”“磨课”以及“同课异构”等专业学习与研修活动；乡村社会活动如与其他乡村专业人才协同为乡村振兴贡献智慧与智力支持，并通过关注与参与村民日常的各类生产生活与民俗文化活动的方式融入乡村生活，同时培养了解、热爱与反哺乡村的情怀。通过以上群体活动，让乡村教师在已有的专业能力之上形成一种丰富而充沛的社会资本，为开发与积聚其专业资本打下更扎实的基础。其四，将乡村教师专业发展政策设计界定为一个动态锚定过程，因为它是建立在社会实践基础上的重复均衡过程。乡村教师专业发展随时代与制度的变迁而不断变化，在此过程中不断地吸纳以乡村教师为政策决策主体是至关重要的有效过程，同时也是乡村教师专业发展进程中其决策资本不断累积的不可或缺的组成部分。

## 二、执行主体参与：以全纳参与平衡攸关方利益博弈

基于 OECD 可视化框架的执行机制创新，乡村教师专业发展政策应是基于乡村教师作为发展主体的执行模式，而在实践中，其作为最主要的主体，在攸关自身专业发展政策与政策评价中长期处于失语状态。换言之，由于被市场、家长、媒体及政府等环境包裹而不能将最终的话语权放入教师的主体话语权之中。尽管其他教育攸关方以及外在的执行环境对乡村教师的专业发展有重要的促进作用，可是，就其专业发展政策本身而言，处于乡村教育一线的乡村教师才是其中最重要且最具有发言权的主体。如上文所述，完全基于外界环境的影响会遮蔽乡村教师作为主体的“人”，扭曲以其自身发展为中心的专业价值，最终对乡村教育质量产生反拨效用。

因此，有必要建立一套以乡村教师“专业人”为主体的多重攸关方联动和监督指导机制，作为整个乡村教师专业政策的价值导向。首先，从乡村教师主体出发，设定符合乡村教育需求与自身专业发展的总体目标，在此基础上，要深刻反思影响与决定自身专业发展的重要因素。同时，对症相应的指标差距，为政策执行在行动资源方面做好必要准备，此外，乡村教师还需要与执行资源供给方建立良好的沟通与交流机制。其次，校长作为乡村学校的精英，担任很重要的角色。具体来说，参考经筛选后的信息反馈可以从某种程度上降低政策的给出成本①，因此，校长的主要责任是

① 决策主体在制定教育政策时虽然一定程度上会考虑目标群体的异质化特征，但相对而言，其更多地关注目标群体的相关同质性需求的传递与诱导，这是由政策设计成本决定的。

将教师的需求信息分别进行同质及异质归类，旨在保证政策的给出在较低的成本下得以惠及最多乡村教师的专业能力发展，即实现乡村教师专业发展政策执行的帕累托最优。再次，作为执行环境有机组成的媒体，一方面应做好合理的监督与舆论宣传，另一方面也应给予乡村教师足够的尊重、宽容与信任。诚然，乡村教师专业能力建设是个长期的、规模庞大的系统性工程，不可只顾其短期效果而忽视其长期效益。最后，政府作为政策的给出方，在制度的设定过程中，既要做好长期价值导向，也要做好自下而上的信息接纳、消化与吸收。总的来说，作为政策执行的核心与主体的乡村教师才是相关政策设计的最终路向，在此过程中要力求实现整合专家资政与乡村教师实际需求的有效均衡。

## 三、执行环境优化：完善制度保障拓展支撑作用场域

就其内涵而言，乡村教师专业发展政策执行环境维度的范畴较为宽泛，其中主要包括制度安排、政策互补性以及社会趋势与冲击三个主要方面，每一方面均在不断地塑造乡村教师专业发展政策执行环境，并对相关政策执行产生深刻的影响，其结果或是产生推动与促进的正向增能，也可能是阻碍与抑制的负向制约。基于本书的中心题旨，笔者在此主要强调制度安排对乡村教师专业发展政策执行的影响。通过对既定乡村教师专业发展政策执行的制度安排方面的检视，笔者略感遗憾地发现，现行的制度安排对乡村教师专业发展政策执行仍然产生了一定程度的制约，其客观表现主要如下：一是相关的教育法律体系不太健全，这使得乡村教师专业发展政策执行无法可循；二是教育组织制度的政治化特征使其有法不循；三是教育政策内外部的互补性差和教育运行机制相对僵硬，导致相应的政策对基层的乡村教师专业发展需求形成错位，无法落地生根。

基于以上论述，笔者建议乡村教师专业发展政策执行在营造有利执行环境维度可以从三个方面努力。一是建立有效的乡村教师专业发展政策执行立法机制，政府从社会层面广泛吸纳教育专业人员、专家和学者，尤其是乡村教育教学一线的乡村教师团队，旨在对乡村教师专业发展相关需求、资源配置以及制度因素进行研讨，尤其针对较欠缺或空白领域做好充分的论证，最终形成切实可行的法律条文及制度文件，以期对乡村教师专业发展政策执行相关事宜进行有效而合理的弥补。二是增强对乡村教师专业发展政策执行法律与制度的司法力度，做到有法必依、违法必究。同

时，积极鼓励各类社交媒体和舆论通过宣传、报道以及发声等渠道对其形成良好的监督机制，加大相关法律宣传以规范与培养教育攸关方的依法治教意识。三是在政府、教育主管部门、教师教育机构、乡村学校以及乡村教师之间积极促成长期发展共同体。也就是说，政策的制定及其调整理应建立在乡村教师专业发展的现实需求与未来需求趋势之上，以保证政策决策具有较强的灵活性与适应性，且其导向完全基于乡村教师专业素养的可持续提升之上，力图使乡村教师专业发展政策执行达到灵活、应景与可行的目标。

## 四、执行策略提升：以治理逻辑建构系统执行网络

已有的调研数据显示，现阶段乡村教师专业发展政策执行过程中存在较为明显的目标与需求错位现象，即政策执行预期要达到的目标和最终执行的效果不完全匹配，不仅反映了政策的导向存在一定的问题，同时也在一定程度上导致资源的浪费。其主要原因是教育组织机构的行政化，权力向上传递，信息与命令向下传递。其结果是：其一，基层乡村教育体系职权不分、责任不明，在实际的治理过程中存在人力资源管理上的工作错位；其二，基层乡村教师的个体利益得不到有效保障，使其工作积极性不高，并容易将之带到日常教育教学过程中；其三，在教育教学过程中较易形成唯上主义思想与氛围，不利于科学治理以及专业文化的培育与传输。

鉴于此，笔者认为在现阶段以及未来相应的政策执行过程中要加强四个方面的工作。一是借鉴人力资源管理中工作分析的理论部分，将工作与专业细分到每个个体，相应的考核机制只依据相应的工作绩效，缩减行政压力在工作安排与评价过程中的负向作用和消极效果，让每个教师只对自己的专业负责即可。二是采用多元化政策工具，分散基层组织的行政力量影响，创新既有的、较单一的、自上而下的政策安排与行政命令式的治理方式，使执行主体形成权责共担的局面，并最终促成执行共同体与发展共同体。三是建立合理适切的问责及奖惩机制，确保责任与权力相挂钩。即便是在当前尚无法有效摆脱行政组织的制度设定情形下，此项制度的设计可以使部分行政权力下放与分散，有利于乡村教师专业资源的合理分配。四是借鉴精准扶贫的创新经验，借助“互联网+”对乡村教师专业职责进行锚定，通过大数据的精准靶向可以对相关职责的负责人形成可行的长期有效监督与考核机制，这显然是杜绝权力过于集中的有效途径之一。

## 第二节 遵循“实践智慧”策略的政策执行

前文就现阶段乡村教师专业发展政策执行环节中可能涌现的各种突出问题进行了比较全面的探讨，发现相应问题的出现、转化以及迭代与政策执行实践有着密不可分的关联，这意味着乡村教师专业发展政策从设计到执行整个逻辑链的落地在一定程度上依赖于来自实践末端的迂回传递。因此，接下来笔者将尝试从政策实践角度对乡村教师专业发展政策执行作更深层次的探究与研讨。

### 一、理论与经验耦合的执行进路

首先，以政策设计维度合理性原则为遵循。这要求教育政策总体目标、主要措施、目标群体及核心问题具有较高的识别度、确定性与急迫性。就乡村教师专业发展政策执行而言，政策执行主体最应该关注乡村教师个体与群体的专业发展程度。但由上而知，执行实践中却呈现出政策缺失与政策着力对象错位的问题特征。针对这一症结，实践过程中的首要方案是将乡村教师主体意见纳入相应的政策设计中，以确认其重要位置并以其观点与需求作为政策设计导向，该原则对于乡村教师合理的主体性需求同样适用。同时，在实践中，要尽量将乡村教育资源相对匮乏、条件较为艰苦、结构不平衡、缺乏专业团队等实际情况纳入考虑范围。不仅如此，已有研究表明，不同的乡村区域其政策背景设定环境存在较大的差异性，因此，在政策设计以及执行过程中应该增加政策本身的灵活性。

其次，以执行策略维度合理性原则为遵循。这要求着重考虑乡村教师所处环境的特殊性。需要明确的是，乡村教师队伍结构不平衡、缺乏专业团队以及管理行政化特征，与乡村教育资源相对匮乏以及媒体关注度较低既有一定的因果关系，又有一定的相关关系。因此，不能完全照搬其他区域的教育模式，应尽力避免在政策制定、执行等环节形成一刀切的生硬做法。另外，政策执行策略需要在公平与效率的价值导向下制定，同时，一定程度上也要兼顾乡村教育的实际文化背景与舆论导向。

最后，在执行环境维度合理性原则方面，要重点考虑乡村教师所处的政治、经济、文化与教育场域自身的复杂环境。乡村教师专业发展政策执行标的是建立在乡村教育与乡村场域所包裹的各种环境之上的。乡村教育是乡村场域复杂生态下的一个分支，因此，乡村教师专业发展政策执行必须符合相应的乡村场域整体发展要求。

## 二、主体需求多样化的执行共同体

乡村教师专业发展政策设计的逻辑性，要求相应的政策设计符合法理学、政策学、制度经济学以及需求理论方面的规范，使之在设计过程中要做到不与既有教育制度规范形成冲突、满足专业发展的体制保障、满足整体与多数乡村教师专业发展需求，以及保障作为“社会人”的乡村教师不同层次及种类的需要；以政策主体维度的逻辑性为遵循则强调，不仅要求政策设计与执行过程要兼顾教师、社会、教育主管部门以及政府各攸关方的利益，还要基于系统理论的视角，在其中寻找关键均衡点。现有的政策执行主体利益，其重点是保证乡村教师的专业利益维度，主要包括以马斯洛需求理论为镜鉴优先满足乡村教师“社会人”的生存需求，基于人力资源管理理论视角的乡村教师“职业人”的生活需求，基于教育学及教师专业资本理论统摄的乡村教师“专业人”关于提升自身人力资本、社会资本以及决策资本的专业发展需求。

乡村教师专业发展政策执行的逻辑性，要求相应的执行行动要符合当今及未来环境变化的需要。这意味着，乡村教师专业发展政策执行主体不仅要重点关注相应的政策环境设定，使其导向朝着对目标群体专业发展有利的方向，而且在依托教育政策足以保证教育公平的同时适度地引入市场竞争机制，以提高乡村教师专业发展政策执行效率。与此同时，要有大局观，即必须兼顾整体的社会发展与确保其和谐主体地位。不仅如此，乡村教师专业发展政策执行的逻辑性还要求作为执行主体的乡村学校借鉴人力资源管理的结构。这样一来，以校长、学校管理层、乡村教师、乡村儿童合力构建的乡村教育命运共同体得以完成，该命运共同体即乡村教育发展共同体。以其为平台，乡村教师专业发展政策执行主体将有较大可能实现对不同的职务决策进行科学的制度安排、组织设计，甚至具体到可定制的个人工作分析与安排。最后，根据政策执行实践需要，通过信息学的方式予以必要的赋权与考核。

## 三、“四位一体”的系统政策执行之路

承上，笔者紧紧围绕乡村教师专业发展政策执行实践如何以合理性与

逻辑性原则为遵循。接下来，笔者将尝试探究乡村教师专业发展政策执行以可行性原则为遵循的可能实践路向。同样地，以OECD可视化框架为参照，基于可行性原则的乡村教师专业发展政策执行实践路向可采取以下路径：一是建立政策主体设计制度及健全相关政策议程，即在乡村教师专业发展政策设计、执行及评估环节规定吸纳一定数量与比例的普通乡村教师（非“三名”乡村教师），一方面使真正基层的需求信息得以向上传递并获得应有的尊重，另一方面使乡村教师在政策决策中赢得正当的话语权，并且定期及时更新基层需求与意见；二是对政策设计及执行设定迭代期限，旨在满足乡村教师专业发展需求的变化与更新；三是参与乡村教师专业发展政策决策主体的选择要尽可能地覆盖更广阔的空间与区域范围，从而拓展“政策丛林”效应，以惠及大多数乡村教师。

就政策利益主体维度而言，其执行实践可行性主要体现为：一是在外部保障与客观条件允许的情况下，应最大限度满足作为执行主体的乡村教师的生存、生活、安全、交往、价值及自我实现等多层次需求，使其作为“社会人”愿意服务并忠诚于乡村教育事业；二是地方政府、地方教育主管部门与教师教育机构形成合力，通过提供定期的专业培训与专业学习机会，为乡村教师搭建提高其专业发展规划能力、专业知识学习以及专业实践研训的成长平台；三是借助“互联网+教育”、人工智能、大数据等新技术手段，为乡村教师提供大量可以分享乡村教育教学、乡村生活以及乡村文化等方面的经验及实践的社会交流平台，使其可以就所处的社会环境分享自身的教育经验，并在相关场域获得一定的社会角色认可。同时，在获得较高认可的乡村教师队伍中，选拔兼具较高专业素养与政策素养的教师全过程参与乡村教师专业发展政策设计、执行及评估等诸多环节。

就政策执行环境维度而言，其执行实践可行性主要体现在三个方面。一是以乡村教师专业发展需求为标的来建立健全相关教育制度、完善相关教育立法，以期为乡村教师专业发展政策执行提供强有力的制度及法律保障。二是根据现实需要专门设立以乡村教师为中心的政策执行监督团队，确保相应的教育法律制度及奖惩机制在乡村场域得到彻底的贯彻与执行。三是在既有的教育立法与监督机制下引入市场激励机制，一方面，政策执行主体可以学习与借鉴已有的、经过市场检验且能切实促进乡村教师专业发展的可行方法与有益经验；另一方面，他们也可以通过绩效激励与精神褒奖的方式，将乡村教师自身的专业提升内化为主动的需求动机。

就政策执行策略维度而言，其执行实践可行性主要体现为：一是借鉴人力资源管理中的招聘、培训、考核、开发、升迁等常规运行模式，对乡村教师专业发展状态及程度进行有效考核，并在此基础上形成一整套的奖励、改进及发展机制（不仅体现在收入待遇上，也体现在职务和权益上），让乡村教师对自身专业发展需求形成正负双向激励；二是通过大数据与“互联网+”的精准靶向系统，对每一位乡村教师的具体岗位及明确职责进行数据画像，并通过对其制度化增权赋能。显然，该举措不仅可以克服乡村学校垂直化的行政管理障碍，同时也有利于政策执行主体对决策所需要的信息实时采集、传输、共享、分析及有效处理。

## 第三节　倡导“专业引领”策略的政策执行

哈格里夫斯与富兰根据内在性将教师专业资本细分为人力资本、社会资本与决策资本三维子系统，并以递进的方式将其进行结构设计，该理论所勾勒的专业资本建设理想模式——“5C”模式为我国乡村教师队伍的整体建设以及个体专业素养建设提供了良好的专业引领。同时，此模型也为乡村教师专业发展政策执行实践提供了良好的具体路径导向。鉴于此，接下来笔者将以专业导向为依据对其逐层展开执行实践路向设计。

### 一、对人力资本投资，赋能个体执行

以专业资本理论为棱镜来省视乡村教师专业发展，其中，与人力资本对应的是乡村教师个体的人力资本，具体指向乡村教师通过专业培养及培训方式获得的知识、技能、资格及经验等聚合而成的专业素养。就此意义而言，本书中的人力资本内涵重点强调其专业属性与个体属性，即特指乡村教师个体具有的为专业服务的人力资本。虽然此“人力资本”概念有别于企业人力资源管理范畴中的相关界定，但究其本质内涵仍然注重忠实于“资本”概念，即乡村教师作为乡村教育中成熟的“人”的教育要素，与社会其他要素形成交换与耦合共同生产乡村“教育产品”。因此，其“资本”的形成方式仍可适用于人力资源管理的资本形成模式或模型。

基于以上阐释，在乡村教师专业发展政策设计过程中，首先，应明确政策标的与相关要求，也就是说，对乡村教师的具体岗位与职务进行设计

和分解，对其相应的组织结构、责任、知识及技能等进行具体编制并形成岗位规范与职务说明。其次，在岗位设定的情形下，通过固定时间周期对乡村教师的工作状况与成绩贡献进行必要且适切的绩效考评，为其日后的收入、培训、晋升等提供相应的政策决策依据。再次，最好将薪酬管理体制机制引入乡村教师的管理与考核中。这意味着，在相关教师政策制定中将乡村教师的基本工资、奖金、薪酬及津贴等结构性待遇与收入进行重新解构，探索一条适用于不同区域、针对不同教情、兼具差异性与激励性双重特征的薪酬体制。此外，相关政策执行主体还需要通过提供制度保障为乡村教师个体构建切实可行的激励制度，以助力其人力资本更好更快地开发与形成，如合理运用薪酬、晋升、专业实践研训、学历提升以及评先选优等具有差异化与个性化的激励工具。一方面，为乡村教师提供差异化的职业晋升渠道，以满足其不同群体、不同阶段、不同层次的需求；另一方面，采取合理有效的管理措施，尽可能规避与限制少数后进乡村教师的消极政策执行行为。这一政策执行措施足以引起乡村教师个体的不同心理差异性变化，不论主动或被动，均能在一定程度上既增加其自身人力资本，又激发其参与政策执行的积极性。

最后，最重要的是，政策执行主体要致力于建立周期性循环且与时俱进的乡村教师专业发展研训制度。这是由在地化的乡村教师客观境遇决定的：多数乡村教师服务的地域是受自然地理条件、政治经济条件以及社会人文条件局限的地区，即老、少、边、穷、岛地区。客观而言，目标地区的科技水平及教育文化咨询与同期的城市相比，其短板效应较为突出。相较而言，乡村教育的整体发展水平与城市教育发展水平尚存在一定程度的差距。也就是说，以教育均衡与公平为旨趣的城乡教育一体化尚存在较大发展空间。现在我们已知，教育政策是教育治理最有力的杠杆。这意味着教育政策执行是促进乡村教师专业发展最强有力的保障。因此，政策执行主体应当以建立制度保障的方式督促相关教师教育机构为乡村教师举办定期的课程、教学以及政策培训，使其主动参与到与之发展休戚相关的专业发展政策执行中。

## 二、借社会资本开发，促进学校执行

承上，在专业资本视域下，教师的社会资本指的是一切既有利于提高教育教学质量，又有利于促进教师个体专业发展的关系总和。由此可知，教师社会资本本质上是教师个体与其他教育攸关方之间的关系，因而其兼具个体性与群体性。这一属性同样可以迁移到对乡村教师社会资本的阐释上。不同于其他诸多领域对社会资本的相关解释，于乡村教师而言，它具备直接影响其专业能力建设及其专业发展的功能，但同其他人文领域一样，它也面临着不可避免的内生驱动不足与外部支撑环境不利的棘手问题①。显然，这绝对不是仅靠提升乡村教师个体人力资本就能解决的问题。与之相反的是，这是一个必须通过强调集体性能力建设、集体责任感以及共同使命感的方式，以期构建强大专业共同体、发展共同体以及命运共同体方能解决的系统性难题。专业资本理论视域下的社会资本正是这一系统性难题的破解之法。具体到乡村教师专业发展政策执行议题，政策执行主体要想有效地开发与积聚乡村教师的社会资本，必须对其社会资本诸如开发、流通、再投资等相应机制做好剖析，以做到对症下药。关于社会资本有诸多学术著述，对后世影响较深远的有：皮埃尔·布尔迪厄（Bourdieu）的社会资本“场域”理论、詹姆斯·科尔曼（Coleman）的社会资本比较理论、林（Nan Lin）的社会资本资源理论以及罗伯特·帕特南（Putnam）的社会资本政治学理论等。

受上述关于社会资本阐释的启发，结合现阶段我国乡村教育教师的实际情况，本书认为相应的乡村教师专业发展政策设计、执行以及评估应从两个角度入手。其一，加强乡村的“场域”建设。随着我国乡村振兴战略的不断深入与其宏大叙事的不断展开，一定程度而言，乡村振兴战略效果的显现依赖于高质量的乡村教师专业发展。因为，乡村教师是乡村振兴的第一资源。由此可见，乡村教师专业发展与乡村振兴战略二者息息相关、同频共振。乡村学校作为乡村教师助力乡村振兴的主阵地，理所当然要为其提供施展才华与贡献智慧力量的广阔舞台，责任主体不仅在于乡村学校与校长，还在于地方政府、地方教育主管部门与教师教育机构共同构成的分享式责任共同体。因此，政策执行主体应着力于加强乡村教师队伍的信息化素养、提升教育现代化建设水平以及保障其相关教育准备的资源配套。通过提高乡村教师整体收入与社会地位，使之获得应有的尊重。同时，通过设立相关教育法律与制定相关教育政策，保障乡村教师在教育教学过程中合理拥有多元利益。其二，加强整体的乡村教师队伍专业发展建

---

① 已有的关于社会资本的相关理论大多表明社会资本具有较强的解释力，但是社会资本的改变受制于内部和外部环境的掣肘，较难得到有效的改进。

设。一般性实践与本书研究均发现，同等条件下，对教学怀有激情，对教育事业有奉献精神与崇高使命感，对学生、同事及领导有诚信相待等优良特征赋权的教师团队的教学表现更出色且更有可能取得优异的成就。

基于以上论述，笔者认为乡村教师专业发展政策执行主要注重两点。一是相应的乡村教师专业发展政策扶持和导向应基于乡村教师教学能力的切实提升上。具体而言，即乡村教师专业发展政策执行应具体落地到目标群体的课堂教学技能提升、教育教学方式优化及教育教学业绩的有效激励之上。因为，诚如专业资本理论所示，乡村教师若没有清晰、明确且可行的课程开发能力、教育教学能力以及乡村儿童管理与培育能力提升成果的具体指向，这样所谓的专业发展非但不明智而且只不过是空中楼阁。二是相关乡村教育课程及教学改革政策应以社会主义核心价值观作为其根本的价值遵循。除上述针对乡村教师教育教学技能提升而定制专门的政策外，在教育政策制定、设立、执行以及评估环节全过程中应该以和谐的社会主义核心价值观作为整体价值导向。

最后，还需要强调的一点是，乡村教师专业发展政策执行要着力于提高乡村教师的社会地位、专业地位及文化地位。笔者研究发现，乡村教师群体整体上仍然处于一种相对弱势的不利地位，其教师社会资本的专业构成相对式微。鉴于此，除乡村教师专业发展政策执行之外，要增强乡村教师政策执行力，为提高乡村教师的经济收入、待遇薪酬、社会地位以及激活社会交往等提供强有力保障。在提供外部支撑的同时，政策执行主体还需要在乡村学校的人力资源管理设计中，给予乡村教师更多的专业自主与政策执行自由裁量权。因为这既是促进乡村教师高质量专业发展的需要，也是其作为专业发展政策执行主体的“全面觉醒”的需要。

## 三、让专业资本融通，激活系统执行

在专业资本理论中，除了人力资本与社会资本，哈格里夫斯与富兰还讨论了对于教师很重要的第三种资本，即决策资本。从其相关论述可知，教师的决策资本与教师个体的人力资本、教师群体的社会资本，这三种资本在相宜的条件触发下可以彼此转化。事实上，可以用“互相成就”一词来概括三者之间的微妙关系。据哈格里夫斯与富兰提出的专业资本函数方程 PC=f（HC，SC，DC），人力资本、社会资本与决策资本三者与专业资本之间不是简单叠加的关系，而是存在多种可能的倍数关系。以此推理，若三者均获得持续性增长，当三者之间发生综合反应，那么教师专业资本的开发及累积的规模将会成倍数增长，长此以往，教师专业资本的量变终会促成其质的飞跃，进而强大到足以重构整个教育系统。当然出现另外一番景象也是完全可能的，若三者发展方向与步调不一致，当其彼此发生化学作用时，则有可能导致教师专业资本开发不足，甚至迟滞不前。显然，三者均是专业资本的有机组成部分，缺一不可，它们共同构成了专业资本这一复杂融合体。

尽管如此，三者在资本的层次上存在较易辨识的差异。客观而言，决策资本必须基于个体人力资本与群体社会资本的丰富基础。也就是说，社会资本以人力资本为基础，决策资本以社会资本为基础，与此同时，决策资本的根基也在人力资本上。从这个意义来说，决策资本无疑可以体现出教师专业资本的较高水平，故而其具有较重要的价值。以此为推断，促进乡村教师决策资本的开发、积聚、流通以及再投资，对于乡村教师专业发展政策执行、乡村教育振兴及乡村振兴战略，乃至实现中华民族伟大复兴的中国梦也是很有意义的。遗憾的是，已有的文献及相关研究成果对教师决策资本尤其是乡村教师决策资本的研究还不够充分。这也正是本书以专业资本理论为学理依据，以 OECD 可视化框架为行动指南来探究乡村教师专业发展政策执行的根本原因。

复归乡村教师专业发展政策执行议题，在本书中，笔者将乡村教师决策资本界定为乡村教师通过结构性与非结构性的教育教学经验、实践以及反思所获得与积累的专业资本。该资本强调乡村教师在没有预设的固定规则或确凿证据的情况下足以做出明智判断的经验性本能。以此为基准，本书认为其适用性主要包括乡村教育政策与乡村教师专业发展政策制定在内的决策能力。基于以上判断，相应的政策执行应该着重关注两个要点。一是政策设计、执行与评估应在教育教学过程中赋予乡村教师合理的专业灵活性、自由裁量权与适切的容忍度。如上所言，何以成功做到在没有固定规则或确凿证据的情况下做出“明智”的判断？现实中的乡村教师无法时刻或每次都能做到“明智”，因此在面临不“明智”的教学行为时要给予一定的容忍度，同时依据客观实际对其乡村教育课程目标、乡村教育教学目的与内容给予一定的灵活性空间。也就是说，以此方式向其表明允许存在一定的教育试错空间，并激发其敢于创新的主体性。二是政策执行主体应致力于鼓励并激发乡村教师自觉关注自身专业发展政策设计、执行以及评估等全过程的积极性与参与度，这种民主的政策设定方式不仅可以提高乡村教师的社会地位，使其以主人翁的姿态介入自身的专业发展，也为乡村教师专业发展政策执行提供更多真实可靠的信息来源，为确保当前政策设计的合理性、逻辑性以及可行性提供有力指引，同时为未来相关政策设计、执行以及评估给出前瞻性的规划与专业引领。

## 第四节　打造“数字未来”策略的政策执行

随着社会节奏的加快以及乡村振兴战略的全面深入，乡村教师专业发展政策执行必须紧随时代的步伐做进一步的优化与超前布局。加之，“互联网+”、大数据、人工智能、5G 等新生产要素日渐成熟并在教育场域被广泛应用，这些新技术的加持势必将在不久的将来打破乡村场域的传统界限。毫无疑问，这将有助于乡村教师与城镇教师进一步融合，当乡村教师的专业素养获得全面发展，其社会地位、职业地位、专业地位以及文化地位得到应有的认可与尊重时，当乡村教师真正切实地拥有幸福感、获得感与成就感时，乡村教师与城镇教师二者之间的身份差距将不复存在，到那时，“乡村教师”这一称谓有可能成为历史。显然，这一美好愿景既离不开政府主体的制度保障与物质保障，又离不开兼有理论前沿与高精尖科技（尤其是信息科技）优势的大学与科研院所。同时，它也离不开全社会的真诚关注、舆论支持与积极期盼，更为关键的是，它离不开乡村学校、乡村社区以及乡村社会对乡村教师的全力支持及完全信任，更离不开作为行动主体的乡村教师队伍构建整体的专业共同体、发展共同体与命运共同体的自我觉醒与使命担当。

基于以上乡村振兴与乡村教育振兴宏大愿景的擘画，笔者在本书末尾将以“靶向问题”（problem-targeted）、“基于证据”（evidence-based）、“理论驱动”（theory-driven）及“着眼发展”（development-oriented）四个核心要义为遵循，对新生产要素加持下的乡村教师专业发展政策执行进行展望，以期其与乡村振兴战略形成联动。

### 一、基于数字化教育资源提升执行效能

囿于区域差异以及远离城市高速发展教育资源中心的客观掣肘，如果

以城市教育现代化程度为标尺去衡量乡村教育发展水平，这显然从一开始就是一场不公允的评判。但如果转换思路，将关注的焦点聚集在如何使处于不利局势的后发者“扬长避短”以及如何搭上先发者的“顺风车”以实现同时到达终点，探寻这一问题的解决方案也许可以从依托新技术要素切入。什么样的新技术能为教育所用？其首要前提必须具备教育性。鉴于乡村学校是乡村教师为乡村教育事业奉献以及为乡村振兴伟大战略贡献智慧与智力支持的主阵地，那么，在乡村学校场域，由技术与教育深度融合的数字教科书可以成为乡村教师发挥教育教学以及管理功能的强有力工具。

诚如有研究者所言，数字教科书因其自身具有的开放性、可定制性、跨边界性等显著优势而在教育场域具有较大潜能。近年来，它在教育实践场域被广泛运用就是一个有力的证明。与之形成鲜明对比，在乡村教育场域，其应用范围还相对有限，即便有其踪迹，但应用水平与质量尚属于高层次。鉴于此，未来乡村教师专业发展政策执行的主要工作任务之一便是着力提升乡村教师的数字信息素养，以期其能够娴熟掌握并驾驭数字教科书的相关应用与深度拓展。大量研究与实践证明，今日的数字教科书正呈现出从静态媒体转向动态多维、从技术导向转向体验导向以及从注重内容转向生命养育等动态演进特征，这些都是传统知识传授型教育教学无法企及的差异特征和优良功能。总而言之，于乡村教师而言，数字教科书背后蕴藏着一座巨大的知识宝库等待其潜心挖掘。

鉴于有研究发现，当下的乡村教育场域在数字教科书相关领域的贯彻与应用度相对较低，但事实上，其相应的应用承载空间非常大。因此，笔者建议乡村教师专业发展政策执行应以“数字鸿沟”① 理论为依据进行铺展。首先，以政府为责任主体的政策设计、执行及评估全过程应致力于尽可能缩小第一层级的数字鸿沟，即政策设计应以普及乡村教育振兴所必需的相关信息技术产品为主，为乡村学校的“互联网+”、电脑软硬件、多媒体、Pad、数字教育资源共享平台、“智慧校园”建设提供强有力的物质支援、专业技术支持与引领，以期在最短时间内缩小因政治、经济与社会诸多复杂原因而导致的城乡教育软硬件差距。其次，政策执行主体可以通过政策供给为乡村教师提供相应的专业培训、数字素养培训及政策培训。一方面，可以提升其娴熟驾驭数字教科书的能力；另一方面，旨在提高其在

① 数字鸿沟理论主要是以信息的差距视角解读城乡的互联网使用差距，通俗来讲即“有机器”“找得到”“用得了”三个层级。

教学实践过程中对数字资源的灵活应用力与深度拓展力，最终使其具备引领乡村儿童通过数字化与虚拟的方式接触、感知与认识乡村场域以外的丰富教育环境的能力。最后，针对乡村教师对以数字教科书为代表的数字资源应用、开发与创新的高阶数字素养需求，笔者建议乡村教师专业发展政策设计过程中多吸纳相关领域专家作为主体成员，并在执行与评估过程中采取乡村定点咨询或定期到乡村教育场域进行轮岗，以期通过面对面沟通、“结对子”帮扶等民主的呈现方式提高乡村教师专业素养、数字素养以及政策素养。

## 二、基于教育元宇宙概念创生执行文化

政策执行主体除致力于为乡村教师创造享受“数字红利”的主客观有利条件外，笔者认为着眼于发展的乡村教师专业发展政策执行还可以借鉴一个新近“热”概念——“元宇宙”（metaverse）。有研究者将其定义为：以互联网、人工智能、区块链技术为支撑，通过信息通信技术和智能设备把虚拟世界与现实世界耦合一体，依据自己的主观想象建构和再造的一个虚实融通的现实镜像世界①。由此可见，元宇宙是一种虚实相融的新型互联网应用与社会形态，它可通过 VR、AR、MR、信息技术、生物技术以及区块链技术等手段扩展现实空间，进而为主体提供具身的、自定义、沉浸式的交感体验。它的本质性技术基础是数字孪生技术，通过区块链技术搭建经济体系，使人类社会的数字世界、虚拟世界与现实世界在经济系统、社交系统、身份系统上实现实时同步与密切融合。

以上关于元宇宙的概念与国家从顶层设计出发的数字发展愿景不谋而合。因为，早在 2019 年中共中央办公厅、国务院办公厅就印发了数字乡村治理的重量级文件——《数字乡村发展战略纲要》，并在其指导思想中明确提出要“着力发挥信息技术创新的扩散效应、信息和知识的溢出效应、数字技术释放的普惠效应”②。由此推断，在未来的乡村教师专业发展领域以及处理相关政策执行议题时，援用“元宇宙”相关概念并不是单纯地炒作概念，而是根据一定的学理逻辑与现实及未来需要。由上而知，元宇宙

---

① 蒲清平，向往. 元宇宙及其对人类社会的影响与变革［J］. 重庆大学学报（社会科学版），2022（1）：1-12.

② 新华社. 中共中央办公厅 国务院办公厅印发《数字乡村发展战略纲要》［A/OL］.（2019-05-16）［2022-02-10］. http://www.gov.cn/zhengce/2019-05/16/content_5392269.htm.

是由不同“次元”耦合而成的平行宇宙，也包括“次元”乡村教育场域，乡村世界就构成了其中的一个“次元”。

综合专业资本理论与OECD可视化框架，结合当下以及未来的乡村教师专业发展趋势、乡村教育振兴使命以及乡村振兴愿景，笔者认为，以元宇宙先进理念驱动的乡村教育具有三个潜在优势。一是元宇宙在乡村教育的应用可以有效克服地理位置[①]（尤其是复杂地理环境）限制，有利于教学主体在教学全过程中全场景无缝转接与有机融合。二是有元宇宙“背书”的乡村教育可以在一定的范围内缩减相关成本支出，如物质成本、空间成本以及时间成本等。不仅如此，用数字化成像模拟一些复杂、危险的化学实验还可以一定程度规避诸多潜在风险，又如，用虚拟现实、全息投影等技术手段可以直观呈现奇特的自然现象与自然科学实验效果等，更重要的是，师生教学互动的实时数据可以通过已有的大数据、人工智能教学助手以及5G技术等创新技术手段挖掘、存储、分析并形成可视化的数据画像。三是基于元宇宙的乡村教育可以丰富与拓展乡村教师和乡村儿童的教育经历与超感体验。在元宇宙时代，尖端技术可以丰富并拓展人类作为“生物人”的感官极限，让其拥有的通过眼、耳、鼻、舌、身体获得的视觉、听觉、嗅觉、味觉、触觉信息更具身、更浑然一体。在教育教学主体体验的全过程中有不同的技术支撑，技术加持之下，师生共同体在其教学交互过程中可以通过切身的感知增强对相关知识的记忆、理解、分析及创造的具身体验。

综上所述，为了与本书的研究主旨形成首尾呼应，必须复归本书的中心议题，笔者认为，元宇宙视域下的乡村教师专业发展政策执行可以考虑从四个方面着手。一是以政府为核心的相关制度保障责任主体，提高乡村教育元宇宙发展所需的硬件材料生产与外部有效支持，旨在为相关课题的深耕做好充分的硬件准备。二是以教师教育机构为核心的相关专业引领责任主体为乡村教师量身定制关于专业发展、数字素养以及政策素养的课程培训，并为其提供长期跟踪式的专家咨询与业务指导，旨在增强乡村教师的未来专业发展意识、数字素养以及政策执行素养。三是中央及地方教育主管部门牵头，与其他关键的教育攸关方对政策实施积极干预，以期扶持并开发相关的乡村教育宇宙“次元”。具体而言，一方面将已有的知识体

① 我国乡村场域尤其是偏远乡村存在差异性地理环境，路途和天气等原因会导致教育成本提高。

系进行宇宙“次元”化与虚拟优化，另一方面可以将尚在开发与正在不断积聚的知识与实用技能进一步“次元”化。如此一来，期望可以实现对相关可用知识分支系统的“次元”化。四是乡村场域的关键教育攸关方建立长效沟通机制与参与机制，以期构建“平台化”的乡村教育元宇宙，并将对乡村场域实施无偿供给纳入社会公共物品供给的行列。

# 结束语

综上所述，乡村教师专业发展是乡村教师队伍建设的根本所在。于乡村教师而言，不论是个体的专业发展，还是整体的队伍建设，均离不开国家强有力的体制机制保障。如何判断国家体制机制保障力度的强弱？教育政策就是其客观表征。同时，由前文相关阐述而知，教育政策是促进乡村教师专业发展的有力杠杆。即便如此，如果教育政策得不到有效执行，那么其杠杆作用再有力也无济于事。鉴于此，评估与检测教育政策执行效果是教育政策研究范畴的重要议题。回到乡村教师专业发展的制度保障议题，就其相关性强弱而言，乡村教师专业发展与其相关发展政策二者之间关系密切。按以上逻辑，不难推断，乡村教师专业发展政策执行对于乡村教师专业发展是十分重要的。也就是说，考察乡村教师专业发展政策执行机制议题具有重要的理论与实践意义，这正是本书的研究旨趣所在。

总的说来，本书以专业资本理论为思想模型，以 OECD 可视化框架为行动指南，考察乡村振兴战略背景下乡村教师专业发展政策执行机制实然，旨在尝试理清乡村教育领域的四个基础且重要的问题：第一，乡村教师专业发展政策执行的本质属性与根本性价值是什么？第二，审视乡村教师专业发展政策执行需要何种工具？第三，乡村教师专业发展政策执行现行机制的优势与不足是什么？第四，如何与时俱进地创建乡村教师专业发展政策执行机制？

首先，本书借助对专业资本理论的演绎及其“5C”模式的呈现，完成了对乡村教师专业发展政策的应然理论确认；借助 OECD 可视化框架规约下政策设计、主体参与、执行环境与执行策略四个维度及其所辖决定因素的演绎、阐释与探究，完成了对乡村教师专业发展政策执行的行动框架确认。与此同时，以 OECD 可视化框架为四位一体执行模型参照，通过问卷调查、深度访谈、案例研究、政策文本分析、文献可视化计量等方法与手段，对乡村教师专业发展政策执行实践样态进行了考察与检视。具体以该框架的四个维度为分析参照，按政策设计、主体参与、执行环境与执行策略的顺序一一展开，旨在借系统执行视角，较为客观、深入、全面地探寻乡村教师专业发展政策执行的关键障碍与现实困境，并针对问题所在，展开深入的成因分析。

其次，本书结合问题审视与成因分析，尝试创建新时代乡村教师专业发展政策执行机制，即“设计机制+主体机制+环境机制+策略机制”四位一体筑模。这一提案综合借鉴了专业资本理论的“5C”模式与OECD可视化框架。值得一提的是，笔者根据OECD可视化框架四个维度之间的交互作用规律，在策略机制创建中创造性地提出了“文化凝聚策略+资源整合策略+沟通共享策略+行动协同策略”四位一体的策略机制融合。

最后，基于“设计机制+主体机制+环境机制+策略机制”四位一体执行机制筑模，笔者为新时代乡村教师专业发展政策执行的进阶之路给出的提案是“问题厘清+实践遵循+专业引领+未来趋向”四位一体的执行实践运行路向。这一运行路向既充分体现了“以乡村教师为中心”的乡村教育振兴，又有力地体现了对当下教育领域备受瞩目的四类主题性研究范式（problem-directed、practice-based、professionalism-guided、future-oriented）的积极呼应。

在笔者看来，以上所有理论演绎、叙事与论述，不论是关于乡村教师专业发展政策执行实践中现实境遇的描述或主要问题的原因剖析，或对乡村教师专业发展政策执行机制创建的尝试性阐发，还是对执行机制运行路向的实时厘清与未来展望，无疑均在佐证一个事实：教育政策执行是一个复杂的系统性动态过程，在其现实性上，它天然兼具客观物质性与主观建构性。其依据在于：唯物主义世界观告诉我们，世界的本质属性是物质，人必须依托物质而存在，人的行动必须以物质为介质，无法脱离物质而单独发生；而唯心主义世界观告诉我们，“我思故我在”，世界的本质属性是唯心的，其以人的意志为转移。但人具有主观能动性，世界的一切都是人为建构的，人是世界的中心。故而，从本质上讲，政策是人思想的产物，它具有主观性；然而，抽象思想必须经过转化，以具象的符号客观呈现，以“白纸黑字”表征的政策文本显然已经具有了客观性。

总而言之，乡村教师专业发展好坏事关乡村教育振兴的成败，而乡村教师专业发展政策执行是为其提供强有力制度保障的动力之源。这意味着乡村教师专业发展不是乡村教师自己的私事，而是乡村教育系统、乡村社区、教育系统乃至整个社会系统的公共事业。鉴于此，乡村教师专业发展具有显著的社会性与公共性。同理，乡村教师专业发展政策执行亦如此。不仅如此，它还具有高度复杂性。本书主要基于教师专业资本视域与教育政策执行视域，对乡村教师专业发展政策执行展开了思辨探索与理论演绎，虽然进行了一定程度的实证研究，但限于篇幅掣肘与立题阈限，相关领域更深层次的研究还有待有志于此的学者进一步精进。

# 参考文献

[1] 奥恩斯坦. 美国教育学基础 [M]. 刘付忱，等译. 北京：人民教育出版社，1984.

[2] 安德森. 公共政策 [M]. 北京：华夏出版社，1990.

[3] 今津孝次郎. 変動社会の教師教育 [M]. 名古屋：名古屋大学出版会，1996.

[4] 纳格尔. 政策研究百科全书 [M]. 北京：科学技术文献出版社，1990.

[5] 默顿. 社会研究与社会政策 [M]. 杜聚任，等译. 北京：生活·读书·新知三联书店，2001.

[6] 华勒斯坦，等. 学科、知识、权力 [M]. 北京：生活·读书·新知三联书店，1999.

[7] 联合国教科文组织. 反思教育：向“全球共同利益”的理念转变? [R]. 联合国教科文组织总部中文科，译. 北京：教育科学出版社，2017.

[8] 陈振明. 公共政策学：政策分析理论、方法和技术 [M]. 北京：中国人民大学出版社，2004.

[9] 陈振明. 政策科学 [M]. 北京：中国人民大学出版社，1998.

[10] 陈奎憙. 教育社会学研究 [M]. 台北：师大书苑有限公司，1990.

[11] 陈永明. 现代教师论 [M]. 上海：上海教育出版社，1999.

[12] 辞海编辑委员会. 辞海 [Z]. 上海：上海辞书出版社，2000.

[13] 戴斌荣，等. 乡村卓越教师的培养 [M]. 北京：北京师范大学出版社，2018.

[14] 邓旭. 教育政策执行研究：一种制度分析的范式 [M]. 北京：教育科学出版社，2010.

［15］邓泽军. 中国西部农村教师专业化发展策论［M］. 成都：四川大学出版社，2013.

［16］杜晓利. 教师政策［M］. 上海：上海教育出版社，2012.

［17］范国睿，等. 教育政策的理论与实践［M］. 上海：上海教育出版社，2011.

［18］顾明远. 教育大辞典（第一卷）［M］. 上海：上海教育出版社，1990.

［19］顾明远. 中国教育大系：现代教育理论丛编［M］. 武汉：湖北教育出版社，1994.

［20］郭平，熊艳. 教师专业发展概论［M］. 成都：西南交通大学出版社，2017.

［21］蒋蓉，等. 坚守与希望：乡村教师发展实证研究［M］. 南京：南京大学出版社，2019.

［22］教育部师范教育司. 教师专业化的理论与实践［M］. 北京：人民教育出版社，2001.

［23］林水波，张世贤. 公共政策［M］. 台北：五南图书出版公司，1984.

［24］刘雪明. 政策运行过程研究［M］. 南昌：江西人民出版社，2005.

［25］孙效良. 政策研究学概论［M］. 北京：中国经济出版社，1989.

［26］王秋绒. 教师专业社会化理论在教育实习设计上的意义［M］. 台北：师大书苑有限公司，1991.

［27］伍启元. 公共政策［M］. 香港：商务印书馆，1989.

［28］吴文胜. 当代中小学教师专业发展政策研究［M］. 北京：中国社会科学出版社，2017.

［29］叶澜，白益尼，王枏，等. 教师角色与教师发展新探［M］. 北京：教育科学出版社，2001.

［30］袁振国. 教育政策学［M］. 南京：江苏教育出版社，2001.

［31］姚洋. 制度与效率：与诺斯对话［M］. 北京：商务印书馆，2001.

［32］宁骚. 公共政策［M］. 北京：高等教育出版社，2000.

［33］罗生全. 学业负担问题解决：模型建构与治理机制［M］. 北京：人民出版社，2017.

［34］饶见维. 教师专业发展［M］. 台北：五南图书出版公司，1996.

［35］张斌贤，楼世洲. 当代中国教育学术思想研究［M］. 北京：中国社会科学出版社，2011.

［36］张金马. 公共政策分析：概念·过程·方法［M］. 北京：人民教育出版社，2004.

［37］张金马. 政策科学导论［M］. 北京：中国人民大学出版社，1992.

［38］张忠华. 教育学原理［M］. 上海：上海世界图书出版公司，2012.

［39］筑波大学教育研究院. 现代教育学基础［M］. 钟启泉，译. 上海：上海教育出版社，1986.

［40］朱旭东. 教师专业发展理论研究［M］. 北京：北京师范大学出版社，2021.

［41］朱旭东，宋萑. 新时代中国教师队伍建设的顶层设计［M］. 北京：北京师范大学出版社，2018.

［42］教育部教师工作司. 中学教师专业标准（试行）解读［M］. 北京：北京师范大学出版社，2013.

［43］程斯辉，李中伟. 从政治教育学到民生教育学：中国共产党领导教育的与时俱进［J］. 复旦教育论坛，2011（4）：5-14.

［44］邓琴. 移动学习：从专业化视角看农村语文教师专业发展［J］. 教育探索，2008（3）：95-97.

［45］杜志强，陈怡帆. 中国乡村教师研究的可视化分析：基于2000—2018年CSSCI刊载文献计量研究［J］. 教育学术月刊，2019（325）：35-41.

［46］冯建军. 义务教育优质均衡发展的理论研究［J］. 全球教育展望，2013（1）：12.

［47］高小强. 乡村教师的文化困境与出路［J］. 教育发展研究，2009（7）：31.

［48］葛孝艺. 农村贫困教师专业发展范式转换：“地方性知识”的视角［J］. 中国教育学刊，2012（3）：4.

［49］郭红霞. 运城农村贫困地区小学教师专业发展问题探析［J］. 教育评论，2012（1）：3.

［50］胡伶. 义务教育均衡发展背景下农村教师政策的问题与改进［J］. 教育发展研究，2009（22）：6.

[51] 黄玮琳，李睿，余晖. 教育学：一个多学科交融的研究领域[J]. 广东第二师范学院学报，2020（6）：7.

[52] 蒋建华，崔彦琨，王镱. 舆论、教育政策与教育治理现代化[J]. 教育研究，2021（11）：6.

[53] 蒋园园. 国外教育政策执行研究“三大主题”述评及其启示[J]. 外国教育研究，2011（8）：6.

[54] 姜勇，闫水金. 教师发展阶段研究：从“教师关注”到“教师自主”[J]. 上海教育科研，2006（7）：9-11.

[55] 金美福. 两种教师发展模式论比较：兼与台湾学者饶见维先生商榷[J]. 东北师范大学学报，2004（4）：137-143.

[56] 蒲清平，向往. 元宇宙及其对人类社会的影响与变革[J]. 重庆大学学报（社会科学版），2023，29（2）：111-123.

[57] 李华君，龚彩云. 民族地区农村教师专业发展路径探索[J]. 中国教育学刊，2011（9）：77-79.

[58] 李瑾瑜. 支持乡村教师需要树立新立场[J]. 教育发展研究，2015（10）：3.

[59] 李孔珍. 不容忽视的教育政策研究领域：区域教育政策：关于区域教育政策中几个关系问题的理论思考[J]. 教育导刊，2010（3）：25-28.

[60] 李亚真，潘贤权，连榕. 新手-熟手-专家型教师主观幸福感与教学动机的研究[J]. 心理科学，2010（3）：705-707.

[61] 李明善. 农村中小学教师专业发展问题探析[J]. 社会科学家，2012（S1）：219-220.

[62] 刘英杰，林菲菲. 农村音乐教师专业发展中存在的问题及对策[J]. 电影评介，2012（10）：88-90.

[63] 毛菊，康晓伟，管廷娥，等. 基于发展需求与外部支持的农村教师专业发展调查研究[J]. 教育科学，2012（5）：43-47.

[64] 孟繁华. 构建指向欠发达地区教师培养的教师教育共同体[J]. 教育研究，2021（6）：28-33.

[65] 沈永辉. 教育政策研究范式的结构：北京师范大学、北京大学35篇博士论文综述[J]. 中国教育法制评论，2019（1）：203-217.

[66] 孙德芳，林正范. 农村教师的生存发展现状及政策建议[J]. 教

师教育研究，2014，26（6）：40-46.

［67］孙来勤，秦玉友. 校本教研与西部农村教师专业发展的契合及促进［J］. 教育理论与实践，2012（2）：29-31.

［68］孙兴华，马云鹏. 乡村教师能力素质提升的检视与思考［J］. 教育研究，2015（5）：105-113.

［69］唐钧. 社会政策学导引［J］. 社会科学，2009（4）：71-79，189.

［70］唐松林. 公共性：乡村教师的一个重要属性［J］. 大学教育科学，2008（5）：61-64.

［71］涂端午，陈学飞. 西方教育政策研究探析［J］. 清华教育研究，2006（5）：49-54.

［72］杨宏山. 创制性政策的执行机制研究：基于政策学习的视角［J］. 中国人民大学学报，2015（3）：100-107.

［73］杨聚鹏. 教育政策执行的内涵、本质及特点研究［J］. 教育理论与实践，2016（28）：16-20.

［74］杨聚鹏，余天佐，王志强. 教育政策执行者的机会主义行为对政策改进的影响研究：以大学自主招生政策为例［J］. 陕西师范大学学报（哲学社会科学版），2015（6）：141-147.

［75］杨聚鹏. 教育政策执行者的行为研究述评：模式、影响、规制［J］. 现代教育管理，2016（11）：46-50.

［76］饶从满. 教师发展若干基本问题辨析［J］. 中国教育学刊，2009（4）：83-86.

［77］叶菊艳. 农村教师身份认同的影响因素及其政策启示［J］. 教师教育研究，2014（6）：85，86-92.

［78］张虹，刘建银. "国培计划"实施中农村小学教师的培训需求分析：以重庆市农村小学教师培训为例［J］. 教育理论与实践，2012（11）：30-32.

［79］张进良. 面向信息化的农村教师专业发展的生态学思考［J］. 电化教育研究，2010（6）：24-28.

［80］张力跃，于伟. 加强农村教师队伍建设亟待建立进出有序、供求平衡的管理机制［J］. 国家教育行政学院学报，2008（5）：62-69.

［81］张睦楚. 移动学习：农村教师专业发展之有效路径［J］. 中国教育信息化，2014（16）：60-62.

［82］肖正德. 论乡村振兴战略中乡村教师的新乡贤角色［J］. 教育研究，2020（11）：135-144.

［83］薛二勇，李廷洲. 义务教育师资城乡均衡配置政策评估［J］. 教育研究，2015（8）：65-73.

［84］席梅红. 新中国成立70年乡村教师历史价值探析［J］. 中国教育学刊，2019（6）：30-36.

［85］席梅红. 新中国成立70年乡村教师发展回顾与启示［J］. 广东第二师范学院学报，2021（2）：23-33.

［86］王明宾. 美国教育政策执行研究述评［J］. 江苏教育学院学报（社会科学版），1997（4）：16-19.

［87］王红霞. 创新和完善农村教师补充机制［J］. 教育发展研究，2010，30（6）：55-58.

［88］汪明帅，郑秋香. 从"边缘人"走向"传承者"：回归乡土的乡村教师发展研究［J］. 教育发展研究，2016，36（8）：13-19.

［89］张学文. 教育综合改革应由"教育工具论"向"教育民生论"转型："十八大"报告"努力办好人民满意的教育"之学理解读［J］. 清华大学教育研究，2013，34（1）：17-21.

［90］郑石明. 政策科学的演进逻辑与范式变迁［J］. 政治学研究，2020（1）：87-101，127-128.

［91］周国华. 教育政策执行机制研究：一个解释性分析框架［J］. 教育学术月刊，2014（5）：52-57.

［92］朱宁波. 新课程与教师发展成长［J］. 教育科学，2004（6）：2.

［93］朱旭东. 论教师的全专业属性［J］. 教育发展研究，2017，37（10）：1-7.

［94］毕正宇. 教育政策执行模式研究［D］. 武汉：华中师范大学，2006.

［95］胡春梅. 教育政策执行运行机制分析：以有关新课程改革在X省的执行为例［D］. 北京：北京师范大学，2006.

［96］蒋园园. 复杂理论视阈下的教育政策执行研究［D］. 上海：华东师范大学，2010.

［97］金强. 县级政府教育政策执行力研究［D］. 重庆：西南大学，2016.

［98］李宁．乡村教师生活待遇政策执行研究［D］．长春：东北师范大学，2019.

［99］邵忠祥．农村义务教育学生营养改善计划政策执行问题研究［D］．重庆：西南大学，2016.

［100］石长林．中国教师政策研究［D］．武汉：华中师范大学，2005：141.

［101］舒会霞．云南省农村中小学教师聘任制的现存问题及改革对策研究［D］．昆明：云南师范大学，2006.

［102］王渊博．双语教育政策执行过程研究［D］．北京：中央民族大学，2015：25.

［103］陶宏．乡村教师是乡村振兴之源［N/OL］．（2021-08-23）［2022-02-15］．http://www.jyb.cn/rmtzcg/xwy/wzxw/202009/t20200904_355824.html.

［104］中国政府网．“金砖之父”吉姆·奥尼尔：中国脱贫成就是全球脱贫领域40年来最大成功［N/OL］．（2020-12-10）［2022-02-15］．http://www.gov.cn/xinwen/2020-12/10/content_5568722.htm.

［105］教育部．教育部办公厅关于进一步做好乡村教师生活补助政策实施工作的通知［A/OL］．（2020-06-28）［2024-07-07］．http://www.moe.gov.cn/srcsite/A10/s7030/202006/t20200628_468807.html.

［106］中国教育报．夯实千秋基础 聚力学有所教：新中国70年基础教育改革发展历程［N/OL］（2019-09-26）［2024-07-07］．http://www.moe.gov.cn/jyb_xwfb/s5147/201909/t20190926_401046.html.

［107］教育部．温家宝在全国农村教育工作会议上的讲话［A/OL］．（2003-10-30）［2024-07-07］．http://www.moe.gov.cn/jyb_xxgk/gk_gbgg/moe_0/moe_9/moe_39/tnull_114.html.

［108］国务院．关于进一步加强农村教育工作的决定［A/OL］．（2003-09-17）［2024-07-07］．http://www.moe.gov.cn/jyb_sjzl/moe_364/moe_902/moe_1001/tnull_10297.html.

［109］教育部．关于印发《幼儿园教师专业标准（试行）》《小学教师专业标准（试行）》和《中学教师专业标准（试行）》的通知［EB/OL］．（2012-09-13）［2024-07-07］．http://www.moe.gov.cn/srcsite/A10/s6991/201209/t20120913_145603.html.

[110] 中国教育报. 奠基乡村振兴之路：湖北省加强乡村教师队伍建设纪实 [N/OL]. (2021-08-23) [2024-07-07]. http://www.moe.gov.cn/jyb_xwfb/s5147/202108/t20210823_553286.html.

[111] 国务院. 关于全面深化新时代教师队伍建设改革的意见 [A/OL]. (2018-01-20) [2024-07-07] http://www.moe.gov.cn/jyb_xwfb/moe_1946/fj_2018/201801/t20180131_326148.html.

[112] 教育新闻网. 乡村教师工资及支持计划最新政策 [A/OL]. (2019 - 10 - 21) [2022 - 01 - 25]. http://www. creditsailing. com/JiaoYuXinWen/746622.html.

[113] 搜狐网. 培养新型乡村教师促进专业发展 [A/OL]. (2019-10-21) [2022-01-25]. https://www.sohu.com/a/417179939_243614.

[114] 教育部. 关于大力推进教师教育课程改革的意见 [A/OL]. (2011-10-08) [2024-07-07]. http://www.moe.gov.cn/srcsite/A10/s6991/201110/t20111008_145604.html.

[115] 教育部. 关于印发《中小学教师培训课程指导标准（师德修养)》等3个文件的通知 [A/OL]. (2020-08-14) [2024-07-07]. http://www.moe.gov.cn/srcsite/A10/s7002/202008/t20200814_478091.html.

[116] 教育部. 关于加强新时代乡村教师队伍建设的意见 [A/OL]. (2020-09-04) [2024-07-07]. http://www.moe.gov.cn/jyb_xwfb/gzdt_gzdt/s5987/202009/t20200904_485110.html.

[117] 教育部. 教育部教师工作司关于印发《教师培训者团队研修指南》等11个文件的通知 [EB/OL]. (2021-11-22) [2021-11-22]. http://www.moe.gov.cn/s78/A10/tongzhi/202003/t20200330_436306.html.

[118] 教育部. 关于印发《县域义务教育优质均衡发展督导评估办法》的通知 [A/OL]. (2020-09-03) [2021-11-26]. http://www.gov.cn/gongbao/content/2017/content_5234538.htm.

[119] 教育部. 关于印发《中西部欠发达地区优秀教师定向培养计划》的通知 [EB/OL]. (2021-08-03) [2021-12-13]. http://www.moe.gov.cn/srcsite/A10/s7011/202108/t20210803_548644.html.

[120] 教育部. 关于加强和改进新时代基础教育教研工作的意见 [EB/OL]. (2019-11-25) [2021-12-16]. http://www.moe.gov.cn/srcsite/A06/s3321/201911/t20191128_409950.html.

［121］国家中长期教育改革和发展规划纲要工作小组办公室. 国家中长期教育改革和发展规划纲要（2010—2020年）［A/OL］.（2010-07-29）［2021-12-21］. http://www.moe.gov.cn/srcsite/A01/s7048/201007/t20100729_171904.html.

［122］教育部. 中小学教师继续教育规定［A/OL］.（1999-09-13）［2024-07-07］. http://www.moe.gov.cn/jyb_xxgk/xxgk/zhengce/guizhang/202112/t20211206_585098.html.

［123］国务院. 中国教育现代化2035［A/OL］.（2019-09-23）［2021-12-13］. http://www.moe.gov.cn/jyb_xwfb/s6052/moe_838/201902/t20190223_370857.html.

［124］国务院. 国家教育事业发展"十三五"规划［A/OL］.（2017-01-19）［2021-11-26］. http://www.moe.gov.cn/jyb_xwfb/s6052/moe_838/201701/t20170119_295317.html.

［125］国务院. 乡村教师支持计划（2015—2020年）［A/OL］.（2015-06-08）［2022-02-15］. http://www.xinhuanet.com//politics/2015-06/08/c_1115543964.html.

［126］国务院. 关于实施乡村振兴战略的意见［A/OL］.（2018-02-05）［2021-12-01］. http://www.moa.gov.cn/ztzl/yhwj2018/zxgz/201802/t20180205_6136444.htm.

［127］国务院. 数字乡村发展战略纲要［A/OL］.（2019-05-16）［2022-02-10］. http://www.gov.cn/zhengce/2019-05/16/content_5392269.htm.

［128］教育部. 初中办学条件（二）［EB/OL］.（2020-06-11）［2024-07-06］. http://www.moe.gov.cn/jyb_sjzl/moe_560/jytjsj_2019/qg/202006/t20200611_464839.html.

［129］教育部. 小学办学条件（二）［EB/OL］.（2020-06-11）［2024-07-06］. http://www.moe.gov.cn/jyb_sjzl/moe_560/jytjsj_2019/qg/202006/t20200611_464894.html.

［130］中国政府网. 连续9年"不低于4%"，本轮教育经费投入有何不同［A/OL］.（2021-12-03）［2021-12-13］. http://www.gov.cn/xinwen/2021-12/03/content_5655560.htm.

［131］东北师范大学. 关于举办《中国教师发展报告（2020—2021）》

成果发布会暨中小学教师职业幸福感学术论坛的通知［A/OL］.（2021-12-03）［2021-12-15］. http://www.nenu.edu.cn/info/1056/13890.htm.

［132］东北师范大学中国农村教育研究院. 中国农村教育发展报告（2016）［EB/OL］.（2017-08-17）［2021-12-15］. http://ire.nenu.edu.cn/info/1040/2828.htm.

［133］贵州省教育厅.《关于加强和改进新时代教研工作的实施意见》的通知［A/OL］.（2020-12-15）［2021-12-16］. http://jyt.guizhou.gov.cn/zwgk/gzhgfxwjsjk/gfxwjsjk/202012/t20201231_65897554.html.

［134］AARONS G A，HURLBURT M，HORWITZ S M. Advancing a conceptual model of evidence-based practice implementation in public service sectors［J］. Administration and policy in mental health and mental health services research，2011，38（1）：4-23.

［135］ANWAR M N. Decision making practices in universities of Pakistan［D］. Rawalpindi：University of Arid Agriculture，2005.

［136］OECD. What can governments do to implement education policies effectively? In teaching excellence through professional learning and policy reform：lessons from around the world［R］. Paris：OECD Publishing，2016.

［137］BARBER M. Instructions to deliver［M］. London：Methuen，2008.

［138］BELL L，STEVENSON H. Towards an analysis of the policies that shape public education：setting the context for school leadership［J］. Management in education，2015，29（4）：146-150.

［139］BENSON K. Networks and policy sector：a framework for extending interorganizational analysis［M］//ROGERS，WHETTEN D. Interorganizational coordination. Iowa：Iowa State University，1982：137-176.

［140］BOYT T，LUSCH R F，NAYLOR G. The role of professionalism in determining job satisfaction in professional services：a study of marketing researchers［J］. Journal of service research，2001，3（4）：321-330.

［141］BURNS T，KÖSTER F. Governing education in a complex world［M］. Paris：OECD Publishing，2016.

［142］BURNS T，KÖSTER F，FUSTER M. Education governance in action：lessons from case studies［M］. Paris：OECD Publishing，2016.

[143] CAIRNEY P, WEIBLE C. Practical lessons from policy theories [J]. Policy and politics special issue, 2018, 46 (3): 451-466.

[144] CERNA L. The Nature of policy change and implementation: a review of different theoretical approaches [R]. Paris: OECD, 2013.

[145] CERNA L. Trust: what it is and why it matters for governance and education [A]. Paris: OECD Publishing, 2014.

[146] COLEMAN J S. Social capital in the creation of human capital [J]. American journal of sociology, 1988, 94 (Supplement): S95-S120.

[147] COMFORT L. Education policy and evaluation: a context for change [M]. New York: Pergamon Press, 1982.

[148] DARLING-HAMMOND L, BRANSFORD J. Preparing teachers for a changing world: what teachers should learn and be able to do [M]. San Francisco CA: Jossey-Bass, 2005.

[149] DATNOW A. Can we transplant educational reform, and does it last [J]. Journal of educational change, 2002, 3 (3/4): 215-239.

[150] DATNOW A. The sustainability of comprehensive school reform models in changing district and state contexts [J]. Educational administration quarterly, 2005, 41 (1): 121-153.

[151] DAY C. Developing teachers: the challenges of lifelong learning [M]. London: Falmer, 1999: 4.

[152] DAY C, STOBART G, SAMMONS P, et al. Teachers matter: connecting lives, work and effectiveness [M]. Berkshire, UK: Open University Press, 2007.

[153] DESIMONE L. How can comprehensive school reform models be successfully implemented? [J]. Review of educational research, 2002, 72 (3): 433-479.

[154] DRAKE C. Experience counts: career stage and teachers response to mathematics education reform [J]. Educational policy, 2002, 16 (2): 311-337.

[155] DYE T. Understanding public policy (6th Ed) [M]. Englewood Cliffs N. J.: Prentice-Hall Inc., 1987: 2.

[156] EASTON D. The political system [M]. N. Y.: Knopf,

1953: 129.

[157] ELMORE R F. Organizational models of social program implementation [J]. Public policy, 1978 (2): 185-187.

[158] ESPINOZA O. Reflexiones sobre los conceptos de politica, politica publica y politica educacional [J]. Archivos analiticos de politicas educativas, 2009, 17 (8): 1-13.

[159] EVANS L. What is teacher development? [J]. Oxford review of education, 2002, 28 (1): 123-137.

[160] FESSLER R, CHRISTENSEN J C. The teacher career cycle: understanding and guiding the professional development of teachers [M]. Boston: Allyn & Bacon, 1992: 24.

[161] FRIEDRICH C. Man and his government [M]. N.Y.: Knopf, 1953: 129.

[162] FULLAN M, HARGREAVES A. Teacher development and educational change [M]. London & Washington D. C.: Falmer Press, 1992: 8-9.

[163] FULLAN M. The NEW meaning of educational change [M]. New York: Teachers College Press, 2015.

[164] FULLER F, BROWN O. Becoming a teacher [M] //K RYAN. Teacher education, seventy-fourth yearbook of the national society for the study of education, Part 2. Chicago: University of Chicago Press, 1975.

[165] GLADWELL M. Outliers: the story of success [R]. New York: Little, Brown, 2008: 40.

[166] ERICSSON K A, KRAMPE R T, TESCH-RÖMER C. The role of deliberate practice in the acquisition of expert performance [R]. Psychological Review, 1993, 100 (3): 363-406.

[167] GLATTHORN A. Teacher development [M] //International encyclopedia of teaching and teacher education. Oxford: ELsevier Science Ltd., 1995.

[168] GOVERNMENT OF PAKISTAN. National education policy [R]. Islamabad: Ministry of Education, 2009.

[169] GURRÍA A. 21 for 21 A Proposal for consolidation and further transformation of the OECD [EB/OL]. (2019-07-20) [2021-07-03]. https://

www. oecd. org/about/secretary - general/21 - for - 21 - A - Proposal - for - Consolidation-and-Further-Transformation-of-the-OECD.pdf.

[170] HADDAD W, DEMISKY T. Education policy making process: an applied framework [R]. Paris: UNESCO, 1995.

[171] HANF K, SCHARPF W. Interorganizational policy making: limits to coordination and central control [M]. London and Beverly Hills: Sage, 1978: 12.

[172] HARGREAVES A, FULLAN M. Introduction [M] // HARGREAVES A, FULLAN M. Understanding teacher development. New York: Teachers College Press, 1992.

[173] HARGREAVES A, FULLAN M. Professional capital [M]. New York: Teachers College, Columbia University, 2012.

[174] HILL M, HUPE P. Implementing public policy : governance in theory and practice [M]. London: Sage Publications Ltd, 2002.

[175] HOGWOOD B, GUNN L. Policy analysis for the real world [M]. Oxford: Oxford University Press, 1984.

[176] HONIG M. Complexity and policy implementation challenges and opportunities for the field [M] //HONIG M. New directions in education policy implementation. New York: State University of New York Press, 2006.

[177] HONIG M. Street-level bureaucracy revisited: frontline district central-office administrators as boundary spanners in education policy implementation [J]. Educational evaluation and policy analysis, 2006, 28 (4): 357-383.

[178] HOOD C. The limits of administration [M]. London and New York: Wiley, 1976.

[179] HOPFENBECK T, PETOUR M F, TOLO A. Balancing tensions in educational policy reforms: large-scale implementation of assessment for learning in norway [J]. Assessment in education: principles, policy & practice, 2015, 22 (1): 44-60.

[180] HOYLE E. Teaching: prestige, status and esteem [J]. Educational management administration and leadership, 2001, 29 (2): 139-159.

[181] HUBERMAN M. The professional life cycle of teachers [J].

Teachers college record, 1989, 91 (1): 31-57.

[182] INGRAM H, SCHNEIDER A. Improving implementation through framing smarter statutes [J]. Journal of public policy, 1990, 10 (1): 67-88.

[183] JAMIL H. Teacher is matter for education quality: a transformation of policy for enhancing the teaching profession in Malaysia [J]. Journal of international cooperation in education, 2014, 16 (2): 11-25.

[184] JAMIL H, RAZAK A, RAJU R, et al. Teacher professional development in Malaysia: issues and challenges [M] //Africa-Asia university dialogue for educational development report of the international experience sharing seminar: actual status and issues of teacher professional development. Hiroshima: Hiroshima University, 2011: 85-102.

[185] JENKINS-SMITH H, et al. The advocacy coalition framework [M] //SABATIER P, WEIBLE C. Theories of the policy process. Boulder: Westview Press, 2014.

[186] JONES C O. An introduction to the study of public policy (3rd ed.) [M]. Monterey: Brooks/Cole Publishing Company, 1984: 166.

[187] KATZ L. Development stages of preschool teachers [J]. Elementary school journal, 1972, 73 (1): 50-54.

[188] KENIS P N, SCHNEIDER V. Policy networks and policy analysis: scrutinizing a new analytical toolbox [M] //MARIN B, MAYNTZ R. Policy networks: empirical evidence and theoretical considerations. Boulder: Westview Press, 1991: 25-59.

[189] KENNEDY A. Continuing professional development (CPD) policy and the discourse of teacher professionalism in Scotland [J]. Research papers in education, 2007, 22 (1): 95-111.

[190] KHAZAR A, MUHAMMAD N A, MUSHTAQ A M. Role of national education policy-2009 and national professional standards for teachers in developing teachers' professionalism [J]. Bulletin of education and research, 2019, 41 (3): 101.

[191] KLECHTERMANS G. CPD for professional renewal: moving beyond knowledge for practices [M] //DAY C, SACHS J. International hand-

book on the continuing professional development of teachers. Maidenhead: Open University Press, 2004: 229-237.

[192] KRISHNAVENI R V, ANITHA J. Educators' professional characteristics [J]. Quality assurance in education, 2007, 15 (2): 149-161.

[193] KLIJN E-H. Analyzing and managing policy process in complex networks: a theoretical examination of the concept policy network and its problems [J]. Administration and society, 1996, 28 (1): 90-119.

[194] KULSHRESTHA A K, PANDEY K. Teachers training and professional competencies [J]. Voice of research, 2013, 1 (4): 1-10.

[195] KRAMER P A. The ABC's of professionalism [J]. Kappa delta pi record, 2003, 40 (1): 22-25.

[196] LASSWELL H, KLPLAN A. Power and society [M]. New York: McGraw-Hill Book Co., 1963: 70.

[197] LASSWELL H D. The policy orientation [M] //LERNER D, LASSWELL H D. The policy sciences: recent developments in scope and method. Stanford: Stanford University Press, 1951: 3-15.

[198] LEANA C R. The missing link in school reform [J]. Stanford social innovation review, 2011: 29-35.

[199] LEITHWOOD K. Characteristics of high performing school systems [R]. Toronto: Institute for Education Leadership, 2011.

[200] LESSARD C, CARPENTIER A. Politiques educatives: la mise en oeuvre [M]. Paris: Presses Universitaires de France, 2015.

[201] LIPSKY M. Street-level bureaucracy: dilemmas of the individual in public services [M]. New York: Russell Sage Foundation, 1980.

[202] MALEN B. Revisiting policy implementation as a political phenomenon: the case of reconstitution policies [M] //HONIG M. New directions in education policy implementation. Albany: State University of New York Press, 2006.

[203] MARSH D, RHODES R A W. Policy networks in British government [M]. Oxford: Clarendon Press, 1992: 14.

[204] MCLAUGHLIN M. Implementation research in education: lessons learned, lingering questions and new opportunities [M] //HONIG M. New

directions in education policy implementation. Albany: State University of New York Press, 2006.

[205] MONTJOY R S, METOOLE L J. Toward a theory of public policy implementation: an organizational perspective [J]. Public administration review, 1979: 465.

[206] MOURSHED M, CHIJIOKE C, BARBER M. How the world's most improved school systems keep getting better [R]. London: McKinsey & Company, 2010.

[207] NAKAMURA R, SMALLWOOD F. The politics of policy implementation [M]. New York: St Martin's Press, 1980.

[208] NATIONAL COMMISSION ON TEACHING & AMERICANS FUTURE. What matters most: teaching for America's future [R]. New York: National Commission on Teaching and America's Future, 1996.

[209] ODDEN A R. Education policy implementation [M]. Albany: State University of New York Press, 1991.

[210] OECD. Improving schools: strategies for action in Mexico [R]. Paris: OECD Publishing, 2010.

[211] OECD. The public policy framework for implementing education reforms [M] //OECD. Establishing a framework for evaluation and teacher incentives: considerations for Mexico. Paris: OECD Publishing, 2011.

[212] OECD. Draft action plan for better lower secondary education in Norway [A]. Paris: OECD Publishing, 2012.

[213] OECD. All on board: making inclusive growth happen [R]. Paris: OECD Publishing, 2015.

[214] OECD. What can governments do to implement education policies effectively? [M]. Teaching excellence through professional learning and policy reform: lessons from around the world. Paris: OECD Publishing, 2016.

[215] OECD. The welsh education reform journey: a rapid policy assessment [R]. Paris: OECD Publishing, 2017.

[216] OECD. "Implementing school improvement reforms", in education policy outlook 2015: making reforms happen [M]. Paris: OECD Publishing, 2015.

［217］ O'TOOLE L. The theory-practice issue in policy implementation research ［J］. Public administration，2004，82（2）：309-329.

［218］ PONT B. Making reform happen：project framework and plans ［R］. Paris：OECD Publishing，2008.

［219］ PONT B. Education reforms：school leadership in comparative perspective ［M］. Madrid：Universidad Complutense，2017.

［220］ PORTER A. National standards and school improvement in the 1990s：issues and promise ［M］. Chicago：University of Chicago Press，1994.

［221］ PRESSMAN J，WILDAVSKY A. Implementation ［M］. Berkeley，CA：University of California Press，1984.

［222］ RAYOU P，VAN ZANTEN A. Les 100 mots de l'éducation ［M］. Paris：Presses universitaires de France，2015.

［223］ ROBINSON V. Student-centered leadership ［M］. San Francisco：Jossey-Bass，2011.

［224］ SABATIER P，MAZMANIAN D. The implementation of public policy：a framework of analysis ［J］. Policy studies journal，1980，8（4）：538-560.

［225］ SABATIER P，JENKINS - SMITH H，et al. The Advocacy coalition framework ［M］//SABATIER P，WEIBLE C. Theories of the policy process. Boulder：Westview Press，2014.

［226］ SHAMI P A. Education in Pakistan：policies and policies formulation ［M］. Islamabad：National Book Foundation，2015.

［227］ SMITH T B. The policy implementation process ［J］. Policy sciences，1973（2）：203-205.

［228］ SPILLANE J P，REISER B J，REIMER T. Policy implementation and cognition：reframing and refocusing implementation research ［J］. Review of educational research，2002，72（3）：387-431.

［229］ STANLEY A M. Music education ［J］. Arts education policy review，2021，122（1）：1-3.

［230］ SUGGETT D. The implementation challenge：strategy is only as good as its execution ［A］. Occasional，No. 14，Melbourne：Anzsog，2011.

［231］ TICHENOR M S，TICHENOR J M. Understanding teachers' perspectives on professionalism [J]. Professional educator, 2005, 27 (2): 89-95.

[232] TUMMERS L, BEKKERS V. Policy implementation, street-level bureaucracy, and the importance of discretion [J]. Public management review, 2014, 16 (4): 527-547.

[233] VAN ZANTEN A. Les politiques d'éducation [M]. Paris: Presses universitaires de France, 2014.

[234] VAN METER D S, VAN HORN C E. The policy implementation process: a conceptual framework [J]. Administration and society, 1975, 7 (4): 445-468.

[235] VAN HORN C E, VAN METER D S. The implementation of intergovernmental policy [M] //JONES C O, THOMAS R D. Public policy making in federal system. Beverly Hills: Sage Publications, 1976: 45.

[236] VIENNET R, PONT B. Education policy implementation: A literature review and proposed framework [R]. Paris: OECD Education Working Paper, 2017, No. 162: 19.

[237] VONK J H C. Conceptualizing novice teachers' professional development: a base for supervisory interventions [EB/OL]. (1995-04-18) [2008-05-21]. http: eric. ed. gov/ERICDCS/data/ericdocs2spl/content_storage_01/00000196/80/14/54/9e.pdf.

[238] WEI R C, ANDREE A, DARLING-HAMMOND L. How nations invest in teachers [J]. Educational leadership, 2009, 66 (5): 28-33.

[239] WHITE S. Preparing teachers for rural and remote settings: the RRRTEC project [EB/OL]. (2011-09-20) [2014-02-18]. http://www.curriculum.edu.au/leader/the_rrrtec_project,3881.html? issueID=12471.

[240] WINCH C, GINGELL J. Philosophy and educational policy: a critical introduction [M]. London: Routledge Falmer, 2004: 6.

[241] WURZBURG G. "Making reform happen in education", in making reform happen: lessons from OECD countries [R]. Paris: OECD Publishing, 2010.

# 附录

## 附录 A　乡村教师政策执行调查问卷

尊敬的领导/老师：

您好！本人正在开展一项关于乡村教师专业发展政策执行相关问题的研究，期望通过本调查问卷，可以获取对当前乡村教师政策执行的总体效果、执行路径、主要问题以及影响因素等维度作出合理判定的依据，以便科学构建乡村教师专业发展内外部支持体系。您的支持与回答对本人的研究非常重要，本问卷采取不记名方式，烦请您根据实际情况作答，作答内容对贵单位及您本人均无不利影响。期望与您共同探讨我国乡村教师专业发展的可持续路径与专业发展政策执行的机制创新。抱歉占用了您的宝贵时间，衷心感谢您在百忙之中给予支持！本问卷由三部分组成，每部分有若干题，请在您认为合适的选项前打“√”。

### 第一部分　个人基本信息

1. 您的性别（单选题 * 必答）

○ 男

○ 女

2. 您的工作角色（单选题 * 必答）

○ 教师

○ 校长

○ 学校中层干部

○ 教育行政人员

○ 其他

3. 您工作的地区（单选题＊必答）

○ 城市（含县级市）

○ 乡镇（含山区）

4. 您所在的县区属于（单选题＊必答）

○ 经济发达地区

○ 经济欠发达地区

○ 经济不发达地区

5. 您的学历是（单选题＊必答）

○ 中专及以下

○ 大专

○ 本科

○ 硕士及以上

6. 您接触各类政策文本的机会（单选题＊必答）

○ 很多

○ 一般

○ 很少

○ 从不接触

## 第二部分　乡村教师政策执行现状

### 一、乡村教师政策执行的总体效果

7. 我国已经出台的乡村教师政策是令人满意的（单选题＊必答）

○ 完全同意

○ 基本同意

○ 不清楚

○ 基本不同意

○ 完全不同意

8. 我国已经颁布的乡村教师政策得到了很好的执行（单选题＊必答）

○ 完全同意

○ 基本同意

○ 不清楚

○ 基本不同意

○ 完全不同意

9. 乡村教师没有资格参与乡村教师政策的制定（单选题＊必答）

○ 完全同意

○ 基本同意

○ 不清楚

○ 基本不同意

○ 完全不同意

10. 乡村教师只是政策的被动执行者，应无条件执行相应政策（单选题＊必答）

○ 完全同意

○ 基本同意

○ 不清楚

○ 基本不同意

○ 完全不同意

11. 我国的乡村教师政策信息是公开的（单选题＊必答）

○ 完全同意

○ 基本同意

○ 不清楚

○ 基本不同意

○ 完全不同意

12. 媒体、专家意见对乡村教师政策执行有很大影响（单选题＊必答）

○ 完全同意

○ 基本同意

○ 不清楚

○ 基本不同意

○ 完全不同意

13. 若想乡村教师政策执行顺利就要走行政路线而不是民众路线（单选题＊必答）

○ 完全同意

○ 基本同意

○ 不清楚

○ 基本不同意

○ 完全不同意

14. 乡村教师政策的执行需要教育法律制度的保障（单选题＊必答）

○ 完全同意

○ 基本同意

○ 不清楚

○ 基本不同意

○ 完全不同意

15. 当前我国乡村教师发展的制度保障是健全的（单选题＊必答）

○ 完全同意

○ 基本同意

○ 不清楚

○ 基本不同意

○ 完全不同意

16. 我国乡村教师政策执行的行政组织机构健全（单选题＊必答）

○ 完全同意

○ 基本同意

○ 不清楚

○ 基本不同意

○ 完全不同意

**二、乡村教师政策执行的路径选择**

17. 我国“自上而下”的执行路径促进了乡村教师政策执行（单选题＊必答）

○ 完全同意

○ 基本同意

○ 不清楚

○ 基本不同意

○ 完全不同意

18. 权力集中体制下的乡村教师政策执行效果好于分权体制（单选题＊必答）

○ 完全同意

○ 基本同意

○ 不清楚

○ 基本不同意

○ 完全不同意

19. 对执行到位者给予明确的物质和精神奖励会有利于乡村教师政策的执行（单选题 * 必答）

○ 完全同意

○ 基本同意

○ 不清楚

○ 基本不同意

○ 完全不同意

20. 对执行不力者给予严格的惩戒会有利于乡村教师政策的执行（单选题 * 必答）

○ 完全同意

○ 基本同意

○ 不清楚

○ 基本不同意

○ 完全不同意

21. 乡村教师政策执行要满足执行者和政策目标群体的基本要求（单选题 * 必答）

○ 完全同意

○ 基本同意

○ 不清楚

○ 基本不同意

○ 完全不同意

22. 乡村教师政策执行有赖于执行者的社会关系（单选题 * 必答）

○ 完全同意

○ 基本同意

○ 不清楚

○ 基本不同意

○ 完全不同意

23. 执行者的人格魅力与亲和力比采取强制手段更有利于乡村教师政策的执行（单选题 * 必答）

○ 完全同意

○ 基本同意
○ 不清楚
○ 基本不同意
○ 完全不同意

24. 人际关系好便能获得更多的政策利益（单选题＊必答）

○ 完全同意
○ 基本同意
○ 不清楚
○ 基本不同意
○ 完全不同意

25. 在乡村教师政策执行过程中存在不成文但又必须遵守的潜规则（单选题＊必答）

○ 完全同意
○ 基本同意
○ 不清楚
○ 基本不同意
○ 完全不同意

26. 乡村教师政策执行者在执行相应政策时会根据自己的利益有选择地执行（单选题＊必答）

○ 完全同意
○ 基本同意
○ 不清楚
○ 基本不同意
○ 完全不同意

27. 不同的组织文化氛围会导致不同的乡村教师政策执行结果（单选题＊必答）

○ 完全同意
○ 基本同意
○ 不清楚
○ 基本不同意
○ 完全不同意

28. 对乡村教师政策利益分配的认同非常有利于政策执行（单选题 * 必答）

○ 完全同意

○ 基本同意

○ 不清楚

○ 基本不同意

○ 完全不同意

29. 面对下达的乡村教师政策，尽管不愿接受，但更多的人采取的态度是服从（单选题 * 必答）

○ 完全同意

○ 基本同意

○ 不清楚

○ 基本不同意

○ 完全不同意

30. 出于对教育的信念与热爱，执行者会忽略自己的利益获得（单选题 * 必答）

○ 完全同意

○ 基本同意

○ 不清楚

○ 基本不同意

○ 完全不同意

31. 个体对教育的信念可以成为乡村教师政策执行的精神动力（单选题 * 必答）

○ 完全同意

○ 基本同意

○ 不清楚

○ 基本不同意

○ 完全不同意

**三、乡村教师政策执行过程中的主要问题**

32. 利用乡村教师政策出台的机会，为自身谋利益（单选题 * 必答）

○ 完全认同

○ 基本认同

○ 说不清
○ 基本不认同
○ 完全不认同

33. 公众因眼前利益对乡村教师政策进行抵制（单选题 * 必答）

○ 完全认同
○ 基本认同
○ 说不清
○ 基本不认同
○ 完全不认同

34. 凭主观感受执行，经验主义严重（单选题 * 必答）

○ 完全认同
○ 基本认同
○ 说不清
○ 基本不认同
○ 完全不认同

35. 乡村教师政策执行中自由裁量权太大（单选题 * 必答）

○ 完全认同
○ 基本认同
○ 说不清
○ 基本不认同
○ 完全不认同

36. 乡村教师政策利益主体多元，难以调和（单选题 * 必答）

○ 完全认同
○ 基本认同
○ 说不清
○ 基本不认同
○ 完全不认同

37. 政策执行主体对有利的乡村教师政策执行，对不利的回避（单选题 * 必答）

○ 完全认同
○ 基本认同
○ 说不清

○ 基本不认同

○ 完全不认同

38. 政策执行主体用其他措施来替代相关乡村教师政策，即造假（单选题＊必答）

○ 完全认同

○ 基本认同

○ 说不清

○ 基本不认同

○ 完全不认同

39. 乡村教师政策执行规范没有建立起来（单选题＊必答）

○ 完全认同

○ 基本认同

○ 说不清

○ 基本不认同

○ 完全不认同

40. 乡村教师政策执行方式机械教条（单选题＊必答）

○ 完全认同

○ 基本认同

○ 说不清

○ 基本不认同

○ 完全不认同

41. 乡村教师政策执行中民主制度不健全（单选题＊必答）

○ 完全认同

○ 基本认同

○ 说不清

○ 基本不认同

○ 完全不认同

42. 乡村教师政策执行官僚主义现象严重（单选题＊必答）

○ 完全认同

○ 基本认同

○ 说不清

○ 基本不认同

○ 完全不认同

43. 乡村教师政策执行的激励机制不健全（单选题 * 必答）

○ 完全认同

○ 基本认同

○ 说不清

○ 基本不认同

○ 完全不认同

44. 乡村教师政策执行的协商机制不健全（单选题 * 必答）

○ 完全认同

○ 基本认同

○ 说不清

○ 基本不认同

○ 完全不认同

45. 对乡村教师政策执行的监察力度不够（单选题 * 必答）

○ 完全认同

○ 基本认同

○ 说不清

○ 基本不认同

○ 完全不认同

**四、影响乡村教师政策执行的因素**

46. 乡村教师政策制定有问题（单选题 * 必答）

○ 非常严重

○ 比较严重

○ 说不清

○ 不太严重

○ 没有影响

47. 相应法律法规不健全（单选题 * 必答）

○ 非常严重

○ 比较严重

○ 说不清

○ 不太严重

○ 没有影响

48. 教育行政体制不健全（单选题 * 必答）
○ 非常严重
○ 比较严重
○ 说不清
○ 不太严重
○ 没有影响
49. 教育权力过于集中（单选题 * 必答）
○ 非常严重
○ 比较严重
○ 说不清
○ 不太严重
○ 没有影响
50. 教育权力过于分散（单选题 * 必答）
○ 非常严重
○ 比较严重
○ 说不清
○ 不太严重
○ 没有影响
51. 学校组织机构安排不合理（单选题 * 必答）
○ 非常严重
○ 比较严重
○ 说不清
○ 不太严重
○ 没有影响
52. 缺乏有效教育沟通与协调组织（单选题 * 必答）
○ 非常严重
○ 比较严重
○ 说不清
○ 不太严重
○ 没有影响
53. 乡村教师政策宣传不到位（单选题 * 必答）
○ 非常严重

○ 比较严重
○ 说不清
○ 不太严重
○ 没有影响

54. 乡村教师政策执行者缺乏服务指导意识（单选题 * 必答）
○ 非常严重
○ 比较严重
○ 说不清
○ 不太严重
○ 没有影响

55. 教育督导不力（单选题 * 必答）
○ 非常严重
○ 比较严重
○ 说不清
○ 不太严重
○ 没有影响

56. 很多潜规则影响着乡村教师政策执行（单选题 * 必答）
○ 非常严重
○ 比较严重
○ 说不清
○ 不太严重
○ 没有影响

57. 不良的传统文化制约乡村教师政策执行（单选题 * 必答）
○ 非常严重
○ 比较严重
○ 说不清
○ 不太严重
○ 没有影响

58. 盲目从众心理影响着乡村教师政策执行（单选题 * 必答）
○ 非常严重
○ 比较严重
○ 说不清

○ 不太严重
○ 没有影响

59. 态度不认真，执行时表面应付（单选题＊必答）
○ 非常严重
○ 比较严重
○ 说不清
○ 不太严重
○ 没有影响

60. 人们缺乏教育信仰，过于功利（单选题＊必答）
○ 非常严重
○ 比较严重
○ 说不清
○ 不太严重
○ 没有影响

61. 教育法律制度（单选题＊必答）
○ 非常重要
○ 比较重要
○ 说不清
○ 不太重要
○ 完全不重要

62. 教育组织制度（单选题＊必答）
○ 非常重要
○ 比较重要
○ 说不清
○ 不太重要
○ 完全不重要

63. 学校运行机制（单选题＊必答）
○ 非常重要
○ 比较重要
○ 说不清
○ 不太重要
○ 完全不重要

64. 执行者的非权力影响力（单选题 * 必答）
○ 非常重要
○ 比较重要
○ 说不清
○ 不太重要
○ 完全不重要
65. 执行者的人际关系（单选题 * 必答）
○ 非常重要
○ 比较重要
○ 说不清
○ 不太重要
○ 完全不重要
66. 传统文化与组织习俗（单选题 * 必答）
○ 非常重要
○ 比较重要
○ 说不清
○ 不太重要
○ 完全不重要
67. 教师的信念与信仰（单选题 * 必答）
○ 非常重要
○ 比较重要
○ 说不清
○ 不太重要
○ 完全不重要
68. 政策要有明晰的目标设定（单选题 * 必答）
○ 非常重要
○ 比较重要
○ 说不清
○ 不太重要
○ 完全不重要
69. 政策要回应现实问题（单选题 * 必答）
○ 非常重要

○ 比较重要
○ 说不清
○ 不太重要
○ 完全不重要

70. 全盘考虑已有政策和借鉴有益经验（单选题 * 必答）

○ 非常重要
○ 比较重要
○ 说不清
○ 不太重要
○ 完全不重要

71. 政策目标群体的观念意识与改变意向（单选题 * 必答）

○ 非常重要
○ 比较重要
○ 说不清
○ 不太重要
○ 完全不重要

72. 制定基于政策愿景的推动改变的具体方案（单选题 * 必答）

○ 非常重要
○ 比较重要
○ 说不清
○ 不太重要
○ 完全不重要

73. 方案遵循连贯的因果理论（单选题 * 必答）

○ 非常重要
○ 比较重要
○ 说不清
○ 不太重要
○ 完全不重要

74. 政策设计包括宏大愿景与具体目标（单选题 * 必答）

○ 非常重要
○ 比较重要
○ 说不清

○ 不太重要
○ 完全不重要
75. 政策设计有必要参考更大区域的经验（单选题＊必答）
○ 非常重要
○ 比较重要
○ 说不清
○ 不太重要
○ 完全不重要
76. 政策的可行性（单选题＊必答）
○ 非常重要
○ 比较重要
○ 说不清
○ 不太重要
○ 完全不重要
77. 政策执行的资源与数量（单选题＊必答）
○ 非常重要
○ 比较重要
○ 说不清
○ 不太重要
○ 完全不重要
78. 准确识别政策主要利益相关者（单选题＊必答）
○ 非常重要
○ 比较重要
○ 说不清
○ 不太重要
○ 完全不重要
79. 利益相关者的能力及能力建设手段（单选题＊必答）
○ 非常重要
○ 比较重要
○ 说不清
○ 不太重要
○ 完全不重要

80. 执行主体的关系（单选题＊必答）

○ 非常重要

○ 比较重要

○ 说不清

○ 不太重要

○ 完全不重要

81. 执行主体的合作趋向及促进合作的途径（单选题＊必答）

○ 非常重要

○ 比较重要

○ 说不清

○ 不太重要

○ 完全不重要

82. 确认执行主体（指导流程、提供服务、培训员工）（单选题＊必答）

○ 非常重要

○ 比较重要

○ 说不清

○ 不太重要

○ 完全不重要

83. 其他可能的执行协助者（单选题＊必答）

○ 非常重要

○ 比较重要

○ 说不清

○ 不太重要

○ 完全不重要

**五、乡村教师政策执行的制度保障**

84. 教育立法制度（单选题＊必答）

○ 非常重要

○ 比较重要

○ 说不清

○ 不太重要

○ 完全不重要

85. 教育执法与司法制度（单选题 * 必答）

○ 非常重要

○ 比较重要

○ 说不清

○ 不太重要

○ 完全不重要

86. 教育执法督察制度（单选题 * 必答）

○ 非常重要

○ 比较重要

○ 说不清

○ 不太重要

○ 完全不重要

87. 教育申诉制度（单选题 * 必答）

○ 非常重要

○ 比较重要

○ 说不清

○ 不太重要

○ 完全不重要

## 第三部分　乡村教师政策执行单选题

88. 乡村教师政策执行者在执行政策时一般考虑最多的是（单选题 * 必答）

○ 国家利益

○ 公众利益

○ 自身组织利益

○ 目标群体利益

○ 个人利益

○ 其他

89. 在整个乡村教师政策中，目标群体最应该参与的环节是（单选题 * 必答）

○ 政策制定

○ 政策执行

○ 政策监督
○ 以上所有

90. 在我国，下列哪种机制更有利于乡村教师政策执行（单选题 * 必答）
○ 行政命令机制
○ 指导服务机制
○ 监督服务机制
○ 参与互动机制

91. 下列哪种解释更符合您对“秩序”的理解（单选题 * 必答）
○ 遵章守法
○ 循规蹈矩
○ 有序参与
○ 限制服从

92. 下列哪种解释更符合您对“自由”的理解（单选题 * 必答）
○ 自我做主
○ 随心所欲
○ 主动积极
○ 独立自主

93. 您对乡村教师政策“效率”的理解是（单选题 * 必答）
○ 政策执行速度快
○ 政策投入少，产出高
○ 政策执行有收益
○ 政策执行阻碍少

94. 您对乡村教师政策执行“民主”的理解是（单选题 * 必答）
○ 充分协商，广泛参与
○ 精英定制，民众参与
○ 政策议程程序完备
○ 政策执行不会有

95. 若您愿意参与后续的研究工作，请留下您的联系方式（电话/QQ 邮箱）

96. 您的姓名（跟进问卷完成情况，不统计入问卷中）（填空题 * 必答）

再次感谢您的支持！

# 附录B “乡村教师政策执行调查问卷”专家效度表

1. 问卷的题目已经清晰地表达了研究目的　　　　5　4　3　2　1

需要进行如下修改________________________________

2. 问卷的前言表达清楚明白，没有困惑　　　　5　4　3　2　1

需要进行如下修改________________________________

3. 问卷的指导语没有问题　　　　5　4　3　2　1

需要进行如下修改________________________________

说明：个人基本信息部分主要用于进行描述性统计，特别是与第二部分进行差异性检验。

4.“个人基本信息部分”无遗漏，各选项均表达清晰，无重叠和知识错误　　　　5　4　3　2　1

需要进行如下修改________________________________

说明：第二部分是李克特五点问卷，分别从乡村教师政策执行的总体效果、执行路径、主要问题、影响因素以及政策执行的制度保障五个维度，来判断乡村教师政策执行的有效路径并寻求乡村教师政策执行的机制创新。请根据每个维度为本问卷做信度检验，其中7～16题为总体效果，17～31题为执行路径选择，32～45题为政策执行过程中的主要问题，46～83题为影响政策执行的因素，84～87题为政策执行的制度保障。

5. 执行总体效果部分的题目表达清晰，无伦理问题、无歧义、有理论依据　　　　5　4　3　2　1

需要修改的题目是________________________________

分别需要在哪些方面修改：

（1）________________________________

（2）________________________________

6. 执行路径选择部分的题目表达清晰，无伦理问题、无歧义、有理论依据　　　　5　4　3　2　1

需要修改的题目是________________________________

分别需要在哪些方面修改：

（1）________________________________

（2）________________________________

7. 政策执行过程中的主要问题部分的题目表达清晰，无伦理问题、无歧义、有理论依据 5 4 3 2 1

需要修改的题目是______

分别需要在哪些方面修改：

（1）______

（2）______

8. 影响政策执行的因素部分的题目表达清晰，无伦理问题、无歧义、有理论依据 5 4 3 2 1

需要修改的题目是______

分别需要在哪些方面修改：

（1）______

（2）______

9. 政策执行的制度保障部分的题目表达清晰，无伦理问题、无歧义、有理论依据 5 4 3 2 1

需要修改的题目是______

分别需要在哪些方面修改：

（1）______

（2）______

说明：第三部分是单选题，是为了用于频数分析，要求选项全面且无重叠，请对88~94题分别打分并提出修改建议。

| 题号 | 得分 | 修改建议（分别从全面、无重叠、无伦理问题等角度提建议） |
|---|---|---|
| 88 | 5 4 3 2 1 | |
| 89 | 5 4 3 2 1 | |
| 90 | 5 4 3 2 1 | |
| 91 | 5 4 3 2 1 | |
| 92 | 5 4 3 2 1 | |
| 93 | 5 4 3 2 1 | |
| 94 | 5 4 3 2 1 | |

10. 整个问卷结构完整、表达明晰、目的突出，无知识及逻辑错误，符合统计学要求 5 4 3 2 1

您的补充建议：______

# 附录 C　乡村教师专业发展水平调查问卷

尊敬的老师：

您好！本人正在开展一项关于西南地区乡村教师专业发展水平相关问题的研究。期望通过本调查问卷，可以获取当前本区域内乡村教师专业发展的原初数据，以便描绘乡村教师专业发展水平的概况，以期为科学建构西南地区各省份乡村教师专业发展内外部支持体系做出应有贡献。您的支持与回答对本人的研究非常重要，本问卷采取不记名方式，请您在百忙中给予支持并根据实际情况作答，作答内容对贵单位及您本人均无不利影响。期望与您共同探讨我国乡村教师专业发展的可持续路径与专业发展机制创新。抱歉占用了您的宝贵时间，衷心感谢您的支持！本问卷由三部分组成，每部分有若干题。请选择您认为合适的选项。

## 第一部分　个人基本信息

1. 您的性别（单选题＊必答）

○ 男

○ 女

2. 您的工作角色（单选题＊必答）

○ 教师

○ 校长

○ 学校中层干部

○ 教育行政人员

○ 其他

3. 您工作的地区（单选题＊必答）

○ 城市（含县级市）

○ 乡镇（含山区）

4. 您所在的县区属于（单选题＊必答）

○ 经济发达地区

○ 经济欠发达地区

○ 经济不发达地区

5. 您的学历是（单选题＊必答）

○ 中专及以下

○ 大专

○ 本科

○ 硕士及以上

6. 您接触各类政策文本的机会（单选题＊必答）

○ 很多

○ 一般

○ 很少

○ 从不接触

**第二部分　专业发展水平自我诊断量表**[①]

| 一、专业发展规划 | | |
|---|---|---|
| （一）专业发展理解 | | |
| 水平 | 你最像下面哪一种？ | 自我评价（√） |
| 四 | 十分清楚教师是一个需要终身学习的职业，所以始终坚持专业学习，不断提升专业素质，学习已成为自身日常生活和工作的一种方式；认为教师专业发展的最高境界是爱岗敬业、爱生如子，注重立德树人；总是能根据学生差异适时调整教学，促进学生全面发展；充分享受工作带来的乐趣，认识到教师不仅是一份职业，更是一份事业和一份责任 | |
| 三 | 充分认识到教师职业有不可替代的历史使命和社会责任，具有坚定的专业精神，正在一步一步实践自己的职业理想；在教育教学工作的每一个环节中都以学生为本，关注学生的特殊性和个性差异，尽量满足每个学生的学习和发展需求；钟爱教师职业，十分投入教育教学工作，善于学习、勤于思考，重视通过研究教材、研究学生、研究教法不断提高专业技能；在教育教学过程中体验到为学生成长服务的成就感 | |

① 本表援用了《中小学教师培训课程指导标准（专业发展）》中的“发展水平级差表”。

| 水平 | 你最像下面哪一种？ | 自我评价（√） |
|---|---|---|
| 二 | 觉得教师职业比较特殊，有较强的专业性，要做一名优秀教师需要系统学习教育教学理论知识和其他相关知识，在反复的实践中不断实现专业发展；在日常工作中，尽量按照课程标准和教材的基本要求来实施教学，感觉自己目前所掌握的知识和技能还远远满足不了教育教学工作要求，需要尽快学习更多关于教育教学的理论知识和技能；在学生取得好成绩时，能充分体验到做教师的成就感，在与学生的交流中，有时也能体验到做教师的幸福感 | |
| 一 | 对教师职业的性质和特点有初步了解，认为教师职业是各类社会职业中的一种；教师职业就是根据自己掌握的学科知识和教育教学知识，完成各项具体的教育教学工作；能达到学校规定的各项工作要求和工作规范 | |
| （二）专业发展实施 | | |
| 水平 | 你最像下面哪一种？ | 自我评价（√） |
| 四 | 觉得制订教师专业发展规划有利于自己的自主发展和自我实现；对自己所处的发展阶段有清晰的认识，能根据自己的事业追求和特点制订科学合理的专业发展规划，目标明确，步骤清晰，方法得当；能从实践中不断汲取有益经验，自觉实施自己制订的专业发展规划，并关注实施过程中的变化，适时调控，形成更加有效的做法 | |
| 三 | 觉得制订教师专业发展规划能为自身的专业成长指明方向和提供动力；能综合考虑专业成长的现实因素和可能路径；对自身能力有清晰的认识，能根据自身优势和劣势制订专业发展规划，具有明确的发展目标和可行的实施路径；以各种方式推进自己制订的专业发展规划，有阶段检查和对照小结，并能适当调整方案，完善规划，形成自己的做法 | |
| 二 | 有初步的年度发展计划和三年（或者五年）发展目标，但是并没有形成正式的文本，只是觉得要朝着这个方向努力。迫切需要专业发展规划制订方法指导，努力在教学实践中进行尝试和感悟，反思自己在实施过程中的教学行为，形成适合自己的做法 | |
| 一 | 能按学校对教师专业发展的要求去做，但不是很清楚如何制订专业发展规划；在外界帮助下制订的规划比较零散和笼统，对于发展目标和发展路径难以有适切的对应；在实施规划的过程中，通常机械地执行，较少根据条件和环境变化来调整自己的规划 | |

| （三）专业发展评价 | | |
|---|---|---|
| 水平 | 你最像下面哪一种？ | 自我评价（√） |
| 四 | 能很好地运用适切的方法，自觉、自如地开展自身专业发展状况的评价，并将专业发展评价结果作为调整专业发展目标、改进专业发展方式、促进专业成长的重要依据；在工作中经常有意识地梳理自身专业发展的历程，定期开展阶段性总结，并能形成一定的理性思考成果；将每一次评价结果作为接下来发展的起点和指引，对照自己专业发展规划的目标与任务，反思得失，思考改进策略，视教师专业发展评价为自己专业发展的重要组成部分 | |
| 三 | 充分认识到教师专业发展评价对自身专业成长的价值和意义，力求做到规划、落实和评价有机结合，坚持以评促落实，以评促改进；主动学习和掌握科学的专业发展评价方法，积极探索适合自己特点的专业发展评价方法，对自身专业发展进行基于数据和事实案例的评价；能对每一次正式和非正式的评价结果进行认真分析，不断调整和优化自己的专业发展路径 | |
| 二 | 逐渐意识到评价自身专业发展状况对提升教育教学能力有非常重要的作用；在适当的时候，会对计划实施情况和实施结果做一些简单的评估；能基于一段时间的经验积累和实践，对自己的专业发展规划进行一定的反思；尝试根据评价结果去调整自己的阶段性发展目标，并在有经验的教师的指导和帮助下完善实现专业发展目标的路径和方法 | |
| 一 | 对开展专业发展评价的真正意义和价值不是很清楚，很少进行有目的、有设计的专业发展评价；偶尔按学校要求对自己的专业表现进行一些自我评价，主要通过模仿或学习其他教师的做法；不是很关心评价结果是否准确以及如何运用评价结果等问题，未根据评价结果及时调整和完善自己的专业发展规划 | |
| **二、专业知识学习** | | |
| （一）教育知识运用 | | |
| 水平 | 你最像下面哪一种？ | 自我评价（√） |
| 四 | 注重吸收教育教学理论研究新成果，灵活运用教育教学理论，不断更新教育教学观念，形成了自己的教育教学思想；积极关注国内外教育改革发展新趋势，站在国内外教育改革发展前沿思考和设计自己的教育教学工作；重视学习科学的研究和应用，注重发展学生的核心素养，突出学生的主体地位，遵循学生的身心发展规律开展教育教学，提倡学生全面而有个性的发展，促进学生德智体美劳全面发展 | |

| 水平 | 你最像下面哪一种? | 自我评价(√) |
| --- | --- | --- |
| 三 | 不断丰富并注重使用自己的教育理论知识体系，积极尝试教育理论知识与学科知识的有效融合，教育教学工作显现出较为稳定的特征和风格，教育教学主张日渐成熟；关注国内外教育改革发展动态，并及时调整和完善自己的教育教学；把握学生的学习规律，关注学情研究，能从学生的特点出发设计和实施教学，注重过程性评价，引导学生不断发展 | |
| 二 | 认识到学习教育理论知识和学生发展知识的重要性，注重教育理论知识的系统学习，努力把所学教育理论知识运用于教育教学实践中；课堂教学通常注重以教为主，还不能很好地关注到学生，能在优秀教师的指导下积极改进课堂教学技能；有时会主动了解教育改革发展的新要求，并思考其与教育教学的关系；学习和探索学生的学习特点和课堂教学规律，努力根据学生身心发展的特点设计教学 | |
| 一 | 平时读得最多的是教材和课程标准，感觉到自己曾经掌握的教育理论知识比较碎片化，在自身的教育教学实践中很少发挥作用；尝试去关注学生，但最关注的还是教学任务是否完成；很少关心教育改革发展的新动态，被动参加相关方面的培训或讲座，且难以与自己的教育教学工作相结合；对学生身心发展的知识掌握甚少，通常只根据自己对教材和课程标准的了解设计和实施教育教学 | |
| | （二）文化知识学习 | |
| 水平 | 你最像下面哪一种? | 自我评价(√) |
| 四 | 热切关注自然科学、科学技术发展的新进展并将新成果及时应用到实际教育教学实践中，引导学生形成科学思维，崇尚科技创新；主动拓展人文社会科学知识，形成丰富的人文社会科学知识体系和较好的综合素养，在教育教学中能旁征博引、因材施教、融会贯通；对艺术有浓厚的兴趣，将艺术知识和美育思维有效地融入教育教学实践中；关心自我心理健康状况，掌握了比较丰富的心理健康知识，能很好地分析和调适自身心理活动 | |
| 三 | 常常关注自然科学、科学技术发展的新进展，能自觉地将相关知识应用到教育教学实践中；通过各种途径主动学习人文社会科学知识，不断扩大知识面，形成较为系统的社会科学知识体系；积极学习艺术类知识，形成一定的艺术鉴赏水平和美育能力；时常关心自我心理健康状况，比较系统地掌握了心理健康知识，能比较好地分析和调适自己的心理活动 | |

| 水平 | 你最像下面哪一种？ | 自我评价（√） |
| --- | --- | --- |
| 二 | 主动学习掌握教育教学工作必备的自然科学、科学技术知识，并努力把这些知识反映在自己的教育教学工作中；积极学习教育教学工作所需的人文社会科学知识，并努力将其运用到教育教学实践中；注重培养一定的艺术兴趣，主动关注各种艺术类知识的学习；了解一定的心理健康知识，不太在意自己的心理健康状况 | |
| 一 | 初步了解和掌握了教师必备的自然科学、科学技术知识，难以把自然科学、科学技术相关知识与所教学科知识进行融合；感到自己掌握的有关人文社会科学知识很贫乏，也不太会综合运用到教育教学实践中，需要加快丰富和补充；掌握了初步的艺术欣赏知识，具备简单的艺术鉴赏能力；了解部分心理健康知识，较少关注自己的心理健康状况 | |
| （三）信息素养提升 | | |
| 水平 | 你最像下面哪一种？ | 自我评价（√） |
| 四 | 对学习现代信息技术有浓厚兴趣，主动关注大数据、云计算、人工智能等现代信息技术的发展动态，经常研究与教育教学相关的信息技术；熟练掌握各种收集信息、处理信息、分析信息的技术手段，利用信息技术整合各种优质学习资源，实现信息技术与学科教学深度融合，优化课堂教学，提高教育教学效率；利用信息技术手段研究学生的学习，改进教学方式，促进学生学习方式的转变 | |
| 三 | 充分认识到学习和掌握现代信息技术对改进教育教学的重要意义，积极参加各类信息技术培训，主动学习和掌握相关信息技术；经过多年的学习和实践，能熟练运用常用的信息技术设备，很好地掌握了建设学习资源库的技术，能较好地完成信息技术与学科教学的深度融合，提高学科教学效果；充分利用“互联网+教育”，尝试搭建个性化学习平台，为学生提供较丰富的学习机会和学习体验 | |
| 二 | 逐渐认识到信息技术手段对教育教学工作的重要作用，在实践中深刻感受到掌握和应用信息技术所带来的乐趣，体验到信息技术是改进教育教学的重要手段；积极参加有关信息技术的培训学习，掌握了一些利用信息技术收集、分析和处理学科教学资源的方法，能利用信息技术获取教学资源；努力掌握利用信息技术分析学情和帮助学生形成个性化学习方案 | |

| 水平 | 你最像下面哪一种？ | 自我评价（√） |
|---|---|---|
| 一 | 在工作中按学校要求尽量使用信息技术开展教育教学工作，但因为还没有很好地掌握有关信息技术知识，所以效果欠佳；了解信息检索和加工的基本方法，但是很少主动运用，技术掌握也不够熟练，在他人帮助下能制作简单的教学课件，但基本是照搬、复制或模仿他人，很少对资源进行加工利用；不能很好地利用信息技术分析学情，也难以创设基于学生、满足学生个性化需求的教育教学情境 | |
| | **三、专业实践研修** | |
| | （一）自主专业反思 | |
| 水平 | 你最像下面哪一种？ | 自我评价（√） |
| 四 | 不断总结教育教学实践经验，经常自主设计很有特色的教育教学活动，经常创新教师专业反思形式；在教学实践中经常结合相关教育理论知识进行自主实践反思和经验提炼，形成自己的教育教学思想；对现代人文科技、文化艺术等方面的知识很感兴趣，经常研读教育名著和专家同行关于教育教学改革的文章，深刻学习领会先哲、教育专家、专家同行的教育思想和先进理念，并将其为我所用；经常撰写教育教学论文，发表自己的教育教学观点和主张，交流研究成果 | |
| 三 | 不断改进教育教学实践，形成了较为稳定的专业实践风格，养成了自主专业反思的良好习惯；广泛阅读有利于提高教育教学水平和教师专业发展水平的相关书籍，并很好地应用到教育教学实践中；开始写一些介绍自己教育教学经验的文章，对部分教育教学工作发表一些个人的主张和观点；能根据自身专业发展的需求定期撰写教育教学论文或案例 | |
| 二 | 开始尝试对课前课后各环节的教学进行反思，但反思的策略和技巧不是很熟练，反思的内容主要是课堂中产生的疑惑；认真反复阅读教科书和教学参考书，并对与教育教学工作相关的其他书籍产生广泛的兴趣；养成了记录读后感和课后感的习惯，但记录的内容较为碎片化，没有形成一定的体系 | |
| 一 | 在学校要求和周围同事带动下，偶尔进行教育教学反思，但反思目的、反思方法、反思内容等比较模糊，反思效果不佳；为上好课，专业阅读几乎是以教材和指定教学参考书为主，很少涉及其他读物；除了写教案，偶尔也写一写读书笔记和教学日记，主要叙述自身的课堂教学感受和在课堂上意识到的问题 | |

| （二）同伴合作发展 | | |
|---|---|---|
| 水平 | 你最像下面哪一种？ | 自我评价（√） |
| 四 | 高度重视同伴合作发展对教师专业发展的重要作用，通过主持工作坊、名师工作室等方式搭建同伴合作发展平台；经常组织集体备课、课例研修、主题研讨等教研活动，给本校或学区的同行讲授和指导优质课和研究课，培养和带领优秀教学团队，给年轻教师提供快速成长的平台；能主持跨校或区域课题研究项目和教改课题，在研究中形成自己的教学思想和教育主张，撰文并发表具有一定影响的教育教学研究成果 | |
| 三 | 充分体会到同伴合作发展对教师专业发展的重要作用，积极组织或参加工作坊、名师工作室组织的学习共同体活动；有时承担组织开展集体备课、课例研修和主题研讨的任务，经常在学校和学区完成示范课或优质课教学任务；熟悉教育科研方法，经常主持行动研究课题，能独立设计行动研究方案并落实推进，并带领研究团队解决教学实际问题，能独立撰写研究报告与论文 | |
| 二 | 逐渐意识到同伴合作发展对教师专业发展的影响，主动寻求开展同伴合作发展的机会；积极参加学校组织的集体备课、课例研修和主题研讨等教研活动，经常会带着问题观摩示范课，并主动与示范课教师交流教学技巧，掌握了一定的观课、议课、讲课、评课的技能；理解行动研究对教学改进的支持作用，学习并掌握了行动研究的基本知识和方法，在学校组织的行动研究课题中发挥重要作用，能撰写行动研究工作总结 | |
| 一 | 尚未深刻认识到同伴合作发展对自身专业发展的积极影响，较为被动地参加各类学习共同体组织的活动；了解集体备课、课例研修、主题研讨的意义，能按要求参加示范课观摩活动；对教育科研认识模糊，初步了解了行动研究，能参加学校的教学研究课题，主要承担研究助手的角色 | |
| （三）集中专题研习 | | |
| 水平 | 你最像下面哪一种？ | 自我评价（√） |
| 四 | 能真切感受到集中专题研习对教师专业发展的重要性并深度参与其中，主动展示和分享个人专业发展经验；能从讲授式培训中学习前沿知识，批判性地吸收他人的教育主张；能从实地考察中汲取教育经验，能在深度参与式培训中进行思想交流；灵活掌握参加线上线下混合式研习的策略和方法，并将研习成果充分运用到教育教学实践中 | |

| 水平 | 你最像下面哪一种？ | 自我评价（√） |
| --- | --- | --- |
| 三 | 深入理解集中专题研习对教师专业发展的价值，能根据实际情况选择所需要的研习方式，带着问题意识参与各项研习活动；认真参加各种现场培训活动，虚心学习，主动提问，积极参与交流互动；熟练掌握参加线上线下混合式研习的策略和方法，能将研习成果内化，并转化为改进自身教学的能力 | |
| 二 | 基本理解集中专题研习对教师专业发展的价值，并能自觉参与其中学习，有一定的学习目标；熟悉专题研习的基本流程，深刻领会不同类型的研习内容和方式；了解集中专题研习、网络研修和线上线下混合式研习的策略和方法，并在研习中积极主动地参与互动和交流，努力得到更多学习成果 | |
| 一 | 能按时参加各类集中专题研习，基本完成讲授式、探究式、体验式以及综合考察等不同培训任务；在研习中按部就班地参加各类学习活动，难以将学习内容与教育教学实践相联系；初步了解集中专题研习模式下的网络研修、工作坊、个人网络空间学习和线上线下混合式研习的策略和方法，有一定收获但效果不明显 | |